의식하는 불멸

옮긴이 ● 대성(大晟)

선불교와 비이원적 베단타의 내적 동질성에 관심을 가지고 라마나 마하르쉬의 '아루나찰라 총서'와 니사르가닷따 마하라지 등의 '마하라지 전서'를 꾸준히 번역하고 있다. 중국 허운화상의 『참선요지』와 『방편개시』, 감산대사의 『감산자전』과 성엄선사의 『눈 속의 발자국』을 옮긴 것 외에도, 『마음의 노래』, 『지극한 도는 어렵지 않다』, 『지혜의 검』, 『선의 지혜』, 『대의단의 타파, 무방법의 방법』, 『부처 마음 얻기』, 『비추는 침묵』, 『법고』 등 '성엄선서' 시리즈도 번역하고 있다.

아루나찰라 총서 10

의식하는 불멸 – 라마나 마하르쉬와의 대화

지은이 | 폴 브런튼
옮긴이 | 대성(大晟)
펴낸이 | 이효정
펴낸곳 | 도서출판 탐구사

초판 발행일 2016년 10월 4일

등록 | 2007년 5월 25일(제208-90-12722호)
주소 | 04094 서울 마포구 광성로 28, 102동 703호(신수동, 마포벽산 솔렌스힐)
전화 | 02-702-3557 **Fax** | 02-702-3558
e-mail | tamgusa@naver.com

값은 뒤표지에 있습니다. 잘못된 책은 바꾸어 드립니다.

ISBN 978-89-89942-44-3 04270
ISBN 978-89-951146-0-6 세트

아루나찰라 총서 10

의식하는 불멸

라마나 마하르쉬와의 대화

폴 브런튼 기록

대성大晟 옮김

탐구사

Conscious Immortality : Conversations with Sri Ramana Maharshi

Recorded by Paul Brunton & Munagala Venkataramiah

(First edition, 1984 / Fourth edition, 2013)

Published by V. S. Ramanan,
President of the Board of Trustees,
Sri Ramanasramam, Tiruvannamalai,
Tamil Nadu 606 603, India

차례

초판 서문

1983년에 폴 브런튼 씨의 아들 케니스 허스트(Kenneth Hurst) 씨가 귀중한 보물 하나를 우리에게 가져왔다. 그것은 스리 라마나 마하르쉬와의 대화를 모은 것으로, 폴 브런튼과 무나갈라 벤까따라마이아가 기록한 것이었다. 폴 브런튼은 신성한 영감을 받아 마하르쉬님을 찾아왔고, 그의 책 『비밀 인도에서의 탐색』에 나오는 두 장은 마하르쉬님의 메시지를 전파하는 데 결정적인 구실을 했다. 무나갈라 벤까따라마이아는 1935년부터 1939년까지 4년에 걸쳐 구도자들이 스리 라마나와 나눈 대담을 후세인들을 위해 기록하여 보존해 두었다. 그 가르침이 (폴 브런튼의) 이 신선한 자료에서 설해지는 명료함과 직접성 그리고 실제적 효용성으로 인해, 우리는 그것을 사실상 거의 원본 그대로 출간하게 되었다. 다만 어떤 부분들은 우리의 다른 출판물에서도 다루어진 내용들이다.

본서의 제목에 대해서 이야기해 보자. 우리는 정신이 또렷한 가운데 꾸준한 의식적인 노력을 통해서만 의식의 충만함을 발견한다. 늘, 존재하는 것에서 주의가 한시도 벗어나서는 안 된다. 그러면 지금 여기서 불멸을 체험하게 된다.

이 책을 빨리 간행하게 된 것은 스리 V. 가네샨의 주장과 권고에 따른 것이고, 편집은 스리 A. R. 나따라잔이 하였다.

제4판 서문

『의식하는 불멸』이라는 제목은 폴 브런튼의 아들 케니스 허스트 씨가 1983년 아쉬람에 증정한 공책에 있는 구절에서 유래한다. 아쉬람은 그 공책 기록을 즉시 출간하기로 했고, 그 첫 권을 허스트 씨가 1983년 아쉬람에 와 있을 때 그에게 증정했다. 그러나 그 책은 시간에 쫓겨 서둘러 편집되었고 타자 오류도 다수 있었다. 몇 년 후, 다른 출처에서 가져온 몇 가지 자료가 추가되어 더 나아진 제2판이 출판되었다. 1996년에 간행된 제3판은 원래의 공책에 있는 페이지 순서를 유지하기보다 주제별로 내용을 정리하는 데 1차적으로 초점을 맞춘 것이었다. 이후 여러 가지 이유로, 『의식하는 불멸』은 재출간하지 않기로 결정되었다.

원고 원본은 방갈로르의 인쇄소에서 초판을 인쇄하던 도중 분실되었다고 했다. 그러나 복사기가 나오기 전의 그 시절에, 라마나 헌신자 한 사람이 원고가 방갈로르로 넘어가기 전에 원고 전체를 타자해 두었고, 그것이 전면 개정판이던 제3판과 완전 신판인 이 제4판의 토대가 되었다.

원고 원본이 분실된 것은 애석한 일이다. 그것이 있었더라면 그 원고에서 무엇이 삭제되었는지 더 분명하게 알 수 있었을 테니 말이다. 일부 장들은 없는 페이지가 있어 상당히 짧고 연결이 끊어지며, 원래의 장들 중 일부는 아예 없다. 케니스 허스트 씨도 브런튼을 개인적으로 다루는 일부 페이지를 삭제했다고 한다.

원고가 분실되었기 때문에, 타자본의 소제목이 원고 원본의 제목과 정확히 부합하는지 확인할 길이 없다. 타자본에는 이렇게 쓰여 있다. "스리 라마나 마하르쉬의 미간행 논평들(철학박사 폴 브런튼이 일부 기록하고 무나갈라 벤까따라마이아가 일부 기록한 원고)".

브런튼의 공책은 역사적 문서이므로, 이번에는 그 공책의 원래 형식과 스타일에 가능한 한 가깝게 그것을 재간행하기로 결정했다. 따라서 편집은 최소한에 그쳤다. 예를 들면, 문체나 구문이 어색한 문장들도 그 의미가 분명하다면 편집하지 않고 그대로 두었다. 난해한 문장이나 핵심 문법이 빠진 원래 문장들은 의미를 분명히 하기 위해 약간 편집했다. 우리는 이전 판들에서 배제했던 거의 모든 문답과 말씀들을 포함시켰다.

브런튼은 이 공책을 원래의 형태 그대로 간행할 의도가 없었고, 기록의 많은 부분은 누가 보아도 급하게 쓴 것들이었다. 브런튼은 훗날 책으로 내기 위해 바가반의 말씀들을 편집하고 있었다고 보는 것이 맞을 듯한데, 만약 그렇다면 결국 그렇게 하지 못한 것이 분명하다. 1981년 그가 타계한 뒤 이 공책이 그의 문서들 가운데서 발견된 점으로 보아 그가 이 공책을 중시했음을 알 수 있다. 그가 여기저기 옮겨 다니며 살았다는 점으로 미루어 볼 때 특히 그러하다.

1938년도의 인용문 하나와 1939년도 인용문 하나를 제외하면 이 공책은 폴 브런튼이 아쉬람을 두 번째 방문한 1935년 1월부터 1937년 5월까지의 대화들을 담고 있다. 이 기간 동안 무나갈라 벤까따라마이아는 구회당(Old Hall)에서 헌신자나 방문객들과 바가반 사이에 오고간 문답을 큰 장부에 기록하고 있었다. 손으로 쓴 이 대화록은 결국 『라마나 마하르쉬와의 대담』이라는 제목으로 출간되었다. 벤까따라마이아는 브런튼이 와 있던 1935년부터 1937년 사이와 1939년에 타밀어를 영어로 옮기는 주된 통역자 역할도 했다.

이번 판을 준비하는 과정에서 브런튼의 공책을 분석한 끝에, 이 자료의 약 62퍼센트는 『라마나 마하르쉬와의 대담』에 나오는 텍스트와 상응한다는 것을 발견했다. 브런튼 공책의 나머지 38퍼센트는 『대담』에 나오는 어떤 내용과도 관련 지울 수 없었다. 『대담』과 상응하는 브런튼 기록의 그 62퍼센트 중에서 그 텍스트의 67퍼센트는 『대담』의 텍스트와 축자적으로 부합하고, 33퍼센트는 같은 사건이나 대화를 다른 방식으로 표현하고 있다. 벤까따라마이아가 손으로 쓴 장부 가운데 유일하게 현존하는ー대담 189번부터 336번까지를 포함하는ー장부와 비교할 때 브런튼의 기록은 원 장부의 수기手記를 따르고 있지만, 앨런 채드윅이 편집하여 1955년에 초판이 나온 『대담』과는 곳에 따라 약간씩 다르다.

　　방금 언급한 자료를 고려하면, 저자가 누구인가 하는 문제가 생긴다. 『의식하는 불멸』에 나오는 대화 기록의 주된 원 저자는 누구였던가? 브런튼이 벤까따라마이아의 수기 장부들에서 많은 자료를 직접 빌려왔다고 주장하는 논변이 있을 수 있다. 우리가 아는 바로, 그 장부들은 구회당에 보관되어 있어 헌신자들이 쉽게 들여다볼 수 있었다. 그러나 이러한 가정은 벤까따라마이아의 『대담』이나 이 두 사람이 남긴 다른 대화록의 내용 어디에서도 가져왔다고 할 수 없는 브런튼의 기록 38퍼센트에 대해서나, 두 참여자의 대화 기록에서 서로 차이가 나는 점을 설명해 주지 못한다. 브런튼은 직업이 언론인이었고, 꼬치꼬치 캐묻기 좋아하는 지식인이자 받아 적는 것이 몸에 밴 사람이었다. 그런 그가 자신이 참석하고 있던 곳에서 이루어진 많은 대화의 기록을 왜 장부에서 빌려오겠는가? 브런튼 자신이 구회당에서 대화들을 기록하다가 나중에 도감(Sarvadhikari-아쉬람 운영책임자이던 니란자나난다 스와미)에 의해 기록을 금지 당했는데, 어쩌면 그 때문에 그가 장부에서 많이 베꼈을 수 있다. 또한 브런튼이 구회당에 늘 와 있었기 때문에, 벤까따라마이아는 브런튼의 질문과 바가반의 답변들을 기록할 때

만약 그것이 일상적인 일이었다면 브런튼이 (장부 기록에) 참여한 사실을 직접 언급하지 않았을 수도 있다.

이런 점에서 브런튼은 두 번째 방문 시기 이후로 벤까따라마이아와 긴밀히 협력했으리라고 볼 수도 있다. 그럴 법도 한 것이, 당시 벤까따라마이아는 주된 통역자였고 브런튼은 그와 빈번히 대화를 나누었을 것이기 때문이다. 그들은 공히 받아 적기를 했고 스리 바가반의 말씀을 존경했기 때문에, 뭔가 서로 끌리는 면이 있었을 것임이 분명하다. 둘 다 고도의 지성을 지닌 헌신적인 사람들이었기에, 같은 목표를 추구하는 가운데 비슷한 성향의 사람들이 느끼는 그런 우정을 느꼈을 수 있다. 벤까따라마이아는 온화하고 재능 있는 학자여서, 1934년에 나온 『비밀 인도에서의 탐색』으로 세계적인 성공을 거둔 폴 브런튼에게서 명민한 지성과 친절한 인품을 발견했을 것이다. 두 사람은 또한 각자가 기록한 것을 공유했을 수 있다. 다만 이것은 한정된 정보를 기초로 한 하나의 추측일 뿐이다.

또 두 사람이 바가반과 다른 사람 간의 논의를 받아 적고 있었다고 볼 때, 그 기록들이 상당한 정도로 차이가 난다면 매우 이상한 일일 것이다. 그러나 그 기록들이 어떻게 다른지 살펴보는 것은 흥미로운 일이다.

우리는 몇 가지 예에서 그들이 같은 문답이 이루어지는 자리에 참석했을 때 서로 달리 기록한 점을 확인할 수 있다. 예컨대 1936년 11월 29일의 마야(maya)와 베단타(Vedanta)에 관한 대담 288번 기록을 들 수 있다. 바가반의 설명에 대한 브런튼의 기록[본서 109쪽]은 같은 문답에 대해 간략하게 급히 쓴 듯한 기록을 보여준다. 벤까따라마이아의 기록은 훨씬 더 자세하고 일관성이 있다.

또 다른 예는 대담 202번[본서 45쪽에서 인용됨]인데, 문답 형태인 벤까따라마이아의 기록이 여기서는 브런튼에 의해 그 대화의 한 요약으로 간추려져 있다.

이런 차이가 생긴 이유에 대한 하나의 설명은, 벤까따라마이아가 자신을 저자로 여기기보다는 한 사람의 필기자로 여기면서 정확한 기록에 신경을 썼던 반면, 브런튼은 장차 자신이 저술할지 모르는 어떤 책에 그 대화들을 더 세련된 형태로 편입할 것을 염두에 두고 자신이 이해할 수 있게 기록했을 거라는 것이다.

우리는 『의식하는 불멸』과 『라마나 마하르쉬와의 대담』 간의 상응 정도를 살펴본 뒤에, 인용문들이 동일하거나 유사한 점들이 더 많은 몇 번의 시기가 있다는 점에 주목했다. 그것은 브런튼이 아쉬람에 머무르고 있지 않았을 1935년 1월·2월과, 1936년 1월과 2월, 1936년 6월부터 11월까지, 그리고 1937년 2월부터 4월까지의 기간들이다. 1937년 4월 이후에는 『대담』과 연관되는 발췌 기록이 둘밖에 없었다. 1938년 8월의 인용문 하나가 있고, 1939년 1월의 인용문 하나가 있었다.

우리는 『대담』과 『의식하는 불멸』 간의 자세한 시기 대조를 통해, 브런튼 자신이 띠루반나말라이에 없을 때 이루어진 바가반과의 대화에 대해서는 그 문답들 중 일부를 베꼈다는 것을 알 수 있다. 직간접으로 『대담』과 연관되는 인용문들의 총수는 약 440개에 달한다. (이 수치는 여러 장에서 반복되는 인용문들을 포함한다.)

우리가 아는 한 브런튼은 1935년 말에 아쉬람을 두 번째로 방문했지만 지속적으로 머무르지는 않았다. 1936년 여름에는 히말라야에 갔고, 1936년 말부터는 마이소르의 마하라자(토후국의 왕)와 그의 가족들을 빈번히 찾아갔다. 1937-8년 겨울에는 유럽으로 돌아갔다가 1939년 1월에 인도로 돌아와서 아쉬람에 또 한 번 머물렀다. 그러다가 3주 후에 갑자기 떠났고, 그 후 제2차 세계대전 이후까지 마이소르에서 상당한 시간을 보냈다. 그는 생존하신 바가반의 모습을 다시는 보지 못했다. 1950년 4월 바가반이 대삼매에 드신 후, 1952년 10월 잠시 아쉬람에 돌아와서 며칠간 머무른

뒤로 다시는 돌아오지 않았다.

요컨대, 학술적 논변의 그 어느 쪽도 저자가 누구인가 하는 논쟁에 대해 결정적 증거를 제시할 수 없다. 브런튼 공책의 내용 60퍼센트 이상이 『라마나 마하르쉬와의 대담』에 나오는 내용과 상응한다는 것은 분명히 사실이다. 이 내용을 브런튼 자신이 썼는지, 아니면 벤까따라마이아의 장부에서 단순히 베낀 것인지는 확실성의 범위를 넘어서 있다. 그것은 진본 기록이며, 두 사람 모두 그 원고에 참여한 것이다.

우리는 또한 바가반이 비루파샤 산굴에서 사람들을 가르치기 시작한 초기부터 당신의 가르침이 발전되거나 변하지 않았다는 것을 기억해야 한다. 물론 질문자의 이해 수준이나 영적인 주제의 수준의 면에서는 변화가 있을 수 있다. 왜냐하면 바가반은 질문자가 베단타 학도냐, 타밀 헌신가냐, 아니면 세속인이냐에 따라 그들의 언어에 맞게 답변하곤 했기 때문이다. 그러나 그 내용은 흔들림이 없었다. 이런 점에서, 연대적 순서는 바가반이 주신 일관되고 반복적인 조언과 별 상관이 없다.

브런튼이 자료의 많은 부분을 벤까따라마이아가 독립적으로 필기한 장부에서 빌려오기는 했으나, 그것을 주제별로 정리하고 대화를 독특한 방식으로 제시했다는 점에서 브런튼 공책은 여전히 가치가 있다. 브런튼 공책의 서두 장들은 특유의 절박함, 일관성 그리고 결의의 느낌을 지니고 있는 반면, 후반부의 장들은 초점이 더 넓어서 폭넓은 범위의 문체와 내용을 포함하고 있다.

최소한 브런튼은 공통되는 자료를 더 집중적이고 정교한 방식으로 제시하고 있는데, 이는 창조적 사고나 고등철학에 관심이 있는 사람이라면 누구나 평가해 줄 만한 것이다. 브런튼 공책의 나머지 부분은 달리 어디에서도 찾아볼 수 없는 독특한 내용을 포함하고 있다. 헌신자들에게는 그것만으로도 이 책을 낼 만한 충분한 이유가 된다.

원고 원본에는 다음 페이지들이 빠져 있었다. 11쪽과 12쪽(즉, 제2장 끝부분과 제3장 시작 부분), 128쪽과 129쪽(제17장의 일부), 194, 195, 196, 197쪽(제22장 '동서양의 사상가들' 끝부분과 제23장 전체). 원고 원본에는 제8장과 9장이 존재하지 않고, '동서양의 사상 학파들'이라는 제목의 제23장이 없다.

이 신판에서 우리는 원래의 8, 9, 23장이라는 장 번호를 건너뛰고 장 번호를 재조정했다. 또한 연속성을 위해 제20장 '초신비주의의 필요성'과 여러 스승들에 대해 다양하게 언급하는 제21장 '동서양의 사상가들'의 순서를 바꾸었다.

『라마나 마하르쉬와의 대담』과 『불멸의 의식』의 내용이 동일하거나 매우 유사한 관념을 포함한 부분들은 대담 번호를 표시하여 그것이 같은 대화였을 수 있음을 보였다. 이 작업을 위해 뉴욕 아쉬람의 브라이언 알 (Brian Alle)이 두 텍스트를 면밀히 연구했다.

이 공책에는 풍부한 가르침이 들어 있으며, 우리는 헌신자들이 이 신판에서 한량없는 이익을 얻을 수 있을 것으로 본다.

스리 라마나스라맘 총재
V. S. 라마난

1. 요가를 넘어서

　기적? 불가사의? 투시력? 투청력? 이것들이 무엇입니까? 최대의 기적은 진아를 깨닫는 것입니다. 이런 것들은 모두 옆길입니다. 깨달은 사람은 그런 것들 위에 있습니다. 리드비터(Leadbeater)[1]는 투시력으로 본 수백 생의 전생을 묘사하지만 그것이 무슨 소용 있습니까? 그것이 그 자신이나 다른 사람들이 진아를 아는 데 도움이 됩니까? 그런 생들은 몸의 탄생 아니고 무엇입니까? 참된 탄생은 진아 안에 있습니다. 그대가 지금 [아스트랄체로] 영국에 가 있을 수도 있겠지만, 그렇다고 그대가 더 나아집니까? 깨달음에는 조금도 더 가까이 있지 못할 것입니다.

　명상 중에 나타날 수 있는 모습과 소리들은 그대를 한눈팔게 하고 유혹하는 것으로 간주해야 합니다. 그런 것들 중 어떤 것도 구도자를 속이지 못하게 해야 합니다.

　문: 환영幻影이 나타나거나 신비로운 소리를 듣는 것은 집중된 마음이 고요하고 비워지기 전입니까, 아니면 뒤입니까?

　답: 그런 것은 그 전에도 올 수 있고 뒤에도 올 수 있습니다. 요는 그

---

1) 신지학회의 찰스 리드비터는 투시 능력을 가지고 있는 것으로 알려졌다.

런 것을 무시하고 계속 진아에만 주의를 기울여야 한다는 것입니다.

마하르쉬님은 환영幻影에 대해 변함없는 태도로 제자들을 가르치신다. 제자들이 와서 당신의 사진 모습이 찬란한 빛으로 화하여 그들에게 나타나는 것을 보았다고 말씀드릴 때도, 당신은 그들에게 모든 '형상'을 도외시할 것이며, 그와 같이 보이는 것은 소멸한다는 것을 기억하라고 조언한다. 그것은 시작이 있었으니 끝이 있을 수밖에 없고, 그들이 붙들어야 하는 것은 진아에 대한 직관적 지각임을 기억하라는 것이다.

　마음이 진정한 꾼달리니(kundalini)[생명기운]입니다. 꾼달리니가 한 마리 뱀으로 표현되는 것은 아둔한 사람들을 도와주기 위한 것일 뿐입니다. 차크라를 표현한 형상들(연꽃잎 모양)도 환적인 것입니다.

　싯디(siddhis)[신비한 능력]가 무슨 소용 있습니까? 그대가 이런 놀라운 능력들을 다 구사한다고 합시다. 그대는 그 욕망을 갈구하고 그것을 충족하려고 하는데, 새로운 한 가지 욕망이 발동하면 거기에 에너지와 주의력을 소모합니다. 그 최종 결과는 들끓는 마음에 걱정을 보탠 것에 불과하지 않습니까? 만일 그대의 진정한 목표가 행복이라면 궁극적으로 싯디에 한눈팔던 데서 돌아와, 그 행복을 원하는 것이 누구인지를 탐구함으로써 그대 자신을 발견하려고 애써야 합니다.

　문: 당신의 친존親存에서 느끼는 평안이, 제가 (이곳을) 떠난 뒤에는 왜 지속되지 않습니까?
　답: 그 평안이 진정한 성품입니다. 그에 상반되는 관념들은 덧씌움(실체 위에 덧씌워진 마음)일 뿐입니다. 이것이 참된 요가입니다. 그러나 그대는 이 평안이 수행에 의해 얻어진다고 말할지 모릅니다. (실은) 수행에 의해 그

그릇된 관념들이 포기되는 것입니다. 그런 섬광들은 이어서 진아가 드러날 거라는 징후들에 불과합니다. [대담 293]

사람들은 종종 삼매(samadhi)를 오해한다. 당신[바가반]은 갠지스 강 가에서 황홀경에 든 채 수백 년을 보낸 어느 요기의 이야기를 들려주셨다. 깨어날 때 그에게 가장 먼저 떠오른 생각은 자신이 황홀경에 들기 전에 (제자들에게) 물을 떠다 달라고 했다는 것이었다. 그런 생각들이 되돌아와 마음을 지배하자 황홀경은 아무 쓸모가 없었다.

진정한 성취는 **완전히 의식하는 것**, 곧 주위 환경과 주위 사람들을 자각하고 그들 모두의 사이에서 움직이되, 의식을 환경에 합일시키지 않는 것입니다. 그것(It)에 대한 내면의 독립된 자각 안에 머무르십시오. 그것이 최고이며, 황홀경 속에 앉아 있는 것은 단지 마음을 정지시키는 것일 뿐입니다. 마음이 완전히 소멸해야지 정지해 있기만 해서는 안 됩니다.

인간은 그의 상습常習(samskaras)의 행로를 달려갑니다. 그러다가 자신이 진아라는 가르침을 들으면, 그 가르침이 그의 마음에 영향을 주어 상상력이 날뜁니다. 그의 신비 체험들은 "나는 진아다(I am the Self)" 상태에 대한 그의 상상에 따라 일어날 뿐입니다. 그러나 그가 가르침을 받아들일 만큼 성숙되어 그의 마음이 **심장** 속으로 가라앉으려고 할 때는, 그 받은 가르침이 순식간에 작용하여 그가 진아를 깨닫습니다. 그렇지 않으면 투쟁이 있습니다. [대담 275]

환영幻影은 명상에 대한 열의를 북돋워 주지만 그 이상은 아무것도 하지 않습니다. [대담 400]

마투라(Mathura)에 가서 크리슈나의 환영을 보았다고 말하는 사람에게 마하르쉬님이 말씀하셨다. "보는 자, 보이는 것, 봄은 모두 하나였고, 모두 그대의 내면에 있었습니다. 달리 누구도 그것을 보지 않았습니다. 그것은 그대 자신의 환상이었습니다. 하지만 그대가 실제로 크리슈나를 보았다는 것도 사실입니다."

신비술(occultism) 등은 같은 목표를 향해 둘러가는 우회로들입니다. 결국에는 그 추종자들도 진아에 도달하겠지요. 그러나 그 지도자들은 그들에게 진아에 대한 명상을 가르치지 않습니다.

그래서 북인도의 한 교파는 소리를 듣고 '빛'을 찾는 법을 가르칩니다. 진아에 대한 명상이 깨달음에 이르는 직접적이고 가장 빠른, 올바른 길입니다. 우파니샤드(Upanishads)에서는 "보지 않고, 듣지 않고, 생각하지 않는 자, 그것이 **무한자이다**"라고 선언합니다. 하지만 이들 교파는 제자들에게 소리를 들으라고 가르칩니다. 그것이 아무리 높은 수준의 소리라 해도 말입니다. '옴(Aum)' 소리에 대해 명상하는 사람들도 마찬가지입니다. 이 모든 것은 뭔가를 듣는 것에 대해 명상하는 반면, **무한자** 그 자체는 우리가 들을 수 없습니다. 환영·투시력·차크라 센터(chakra-centres) 등을 계발하고 있는 그런 신비술 집단들도 마찬가지입니다. 그들은 형상을 보려고 하지만, **실재**는 우리가 볼 수 없습니다.

자기탐구(vichara)에서는 **실재**를 보거나 들으려고 하는 것은 없고, **그것을** 깨달으려고 합니다. '소리명상'파派는 둘러가는 길입니다. 그들은 같은 목표를 향해 나아가지만 거기에 도달하기 위해 이리저리 헤매고 있습니다. 진아에 대한 명상은 곧장 가는 짧고 직접적인 길이며, 차원이니 등급이니 하는 것에 상관하지 않습니다.

학교에 저학년과 고학년의 여러 학년이 있듯이, 이런 신비술적·심령적·진언적 체계들은 저학년을 대표합니다. 삶의 학교에서 최고 학년은 자기탐구, 곧 진아에 대한 탐구에 전념하는 학년입니다. 이것은 실질적으로 지知 요가(jnana yoga)와 동일합니다. 그것은 성숙도의 문제입니다.

우주론에 많은 고려를 베푸는 베다와 같은 체계들의 주된 목표 혹은 중심적 가르침은, 브라만(Brahman)이 실재하고 세계와 다른 모든 것은 실재하지 않는다는 것입니다. 그러나 (이런 가르침들은) 온갖 부류의 구도자들에게 호소력이 있어야 하는데, 여기에는 아둔한 자도 있고 예리한 자도 있습니다. 아둔한 자들이 그 중심적 가르침을 따를 수 있도록 하기 위해 단계적 우주론이 제시됩니다. 즉, "브라만이 쁘라끄리띠(Prakriti)[원초적 자연, 곧 창조자]를 낳고, 여기서 대지성大知性(mahat-ttatvam)[지성 원리]이 나오며, 그 다음에 미세원소(tanmatras)[5대 원소의 미세한 정수], 원소들(지·수·화·풍·공), 세계 그리고 몸이 연이어 나온다"는 것입니다. 그러나 예리한 지성을 가진 다른 구도자들을 위해서는 베다에서, "아바라나(avarana), 즉 무지의 은폐력이 진아를 가리면서 이 꿈 같은 환幻, 곧 현상계가 나타난다"고 말합니다. 실제로는 진아가 은폐되지 않습니다. 자신이 몸이라고 생각하는 사람들의 눈에만 은폐되어 있는 것으로 보일 뿐입니다.2)

진화론, 차원과 등급의 철학, 영혼이 물질로 하강했다가 다시 진화한다는 체계, 자아가 완성을 향해 발전해 간다는 관념—이런 것들은 모두 (영적으로 계발되지 않은) 물질적 성향의 사람들을 위한 것입니다. 그들은 마음을 형상과 대상에 묶어 두고 있고, 따라서 최고의 견지에서 보자면 그릇된 것입니다. 그러나 영적인 성향의 진보된 사람들에게는 그런 관념들이 폐기됩니다.

---

2) (역주) 이 문단의 출처는 「자기탐구(Self-Enquiry)」인 것으로 보인다. 『라마나 마하르쉬 저작전집』(한국어판), 54-5쪽 참조. 「자기탐구」는 1930년에 타밀어판으로 간행되었다.

마찬가지로, 어떤 신비적 교파에서는 진화하는 자아들을 이야기합니다. 어떻게 그럴 수 있습니까? 참된 자아는 무한하고 형상이 없으며, 시간을 넘어서 있고, 따라서 진화를 넘어서 있습니다. 그것은 성장하여 완성될 수 없습니다. 왜냐하면 이미 완전하고, 자유롭고, 한계가 없기 때문입니다. 그러나 초심자들, 곧 "나는 몸이다"라거나 "나는 이 사람이다"라고 생각하는 사람들에게는 그러한 체계들도 유용합니다. 이런 가르침들은 유치원 단계에 있습니다. 그런 것은 반半-진리입니다. 진보한 사람들은 그런 것을 필요로 하지 않습니다.

그대는 지금 자유롭다는 전체적 **진리**를 깨달아 자유로워지십시오!

명상의 주된 진로나 흐름을 방해하는 형상들로 인해 마음이 한눈을 팔게 해서는 안 됩니다. 그런 한눈팔기 요인들에 상관하지 말고 그대 자신을 진아에게로, 주시자에게로 되돌려 놓으십시오. 그것이 그런 방해요인들에 대처하는 유일한 방도입니다. 그대 자신을 결코 잊지 마십시오.

지知 수행자(*jnani*)의 길에서는 아사나(*asana*-자세 또는 장소)가 필요 없습니다. 그는 어떤 장소에서도 어떤 자세로도 수행할 수 있습니다.

문: 행위를 하지 않고 끊임없이 명상을 하면 어떻습니까?
답: 한번 해 보십시오! 습習이 그대가 그렇게 하도록 내버려두지 않겠지요. 명상(*dhyana*)은 스승의 **은총**에 의해 원습原習(*vasanas*)[잠재적 경향성]이 점차 약해지면서 점진적으로만 다가옵니다. [대담 80]

지성(*buddhi*)이 아스트랄체[미세신]의 기반입니다. 그것은 어떤 요소들의 한 집적물일 뿐입니다. 아스트랄체가 달리 무엇입니까? 사실 지성이 없으면 어떤 껍질(kosha)도 인식되지 않습니다. 다섯 껍질이 있다고 누가 말합니까? 그것은 지성 그 자체 아닙니까?

신체적 감각기관을 통해 보는 것을 버리고 일체를 그 자신의 진아로 보기 시작하는 사람에게는 어떤 종류의 슬픔도 없습니다. 더욱이 이 슬픔[아내와 사별한 것]3)은 진정한 사랑을 말해주지 않습니다. 우리가 외적인 대상과 형상들에 대해 표하는 사랑은 진정한 사랑이 아닙니다. 진정한 사랑은 늘 우리 자신의 진아 안에 거주합니다.

문: 명상을 하다 보면 아름다운 색채들이 있습니다. 그것을 바라보면 즐겁습니다. 우리는 그 안에서 신을 볼 수 있습니다.

답: 그런 것은 모두 마음의 관념입니다.

대상들이나 감정이나 생각은, 즉 명상 속에서 하는 모든 경험은 다 마음의 관념일 뿐입니다. [대담 244]

이른바 열반적(nirvanic) 환영을 갖는 사람들로 말하자면, 그것은 하나의 주체가 있고 대상들이 있다는 것을 의미합니다. 참된 열반[완전한 지멸止滅, 완성, 큰 평안] 속에 그런 것들이 어떻게 존재할 수 있습니까?

현지 교사인 순다레샤 아이어가 자신이 경험하고 있는 빛, 종소리 등의 환영을 포함한 요가적 체험을 묘사했다. 마하르쉬님이 답변하셨다. "그런 것들이 오는데, 그것들은 사라질 것입니다. 주시자이기만 하십시오. 저 자신

---

3) 바가반은 이 무렵 어떤 헌신자의 아내가 죽은 일에 대해 이야기하고 있는 듯하다.

도 그런 체험을 수없이 했지만, 찾아가서 그런 것에 대해 논의할 사람이 없었습니다."

문: 우리는 신을 구체적인 환영으로 볼 수 있지 않습니까?

답: 예, 신은 마음 안에서 보입니다. 그 구체적인 형상이 보일 수도 있습니다. 하지만 그것은 그 헌신자 자신의 마음 속에 있습니다. 그 신 현신 (God-manifestation)의 형상과 모습은 헌신자의 마음 상태에 따라 좌우됩니다. 그러나 최종적 상태는 그것이 아닙니다. 왜냐하면 그것은 여전히 이원성의 느낌을 가지고 있기 때문입니다. 그것은 꿈속의 장면과 같습니다. 신을 지각한 뒤에 탐구(vichara)가 시작됩니다. 그것은 진아 깨달음으로 끝이 납니다. 탐구가 최종적 방법입니다.

문: 폴 브런튼은 런던에서 당신을 뵙지 않았습니까?4) 그것은 하나의 꿈일 뿐이었습니까?

답: 예, 그는 그 환영을 보았지요. 그렇기는 하나 그는 자기 마음 안에서 저를 보았습니다.

문: 그러나 그는 (당신의) 이 구체적인 형상을 본 것 아닙니까?

답: 예, 그래도 그것은 그의 마음 안에서였지요. [대담 251]

그대 주위의 일체를 신으로서 마음속에 간직하는 것은 (그 자체로) 명상 (dhyana)이 됩니다. 이것은 깨달음 이전 단계인데, 깨달음은 진아 안에 있을 뿐입니다. 명상이 그에 선행해야 합니다. 신에 대한 명상을 하느냐, 진아에 대한 명상을 하느냐는 중요하지 않습니다. 목표는 동일합니다.

문: 시·음악 등을 통해서 우리는 이따금 깊은 지복감을 체험합니다. 그것을 닦으면 더 깊은 삼매(samadhi)에 이르고, 궁극적으로 **실재**를 온전히

---

4) (역주) 폴 브런튼의 책 *The Secret Path*, 제1장에 그런 이야기가 나온다.

보게 됩니까?

답: 기분 좋은 광경을 보면 행복감이 있습니다. 그것은 진아에 내재한 행복입니다. 그런 행복은 낯설지도 않고 멀리 있지도 않습니다. 그대가 즐겁다고 생각하는 그런 경우에도 그대는 순수한 진아 속으로 뛰어드는 것입니다. 그런 뛰어듦은 '스스로 존재하는 지복'을 가져옵니다. 그러나 관념의 연상으로 인해, 이 지복이 다른 사물이나 사건들에서 온다고 생각하게 됩니다. 사실 그것은 그대 안에 있습니다. (그대가 말하는) 그러한 경우에도 그대는 비록 무의식적이기는 하나 진아 속으로 뛰어드는 것입니다. 만약 의식적으로 그렇게 하면 그것을 깨달음이라고 합니다. 저는 그대가 의식적으로 진아, 즉 **심장**(Heart) 속으로 뛰어들기를 바랍니다. [대담 254]

질문자는 저의 말에 동의하지 않습니다. 그는 진아를 어떻게 깨닫는지 물었는데, 제가 말해 주어도 만족하지 않았습니다. 왜냐하면 그에게 단순한 진리를 말해주었기 때문입니다. 그는 뭔가 특이하고 불필요한 것을 원합니다. 그러니 제가 할 수 있는 최선은 침묵하는 것입니다. 그는 그 자신의 방법을 쓰라 하지요.

문: 성녀 테레사[5]와 같은 사람들은 마돈나(Madonna-성모 마리아)의 상像이 살아 움직이는 모습을 보았습니다. 그것은 외적이었습니다. 또 어떤 사람들은 그들이 헌신하는 상들이 마음의 시야 안에서 떠다니는 것을 봅니다. 이것은 내적입니다. 이 두 가지 경우는 정도에서 어떤 차이가 있습니까?

답: 두 경우 모두 그 사람이 명상을 강력하게 계발해 왔음을 말해줍니다. 둘 다 훌륭하고 진보적입니다. 정도에서 아무 차이가 없습니다. 후자

---

5) (역주) 리지외(Lisieux)의 성녀 테레사(St. Theresa, 1873~1897).

는 신에 대한 어떤 관념을 가지고 있다가 심적인 상像을 끌어내어 그것을 느낍니다. 전자는 그 상像으로 신에 대한 관념을 가지고 있다가 그 상에서 그것을 느낍니다. 두 경우 모두 그 느낌은 내면에 있습니다. [대담 407]

문: 성녀 테레사의 영적인 체험에서는, 그녀가 마돈나의 한 상에 헌신하고 있었는데 그것이 그녀의 눈앞에서 살아 움직였고, 그녀는 지복에 잠겼습니다.

답: 그 살아 움직인 모습이 마음을 내면으로 향하게 준비시켜 주었습니다. 우리 자신의 그림자에 마음을 집중하는 과정이 있는데, 때가 되면 그것이 살아 움직이면서 거기에 던진 질문에 답을 합니다. 그것은 마음의 힘(manobala)이나 명상의 힘(dhyanabala)에서 비롯됩니다. 뭐든 외적인 것은 또한 일시적입니다. 그런 현상은 한동안 기쁨을 줄지 모릅니다. 그러나 지속적인 평안(shanti)은 나오지 않습니다. 그것은 무지(avidya)를 없애야만 얻어집니다. [대담 393]

2. 종교의 오류들

우리가 상像이나 형상들을 숭배할 때, 실제로는 그 모습에서 우리 자신을 숭배하는 것입니다.

문: 비슈누(Vishnu), 시바 등이 존재합니까?

답: 개별적 인간 영혼들만이 알려진 유일한 존재는 아닙니다. 그러나 그런 방향으로 탐구해 나가는 대신 왜 그대 자신을 탐구하지 않습니까? 그런 관념들이 누구에게 일어납니까?

경전에서는 신이 그대를 창조했다고 말합니다. 그러나 그대는 잠 속에서 신이나 다른 어떤 것을 봅니까? 만일 신이 실재한다면 왜 그가 그대의 잠 속에서도 빛나지 않습니까? 그대는 늘 있습니다. 지금 그대는 잠들어 있을 때의 그대와 동일합니다. 그대는 지금, 잠들어 있던 그 사람과 다르지 않습니다. [대담 238]

영혼과 신은 마음의 관념일 뿐입니다. 그대는 잠 속에서 신을 생각합니까? 만일 신이 실재한다면, 그는 늘 머물러 있어야 합니다. 잠 속의 그대와 생시의 그대는 똑같습니다. 만일 신이 그대 자신만큼 참되다면, 신은 자기(진아)만큼이나 잠 속에서도 존재해야 합니다. 신에 대한 그 생각이 자기만큼이나 잠 속에서도 존재해야 합니다. 신에 대한 그 생각은 생시 상태에서만 일어납니다. 누가 생각합니까? 몸입니까? 몸은 말을 하지 않습니다. 만약 그렇다면, 잠 속에서는 그것이 말을 했습니까? 이 '나'가 누구입니까? 잠 속에서 그대는 몸 안에 있는 것을 자각합니까? 실은 그대는 몸 안에 있지도 않고 밖에 있지도 않습니다. [대담 244]

3. 종교의 의미

문: 저의 노력에 대한 신의 도움으로 말하면, 숭배 등에 의해서 그것을 얻을 수 있지 않습니까? 그것도 도움이 되지 않을까요?

답: 이스와라(*Isvara*)의 은총과 그에 대한 숭배 등은 중간 단계로서 택하는 것이고, 목표에 도달하지 못한 한에서는 택할 필요가 있습니다. 목표에 도달하면 신이 곧 진아입니다.[6]

한 방문객이 스리 바가반께 당신의 점심에서 쁘라사드(*prasad*)를 좀 주시라고 하자, 마하르쉬님이 말씀하셨다. "에고를 생각함이 없이 드십시오. 그러면 그대가 먹는 것이 바가반의 쁘라사드가 됩니다. 만일 제 식반食盤에서 그대에게 한 줌을 드리면, 다들 한 줌씩 달라고 하겠지요. 음식을 남들에게 다 나눠주고 나면 저에게 뭐가 남겠습니까? 그러니 그것은 헌신이 아니라는 것을 아시겠지요. 저의 식반에서 한 줌을 얻어서 먹는 것은 아무 의미가 없습니다. 참된 헌신자가 되십시오." [대담 228]

문: 저는 신상 숭배를 계속해야 합니까?

---

6) (역주) R. Swarnagiri, *Crumbs from His Table*(Ninth edition), p.28.

답: 그대가 자신을 몸이라고 생각하는 한, 아무 해가 없습니다. 그러다 보면 마음의 집중에 이를 수도 있습니다. 일념이 되십시오. [대담 31]

문: 공덕을 보상해 주고 죄를 벌하는 별개의 존재 이스와라가 있습니까? 신이 있습니까?

답: 예.

문: 이스와라에게 종말이 있습니까? 이스와라는 쁘랄라야(*pralaya*)[우주의 휴식기 또는 해체기] 때 해체됩니까?

답: 쁘랄라야는 마야(*maya*)가 지닌 영혼입니다. 만약 할 수 있다면, 그대의 모든 결점과 한계를 지닌 채 지知를 가지고 일어나서 진아 깨달음에 들고, 무엇보다도 쁘랄라야와 윤회계(*samsara*)를 넘어서십시오. (그대가 그럴 수 있다면) 그대보다 무한히 더 지혜로운 이스와라는 쁘랄라야를 넘어서 있다고 보는 것이 합리적이지 않습니까? 그대 자신을 깨달음으로써 그대 자신을 깨우치십시오. [대담 30]

문: 저는 산디야(*sandhya*)[아침저녁으로 하는 종교적 의식]를 닦아야 합니까?

답: 그것이 필요하다고 생각되면 얼마든지 그것을 닦으십시오.

『바가바드 기타』나 다른 경전에 나오는 모든 것은 청문자들의 특정한 기질에 맞추기 위한 것이라고 합니다. [대담 20]

문: 어린 나이에 경전을 배우는 젊은이들은 더 나이가 들면 그것을 싫어하기도 합니다.

답: 그 혐오감은 나이 때문이 아니라, 오해에서 비롯됩니다. 올바르게 이끌어주면 나이가 더 들어서 경전을 한층 더 높이 평가할 것입니다.

모든 교의敎義는 대중들을 진아의 참된 진리로 이끌기 위한 예비 과정에 지나지 않습니다. 종교들이 반드시 그 창시자들의 최고의 표현이나 최고의 지혜인 것은 아닙니다. 그들은 자신이 살던 시대와 당시 사람들의 심적인 능력을 고려할 수밖에 없었습니다. 최고의 지혜는 대부분의 사람들에게 너무 미묘한 것이고, 그래서 세계들·신들·몸들·진화 등의 전체 체계를 내놓지 않을 수 없습니다. 왜냐하면 사람들은 하나의 실재—곧 진아라는 단순한 진리를 믿기보다는 그런 모든 것을 믿기가 더 쉽다고 느끼기 때문입니다. 그래서 환생, 아스트랄 차원, 사후의 삶 등은 낮은 관점에서만 참됩니다. 그것은 모두 관점의 문제입니다. 최고의 관점, 즉 진아의 관점에서 보면 다른 모든 것은 환적인 것으로 사라지고, 실재만이 남습니다. 미세한 아스트랄체들이 존재하는 것은 사실입니다. 왜냐하면 꿈 세계에서 활동하기 위해서는 그 세계를 위한 하나의 몸이 필요하기 때문입니다. 그러나 그 또한 그 자신의 차원에서만 실재하는 반면, **하나인 진아**(One Self)는 우리가 그것을 자각하든 못하든 늘 실재하며, 항상 그리고 영원히 존재합니다. 따라서 그것을 추구하는 것이 낫습니다. 왜냐하면 다른 자아-몸들(self-bodies)은 조건적으로만 실재하기 때문입니다.

보통의 기독교인은 하느님이 멀리 떨어진 어떤 천당에 있어서, 도움 없이는 우리가 그에게 도달할 수 없으며, 그리스도만이 그를 알았고, 그리스도만이 우리를 구원할 수 있다고 말해줄 때만 만족합니다. 그래서 하늘나라가 그대 안에 있다는 단순한 진리를 말해주면 만족해하지 않고, 그 말에서 엉뚱한 의미를 읽어낼 것입니다. 성숙한 사람들만이 온통 그대로 드러나 있는 단순한 진리를 이해합니다. [대담 96]

문: 신상神像들은 어떻습니까?

답: 그것들은 깊은 의미가 있습니다. 그것을 숭배하는 것은 마음을 집

중하기 위한 하나의 방법입니다. 마음은 밖으로 나가는 버릇이 있습니다. 그것을 제어하여 안으로 향하게 해야 합니다. 마음의 습철은 이름과 형상들 위에 머무르는 것입니다. 모든 외적인 대상들은 이름과 형상을 가지고 있기 때문입니다. 그런 이름과 형상들이 심적인 관념들을 상징하도록 만들어지는 것은, 마음을 외부의 대상에서 자기 내면으로 돌려 그 자신 안에 머무르도록 하기 위해서입니다. 신상, 만트라, 신성한 음절들, 의식儀式 등은 모두 마음이 내면으로 향할 때 음식으로 제공하여 마음이 집중될 수 있게 하기 위한 것입니다. 그런 뒤에야 지고의 상태에 도달할 수 있습니다. [대담 405]

이스와라에게는 몸과 마음의 개인성이 있는데, 그것은 사멸될 수 있습니다. 그러나 동시에 그는 내적으로 초월적 의식과 해탈도 가지고 있습니다.

인격신 이스와라, 곧 우주의 지고한 창조주는 분명 존재합니다. [이것은 궁극적 진리를 깨닫지 못하고 개인적 영혼들의 실재성을 믿는 사람들의 상대적 관점에서만 참되다.] 절대적 견지에서 보는 진인은, 하나이고 무형상인 비인격적 진아 외에 다른 어떤 존재도 받아들일 수 없습니다.

이스와라는 하나의 육신, 하나의 형상과 이름을 가지고 있지만, 그것은 이 물질적 몸처럼 그렇게 거칠지 않습니다. 그것은 환영 속에서, 헌신자가 창조한 형상으로 나타날 수 있습니다. 신의 형상과 이름은 많고 다양하며, 종교에 따라서 다릅니다. 그의 본질은 우리의 그것과 같은, 오직 하나이고 형상이 없는 진아입니다. 따라서 그가 취하는 형상들은 창조물 혹은 겉모습일 뿐입니다.

이스와라는 온 우주의 모든 사람과 모든 물질적 대상 안에 내재해 있습니다. 모든 사물과 존재들의 총합이 신을 구성합니다. 어떤 힘이 있는데, 거기서 나온 작은 일부가 이 온 우주가 되었고, 그 나머지는 잠재해 있습니다. 이 잠재력에 물질적 세계로 현현된 힘을 합친 것이 **이스와라**를 구성합니다. 인간이 이 창조주를 숭배하기 위해서는 신의 성품과 인간의 그것과의 관계를 이해해야 합니다. 모든 도덕적 행위, 모든 합리적 사고가 이 신에 대한 올바른 숭배입니다. 신을 이해하기 위해 나름대로 최선을 다하는 서양의 회의론자조차도 올바른 숭배를 행하고 있는 것입니다. 진정한 근원은 이 상대적인 신이 아니지만, 이러한 유형의 숭배를 통해서 그것에 도달할 수 있습니다.

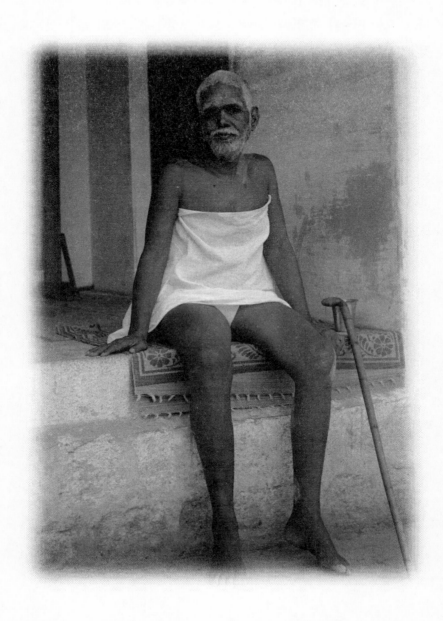

4. 신비주의의 의미

문: 담배를 계속 피워도 해가 없습니까?

답: 아니지요, 왜냐하면 담배는 독이기 때문입니다. 피우지 않는 것이 낫습니다.

문: 정욕이란 무엇입니까?

답: 그것은 명상에서 사용되는 것과 같은 힘인데, 다른 경로로 흐르는 것일 뿐입니다.

문: 고기와 술을 포기하라고 권하십니까?

답: 예. 그것을 포기하는 것이 바람직합니다. 왜냐하면 초심자들에게는 그것을 끊는 것이 유용한 보조수단이기 때문입니다. 그것을 그만두지 못하는 것은 그것이 실제로 필요해서가 아니라, 단지 우리가 관행과 습관으로 그런 것에 익숙해져 있기 때문입니다.

마음이 깨달음 안에서 확고해질 때까지는, 그것이 생각할 어떤 모습이나 관념이 있어야 합니다. 그렇지 않으면 명상이 잠이나 생각[망념]에 금방 자리를 내주게 될 것입니다.

예, 이른 아침 일어나자마자 하는 명상이 가장 좋습니다. 왜냐하면 이때는 마음이 생각·근심 등에서 벗어나 있기 때문입니다.

단체로 하는 명상과 혼자 하는 명상에 대해서 보자면, 초심자들에게는 후자가 바람직하지만, 우리는 정신적 홀로됨을 창출하는 지점까지 나아가는 법을 배워야 합니다. 그러면 우리가 어디에 있든 상관이 없습니다. 우리는 사회 속에서도 (정신적으로) 홀로됨을 발견하는 법을 배워야 합니다. 사람들 가운데 있을 때도 우리의 명상을 포기하면 안 되고 그럴 때도 명상을 계속해야 하지만, 티를 내면서 하지 말고 몰래[내면적으로] 하십시오. 그대가 명상을 하고 있다는 사실을 신체적으로 과시하지 마십시오.

주의가 대상들과 지성으로 향할 때는 마음이 그런 것들만 인식합니다. 그것이 우리의 현재 상태입니다. 그러나 우리가 내면의 진아에 주의를 기울일 때는 그것만을 의식하게 됩니다. 따라서 그것은 모두 주의력의 문제입니다. 우리의 마음은 워낙 오랫동안 외적인 것들에 주의를 기울여 왔기 때문에 그것들이 마음을 노예로 삼아서 이리저리 끌고 다닙니다.

문: 요기(*yogi*)는 사슴 가죽에 앉아서 명상을 해야 한다고 합니다. 그러면 명상 중에 자기磁氣가 상실되는 것을 막을 수 있다는 것입니다.

답: 그런 것을 쓸 필요는 없습니다. 사슴 가죽을 쓰지 않는다고 해서 그대가 하는 명상의 효과를 땅이 빼앗아가지는 않을 것입니다.

흡연을 포기한 것은 좋은 일입니다. 인간들은 담배의 노예가 되어 그것을 포기하지 못합니다. 그러나 담배는 일시적인 자극을 줄 뿐이고, 그것을 더 갈망하는 반작용이 있을 수밖에 없습니다. 그것은 명상 수행에도 좋지 않습니다.

만일 마음이 헤매면 우리는 즉시 우리가 몸이 아님을 깨닫고 "나는 누구인가?" 하고 물어야 합니다. 그리고 마음이 다시 돌아와 진아를 깨닫도록 해야 합니다. 그렇게 해서 모든 악이 소멸되고 행복을 깨닫게 됩니다.

명상은 눈을 뜨고 하든 감고 하든, 그대에게 가장 적합한 쪽으로 하면 됩니다. 그것은 사람에 따라 다릅니다. 실제로 본다는 것은 마음이 눈을 통해서 보는 것입니다. 만약 마음이 내면의 어떤 것에 몰두해 있는 탓에 눈을 통해서 보지 않고 있다면 설사 눈을 뜨고 있어도 보는 것이 아닙니다. 소음도 마찬가지입니다. 거기에 주의를 기울이면 그것을 듣게 되지만, 내면의 진아에만 끈덕지게 주의를 기울이면 그것을 듣지 않게 됩니다.

문: 마음이 변덕스럽고 헤맵니다. 그것을 어떻게 제어합니까?
답: 그럴 때 즉시 "이 변덕스러움이 일어나는 그 사람은 누구인가?" 하는 물음으로 주의를 돌리면 마음이 이리저리 요동하는 것이 그칩니다.

모든 음식에는 미묘한 기운이 있는데, 그것이 마음에 영향을 줍니다. 그래서 진아를 발견하기 위해 열심히 명상을 닦는 사람들을 위한 식사 준칙이 정해져 있고, 그것을 따르는 것이 바람직합니다. 사뜨와적(satvic)[순수성] 음식은 명상을 증진하는 반면, 라자스적(rajasic)[활동성] 음식인 육류와 따마스적(tamasic)[나태성] 음식은 그것을 장애합니다.

문: 애욕, 분노 등은 어떻게 극복합니까?
답: 명상(dhyana)에 의해서입니다. 즉, 단 하나의 생각을 붙들어서 다른 모든 생각을 물리치면 됩니다.
문: 무엇에 대해서 명상해야 합니까?

답: 그대가 좋아하는 뭐든 좋습니다. 그러나 한 가지만 고수해야 합니다. 내관은 싸움을 의미합니다. 명상을 시작하자마자 다른 생각들이 몰려들어 힘을 모아서 그 단 하나의 생각을 침몰시키려 합니다. 그 한 생각이 거듭된 수행으로 힘을 얻어야 합니다. 이 싸움은 명상에서 늘 일어납니다. 마음의 평안은 내관에 의해, 그리고 잡다한 생각들이 없는 것을 통해 생겨납니다. 명상이 잘 자리잡히고 나면 그것을 놓아버릴 수가 없습니다. 그것이 자동적으로 계속될 것이고, 그대가 일을 하거나 놀거나 심지어 잠을 자고 있을 때도 그럴 것입니다. 그것이 워낙 깊이 뿌리 내려서 자연스러운 것이 되어야 합니다. [대담 371]

문: 심장은 생리적 심장과 같은 것입니까?

답: 아닙니다. 그것은 모두 구도자를 돕기 위해 이야기하는 것입니다. 그것은 '나'라는 생각(I-thought)의 근원일 뿐입니다. 그것이 궁극적 진리입니다. 그대의 근원을 추구하십시오. 그 탐색이 자동적으로 그대를 심장으로 데려갈 것입니다. [대담 392]

요가 수행에서는 우리가 가장 낮은 차크라(chakra)에서 시작하여 밑으로 내려갔다가 위로 올라가는데, 줄곧 헤매다가 마침내 뇌 중심, 즉 천 개의 꽃잎이 있는 연꽃[사하스라라]에 도달합니다. 지知 수행에서는 우리가 곧장 **심장중심**(Heart-centre)에 자리 잡습니다. 아나하따(anahata)[수슘나, 곧 미세한 중앙맥관 상의 네 번째 차크라]라고 하는 요기들의 심장 차크라는 이 **심장**과 같은 것이 아닙니다. 만약 같다면, 그들이 왜 사하스라라(sahasrara)[정수리에 있는 일곱 번째 차크라]까지 더 올라가야 합니까?

더욱이 그 질문이 일어나는 것은 우리의 안에서 분리의 느낌이 지속되기 때문입니다. 우리는 그 **중심**에서 결코 떨어져 있지 않습니다. 아나하따에 도달하기 전이든 거기를 지나간 뒤든, 그대는 여전히 그 **중심** 안에 있을 뿐입니다. 그것을 이해하든 못 하든, 그대는 그 **중심**에서 떨어져 있지 않습니다. 요가나 자기탐구의 수행은 그 **중심**에 머물러 있을 뿐입니다. [대담 398]

문: 쁘라나야마(*pranayama*-호흡 제어, 조식)가 무엇입니까?

답: 쁘라나(*prana*-생기)는 **진아·영혼·아뜨마**(*Atma*) 등에 상당하는 것인데, 왜냐하면 그것은 생명기운(life-current)이기 때문입니다. 이름이야 뭐라고 하든 상관없지만 말입니다. 쁘라나야마는 호흡을 통해 몸과 감각기관과 지성을 제어하는 것입니다. 마음은 이와 같이 제어되고, 이와 같이 이 수행으로 점차 잦아듭니다. 마음과 쁘라나는 같은 근원에서 나옵니다. 호흡을 제어하면 마음이 가라앉고, 그러다가 어떤 의식 없는 공백 상태가 일어납니다. 기절이나 무아경 같은 상태 말입니다. 그 상태가 자연적 상태이기는 하나, 마음을 제어하지 못한 사람은 현혹되어 거기에 합일됩니다. 그것이 큰 평안의 상태인 것은 사실이지만 그것은 일시적이고, 그것이 끝나면 그 요기는 그 상태를 다시 갖고 싶어서 다시 호흡 제어를 합니다. 그런 사람은 쁘라나야마를 넘어서 직접적인 마음 제어를 얻을 필요가 있고, 그래서 일시적 삼매만이 아니라 영구적 평안, 곧 본연삼매本然三昧(*sahaja samadhi*)를 닦아야 합니다. 주안점은 마음에 평안을 가져오고 그것을 고요하게 하여 헤매지 않게 하는 능력을 얻는 것입니다. 그것을 위해 쁘라나야마를 하라는 가르침을 주는 것입니다. 숨 멈춤[止息]은 내관으로 이어지지만 그것은 진보된 사람을 위한 것입니다. 들이쉼(*puraka*)이 시작이고, 그 다음은 숨 멈춤(*kumbhaka*), 마지막이 내쉼(*rechaka*)입니다. 쁘라나야마는 마음 제어를 얻는 데 도움이 되는 한에서 유용할 뿐입니다. 마음의 평안을 추구하는 사람들에게는 이것으로 충분하지만, 싯디(*siddhis*)ー신비한 능력ー를 추

구하는 이들을 위한 고도로 상세하고 복잡한 조식도 있습니다.

조식調息(*pranayama*)은 마음을 제어할 힘을 갖추지 못한 사람을 위한 것입니다. 이 목적을 위해서는 진인들과 친교하는 것만큼 확실한 방도가 없습니다. 조식은 하타 요가에서 묘사하는 꼭 그대로 할 필요는 없습니다. 만일 헌신이나 명상을 하고 있다면, 호흡을 약간만 제어해도 마음을 제어하는 데 충분할 것입니다. 마음은 말을 타는 사람이고 호흡은 말입니다. 조식은 말을 제어하는 것입니다. 그것을 제어하면 말을 탄 사람도 제어됩니다. 그것은 조금만 해도 됩니다. 호흡 지켜보기 역시 그렇게 하는 한 방법입니다. 그러면 마음은 다른 활동에서 벗어나 호흡 지켜보기에 몰두합니다. 그러면 호흡이 제어되고 그로 인해 마음도 제어됩니다. 내쉼과 들이쉼이 안 된다 해도 상관없습니다. 호흡은 명상 중에도 잠시 멈출 수 있습니다. 그럴 때도 좋은 결과가 나올 것입니다. 호흡 조절은 그 움직임을 지켜보는 것으로도 이루어집니다. 마찬가지로, 마음을 지켜보면 생각도 그칠 것입니다. 그것이 마음 탐구(mind-quest)의 실제 모습입니다. [대담 54]

어떤 명상을 하면 호흡 정지가 일어나는데, 역으로 호흡 제어를 좀 하고 나면 마음의 들뜸이 그칩니다. 마음의 제어는 자연발생적으로 호흡 제어나 숨 멈춤을 가져옵니다.

특히 호흡 제어를 하는 사람들은 스승의 친존 없이 혼자서 수행하는 사람들입니다. 그렇게 하면 결국 마음이 제어되지만, 스승과 같은 우월한 힘이 있는 곳에서는 마음 제어가 자연발생적으로 일어나기 시작합니다.

목숨이 위협받으면 모든 관심이 그것을 구하는 데 집중되기 시작합니다. 마찬가지로, 조식에서 호흡이 억제되면 마음은 익숙한 외부의 대상들에게로 달려들 겨를이 없습니다. 그래서 호흡이 억제되는 동안은 마음이 휴식하게 됩니다. 모든 주의가 호흡과 호흡 조절로 향하고 있기 때문에 다른 관심들은 상실됩니다. [대담 27]

생각과 호흡 둘 다 같은 개인적 생명 흐름의 서로 다른 측면이며, 둘 다 그것에 의존하고 있습니다. 만약 호흡을 강제로 억압하면 생각도 그것을 따라가 평소의 지배적인 생각에 고정됩니다. 생각을 강제적으로 늦추어 한 점에 집중시키면 호흡의 생명 활동도 느려지고 균일해져서 생명과 양립할 수 있는 최저 수준으로 국한됩니다. 그와 같이 마음은 미세한 것을 포착하여 그 안에 합일됩니다. [대담 28]

호흡 제어는 마음을 고요하게 합니다. 그럴 때 그 고요함을 자각하는 것이 **누구인지**를 보십시오! 기계적인 조식(*pranayama*)으로는 목표에 이르지 못할 것입니다. 그것은 보조 수단일 뿐입니다. 그것을 기계적으로 하는 동안 마음이 깨어 있도록 주의하고, '나'라는 생각을 기억하면서 그 근원을 추구하십시오. 그러면 생기(*prana*)가 가라앉는 곳에서 '나'라는 생각이 일어난다는 것을 발견할 것입니다. 그것들은 함께 일어나고 함께 가라앉습니다. '나'라는 생각도 쁘라나와 함께 가라앉을 것입니다. 동시에 또 하나의 찬란하고 무한한 '나-나'가 드러날 것이고, 그것은 지속적이고 끊어짐이 없을 것입니다. 그것이 목표입니다. 그것은 신·헌신(*bhakti*)·지知 등 여러 가지 이름으로 불립니다. 그런 노력을 하면, 그것이 저절로 그대를 그 목표로 데려갈 것입니다. [대담 345]

문: 세 가지 방법, 즉 탐구·헌신·호흡 제어의 차이와 효과는 무엇입니까?

답: 지식止息(*kumbhaka*)은 마음의 제어, 즉 생각의 억제나 절멸을 위한 하나의 보조 수단입니다. 어떤 사람은 조식·들이쉼·내쉼·지식止息을 닦거나 지식만을 닦을 수도 있습니다. 또 어떤 사람, 곧 지知 수행자는 마음을 제어하다 보면 쁘라나를 제어하게 되고, 그러면 지식止息이 자동적으로 일어납니다. 들이쉼과 내쉼을 지켜보는 것도 조식입니다. 이런 방법들은 외관상 세 가지이지만 실은 단 한 가지일 뿐인데, 왜냐하면 같은 목표에 이르게 하기 때문입니다. 그러나 그 구도자가 도달한 단계와 그의 예전 원습(*vasanas*)[잠재적 경향]이나 상습(*samskaras*)에 따라 각기 다른 방법을 택하는 것입니다. [대담 196]

호흡 제어는 자신의 생각을 직접 제어할 수 없는 사람들을 위한 것입니다. 그것은 자동차의 브레이크와 같은 역할을 합니다. 그러나 거기에 그쳐서는 안 되고, 집중과 내관7)으로 나아가야 합니다. 자세(아사나)는 호흡 제어에 도움이 되고, 호흡 제어는 내관에 도움이 됩니다. 그래서 하타 요가를 하는데, 그것도 하나의 정화 과정입니다. [대담 371]

문: 저는 나다(*nada*)[신성한 소리], 종소리, 메아리와 같은 심령적 소리를 듣는데요?

답: 만약 그것을 대상적으로 바라보면 그 소리 안에 매몰되기 쉽습니다. 한 소리에 이어서 다른 소리가 찾아올 것이고, 그런 다음 공백 상태가 있을 것입니다. 그러나 "이 소리를 듣는 것은 누구인가?" 하고 바라보는 것을 잊지 마십시오. 그대의 내적인 진아를 확고히 붙들면 그런 소리를 듣든 않든 그것은 중요하지 않게 될 것입니다. 주체(소리를 듣는 자기)를 계속

---

7) (역주) 집중과 내관은 라자요가의 '응념'과 '정려'를 가리킨다. 라자요가의 단계는 1) 금계禁戒, 2) 권계勸戒, 3) 좌법坐法, 4) 조식調息, 5) 제감制感, 6) 응념凝念, 7) 정려靜慮, 8) 삼매이다.

주시하십시오. 나다-요가(nada-yoga-소리 명상)는 확실히 집중의 한 방법이지만, 그 집중을 얻고 난 뒤에는 그것을 진아 안에 고정하십시오. 그러나 주체를 시야에서 놓쳐버리면 라야(laya-마음이 일시적으로 가라앉은 상태), 곧 공백 상태에 빠지게 될 것입니다. [대담 148]

주의나 시선을 양미간 사이에 고정했으나 아무 진보를 느끼지 못한 사람에게 마하르쉬님이 말씀하시기를, 시선은 고정되지만 보는 자를 시야에 두지 못했으며, 만약 보는 자를 늘 기억하면 괜찮을 거라고 하셨다. [대담 162]

문: 명상과 자기탐구의 차이는 무엇입니까?

답: 명상은 에고가 유지될 때에만 일어날 수 있습니다. 에고가 있고 명상하는 대상이 있습니다. 이 방법은 간접적입니다. 그에 반해, 에고의 근원을 추구하면 에고는 사라집니다. 남는 것은 진아입니다. 이 방법이 직접적인 방법입니다. [대담 174]

명상에서 극복해야 할 장애 중의 하나는 라야(laya)[일시적인 고요함]입니다. 그래서 『바가바드 기타』를 지은 스승(크리슈나)이, 잠에서의 절제를 닦으라고 한 것입니다. 이것은 네댓 시간 자라는 뜻입니다. 잠을 아예 끊으려고 한 수도승들은 극단적 고행을 했으나 그것은 불필요합니다. 과식이나 과로로 인해 잠을 지나치게 많이 잘 수 있으니 그런 것도 적당하게 하십시오.

낮에는 깊은 잠을 잘 수 없습니다. 왜냐하면 햇살이 깊은 잠을 못 자게 하는 특이한 효과를 발휘하기 때문입니다. 그래서 낮에 졸음이 오면 그것을 손쉽게 명상으로 전환할 수 있습니다. 졸음은 명상 상태에 가깝기 때문입니다.

(첫 번째 장애인) 잠에 대해서 말하자면, 깨어나는 순간 정신을 차리고 신[진아]을 생각하기 시작하십시오. 낮 동안에는 내내 정신 차려 깨어 있으십시오. 즉, 신의 현존(진아자각)을 닦으십시오. 두 번째 장애는 마음이 외부의 대상들로 향하는 것입니다. 그것을 극복했을 때, 세 번째 장애는 명상자가 자신이 명상을 닦고 있다는 것을 잊어버리는 것(라야)입니다. 그 다음 네 번째 장애가 일어나는데, 그것은 마음이 내면에서 활동하는 것입니다.

마음을 제어하기 어렵다면 호흡에 의한 제어가 있는데, 그것은 수행에서만 옵니다. 아니면 현인과의 친교에 의해서도 마음은 자연발로적으로 제어됩니다. 사뜨상가(satsanga)[현인과의 친교]의 위대함이 그와 같습니다. [대담 10]

자세, 정해진 시간, 기타 부수사항이 갖춰지지 않았다고 명상을 못하는 것은 아니라는 것을 분명히 이해해야 합니다.

문: 유럽인들을 위한 특정한 자세가 있습니까?

답: 그것은 그 개인의 마음이 갖춰진 정도에 달렸습니다. 어떤 고정된 규칙도 없습니다. [대담 17]

문: 채식에 익숙하지 않은 사람들은 어떻게 합니까?

답: 습관이란 환경에 대한 적응일 뿐입니다. 중요한 것은 마음입니다. 실은 마음이 어떤 음식들을 맛있다고 생각하도록 길들여져 온 것입니다. 육류 못지않게 채식 음식에서도 영양은 얻을 수 있습니다. 그러나 깨달은 사람의 마음은 그가 섭취하는 음식에 영향을 받지 않습니다. 그러나 점진적으로 하십시오—즉, 채식에 습관을 들이는 것 말입니다.

문: 그러나 그것이 불살생의 문제라면, 식물들도 생명이 있는데요?

답: 여러분이 앉아있는 판석(회당의 바닥돌)들도 생명이 있기는 마찬가지입니다! [대담 22]

문: 왜 우유는 드시면서 계란은 드시지 않습니까?
답: 가축 암소들은 자기 새끼들에게 필요한 것보다 더 많은 우유를 생산하는데, 그것을 짜내 주면 좋아합니다. 계란에는 잠재적인 생명체가 들어 있습니다. [대담 24]

문: 저는 "나는 브라만이다(*Aham Brahmasmi*)"에 대한 명상을 해 왔습니다. 그런데 조금 있으면 어떤 공백 상태가 지배하면서 머리가 뜨거워지고, 저는 죽음의 공포를 느낍니다. 당신께서 지도해 주시기를 원합니다.
답: 그 공백 상태를 누가 봅니까? 그 공백 상태를 바라보는 의식이 곧 진아입니다. 죽음의 공포는 그 생각이 일어난 뒤에야 있습니다. 누구의 죽음을 두려워합니까? 누구에게 그 두려움이 있습니까? **자기와 몸의 동일시**가 있습니다. 그것이 있는 한 두려움도 있겠지요. [대담 202]

영적인 **심장**은 신체적 심장과 다르며, 심장 박동은 신체적 심장의 현상일 뿐입니다. 영적인 **심장**은 체험의 자리입니다. 마치 발전기가 전등·선풍기 등의 전체 시스템에 원동력을 공급하듯이, 본래의 **샥띠**(*shakti*-힘)가 심장 박동·호흡 등에 에너지를 공급합니다. [대담 205]

문: 차크라들은 어떻습니까?
답: 오직 **아뜨마**(*Atma*-아뜨만, 진아)를 깨달아야 합니다. 그것을 깨달으면 다른 모든 것은 그 범위 안에 있습니다. 샥띠·싯디(초능력) 등은 모두 그 안에 포함됩니다. 그런 것을 이야기하는 사람들은 **아뜨만**을 깨닫지 못한

것입니다. 아뜨마는 심장 안에 있고 심장 그 자체입니다. 현상계는 두뇌 안에 있습니다. 심장에서 두뇌로 올라가는 경로는 수슘나(sushumna)를 통해서라고 볼 수 있겠지요. 요기들은 그 흐름이 사하스라라까지 올라가면 거기서 끝난다고 말합니다. 그 체험은 완전하지 않습니다. 그들이 진지眞知(jnana)를 얻으려면 심장으로 내려와야 합니다. 심장(Hridaya)이 알파요 오메가입니다. [대담 57]

『비밀 인도에서의 탐색』 마지막 장에 나오는 '작열하는 빛'의 체험에 대한 설명:

요기들은 실제로 진아를 깨닫기 전에, 요가 수련을 하는 과정에서 몇 가지 빛과 색채들을 체험한다고 합니다. 옛날에 빠르바띠[시바의 반려자]가 영원한 실재를 얻기 위해 고행을 했는데, 어떤 빛들을 보았습니다. 그녀는 그것이 모두 자신의 감각기관에 의해 보이고 느껴진 것이었기 때문에 그 빛들이 영원자가 아니라고 결론지었습니다. 오랜 고행을 한 뒤에는 아주 강력한 빛을 보았지만, 이 빛도 영원자가 아니라는 같은 결론을 내렸습니다. 그런 다음 혹독한 고행을 한 뒤에 평안을 얻었고, 그때는 진아가 곧 영원자라고 결론지었습니다.

사물들의 존재는 빛을 통해서만 보입니다. 그렇다면 우리가 자신의 진아를 깨닫는 것은 그 빛에 의해서라고 말하는 것이 어찌 잘못일 수 있겠습니까? 자신의 진아를 깨닫는 것에 대한 앎이 곧 그 빛입니다. 무상삼매無相三昧(nirvikalpa samadhi)에 들어 있는 동안에는 그것이 지知로서 존재하며, 그 지知에 의해 우리는 삼매에서 보이는 빛과 그 빛을 넘어서는 것 둘 다를 볼 수 있습니다. 그것은 무지가 아닙니다. 그런데 어떻게 그것이 빛이 아니라고 할 수 있겠습니까? [대담 200]

문: 당신께서는 어떤 길을 조언하십니까? 저희는 당신의 **은총**을 필요로 합니다.

답: "고요히 있고, 생각하지 말고, 내가 있다(I am)는 것을 아십시오."

한 헌신자가 결혼한다는 소식이 마하르쉬께 전해지자 어떤 사람이 여쭈었다. "왜 그랬을까요? 이제 분명히 퇴보할 텐데요?" 마하르쉬님은 웃으면서 말씀하셨다. "왜 결혼이 그의 영적인 진보를 방해해야 되지요?"

배고픔·목마름·배변 등과 같은 신체적 욕구를 충족시키지 않으면 명상이 진보할 수 없습니다. [대담 266]

자기탐구(*vichara*) 명상의 결과는 의지력, 집중력 계발, 정념의 제어, 세간적 대상들에 대한 무관심, 덕德, 모두에 대한 평등심입니다.

최면적인 방법으로 요가적 삼매를 유발하는 것은 바람직하지 않습니다. 왜냐하면 빛 응시는 마음을 멍하게 만들고 일시적으로 의지의 마비 상태를 가져오며, 아무런 지속적 이익을 안겨주지 않기 때문입니다. [대담 27]

어떤 신에 대한 심상心像(mental image)을 명상의 대상으로 사용할 수 있는데, 그러다 보면 명상자가 진아 안에 합일됩니다. 그러면 그 상은 저절로 떨어져 나가고, 그 신은 세간-환幻(world-illusion)의 일부로서 사라질 것입니다. (그때는) **지고의 진아**만을 명상의 대상으로 해야 합니다.

진실로 말해서 명상은 진아 안에 고정되어 머무르는 것입니다. 그러나 생각들이 마음을 지나갈 때는 그것을 없애려는 노력을 하게 되는데, 그 노력을 명상이라고 합니다. 존재하는 그대로 머무르십시오. 그것이 목표입니다. 명상[의 기법]은 생각들이 들어오지 못하게 하는 만큼의 소극적인 효과가 있을 뿐입니다. [대담 294]

문: 저는 마음의 평안이 없습니다.

답: 평안은 우리의 진정한 성품입니다. 그것을 성취할 필요는 없습니다. 우리의 생각을 말살해야 합니다. 『기타』의 방법이 그렇게 하는 한 방법입니다. 마음이 헤맬 때마다 그것을 거두어들여 명상으로 향하게 하십시오.

문: 저는 마음을 명상으로 돌려놓지 못합니다.

마: 코끼리를 풀어주면 코를 이리저리 놀리면서 가만히 있지 못하는 것처럼 보입니다. 그러나 사슬을 하나 쥐어주면 코가 그것을 들고 있느라고 전처럼 이리저리 돌아가지 않습니다. 그와 마찬가지로, 마음은 목표가 없으면 가만히 있지 못하지만, 어떤 목표가 정해지면 마음이 평온합니다. 상습(samskaras)이 남아 있는 한 집중은 불가능합니다. 상습은 헌신도 가로막습니다. 수행과 무욕이 필요합니다. 무욕은 산란한 생각이 없는 것이고, 수행은 한 생각에만 집중하는 것입니다. 확고한 인내도 필요합니다.

수행은 명상의 적극적 측면이고 무욕은 소극적 측면입니다. 그렇지요, 우리의 마음은 약해서 은총이라는 도움이 필요합니다. 스승에 대한 봉사는 그것을 얻기 위한 것일 뿐입니다. 강한 마음을 가진 영혼[스승]의 친존에서는 약한 마음이 한결 쉽게 제어됩니다. 존재하는 것(실재)이 곧 은총입니다. 달리 아무것도 없습니다. [대담 287]

문: 마음을 어떻게 제어할 수 있습니까?

답: 두 가지 방법이 있지요. 하나는 마음이 무엇인지를 보는 것입니다. 그러면 마음이 가라앉습니다. 두 번째는 다른 어떤 것을 붙드는 것인데, 마음의 제어가 그에 따라옵니다. [대담 43]

요가는 마음을 집중하는 데 도움이 됩니다. 그 지배적 관념이 다른 생각들을 배제합니다. 그 (관념의) 대상은 개인 나름입니다. [대담 52]

문: 명상 중에 제 마음이 안정되지 않습니다.

답: 마음이 헤맬 때마다 그것을 거듭거듭 내면으로 돌리십시오. 그 마음은 너무 약합니다. 수행을 통해 그 생각들을 단 하나의 생각으로 모아서 마음을 강하게 하십시오. [대담 290]

문: 명상은 어떻게 합니까? 눈을 뜨고 합니까, 감고 합니까?

답: 어느 쪽으로 해도 됩니다. 주안점은 마음이 안으로 향해져서 자신의 추구를 활발히 이어가야 한다는 것입니다. 눈을 감고 할 때는 이따금 잠재된 생각들이 엄청난 힘으로 쏟아져 나오기도 합니다. 눈을 뜨고 할 때는 마음을 안으로 돌리기가 어려울 수도 있습니다. 왜냐하면 그것은 마음의 힘을 요하기 때문입니다. 마음은 대상들을 받아들일 때 오염됩니다. (명상의) 주된 요소는, 다른 생각들을 배제하고 마음이 외부적 인상들을 받아들이거나 다른 일을 생각함이 없이 자신의 추구를 계속 이어가게 하는 것입니다. [대담 61]

문: 생각들을 어떻게 제어할 수 있습니까?

답: 마음이 동요하는 것은 그 에너지가 생각의 형태로 흩어져서 그것이 약하기 때문입니다. 마음이 한 생각을 고수하도록 하면 그 에너지가 보존되고 마음이 강해집니다. 『기타』에서 지적하듯이, 마음의 힘은 수행에 의해 얻어집니다. 초기 단계에서는 마음이 오랜 시간 간격을 두고 한 번씩 탐구로 돌아갑니다. 그러나 계속 수행하면 돌아가는 시간 간격이 점점 짧아지다가 마침내 마음이 전혀 돌아다니지 않게 됩니다. **이때 잠재해 있던**

샥띠가 나타나고, 마음은 생명 흐름 속으로 해소됩니다. [대담 91]

문: 마음을 어떻게 없앨 수 있습니까?

답: 마음이 그 자신을 죽이고 싶어 하는 것입니까? 마음은 그 자신을
죽이지 못합니다. 그러니 그대가 할 일은 마음의 진정한 성품을 발견하는
것입니다. 그러면 마음이란 없다는 것을 발견합니다. 진아를 추구하면 마
음은 없습니다. 진아에 안주하면 마음에 대해 걱정할 필요가 없습니다. [대
담 146]

그 광명은, 우리가 진아를 깨달을 때 가슴 오른쪽, 곧 **심장** 안에서 체험
됩니다. [대담 81]

꾼달리니와 차크라는 요가의 길을 닦는 초심자들에게 존재합니다. 그러
나 자기탐구를 닦고 있는 사람에게는 그런 것이 존재하지 않습니다.

"나는 브라만이다"는 하나의 생각일 뿐입니다. 누가 그렇게 말합니까?
브라만은 그렇게 말하지 않습니다. 그가 그렇게 말할 필요가 뭐가 있습
니까? 진정한 '나(Aham)'도 그렇게 말할 수 없습니다. '나'는 브라만으로서
안주할 뿐이기 때문입니다. 그것을 말하는 것은 하나의 생각일 뿐입니다.
그것이 누구의 생각입니까? 모든 생각은 비실재, 곧 에고에서 나옵니다.
생각함이 없이 머무르십시오. 생각이 있는 한 두려움이 있을 것입니다. 설
사 그것이 "나는 브라만이다"에 대한 생각이라 해도, 생각이 있는 한 망각
이 있을 것입니다.

"나는 브라만이다"는 집중의 한 보조수단일 뿐입니다. 그것이 다른 생각
들을 막아줍니다. 그 한 생각만 지속됩니다. 그 생각이 누구의 것인지 살

퍼보십시오. 그것이 '나'에게서 나온다는 것을 알 것입니다. 그 '나'라는 생각은 어디서 옵니까? 그것을 탐색해 들어가십시오. '나'라는 생각이 사라질 것입니다. 지고의 **진아**가 저절로 빛을 발할 것입니다. 하나의 진정한 '나'가 홀로 남을 때, 그것은 "나는 브라만이다"라고 말하지 않을 것입니다. 사람이 "나는 사람이다"라고 말합니까? 누가 시비하지 않는다면, 왜 자기가 사람이라고 선언해야 합니까? 누가 그를 짐승으로 잘못 알기에, "아니요, 나는 짐승이 아니라 사람이오."라고 말해야 합니까? 마찬가지로 브라만, 곧 '나'만이 존재하므로 그것을 시비할 자가 아무도 없고, 따라서 "나는 브라만이다"라고 말할 필요가 없습니다. [대담 202]

문: 왜 심장에 대해 명상해야 합니까?

답: 그대가 **의식**을 추구하기 때문입니다. 달리 어디서 그것을 발견할 수 있습니까? 외적으로 그것에 도달할 수 있습니까? 그것은 내적으로 발견해야 합니다. 그래서 내면으로 향하라는 것입니다. 또한 '**심장**'은 의식의 자리일 뿐입니다.

문: 우리는 무엇에 대해서 명상해야 합니까?

답: 명상하는 자가 누구입니까? 먼저 그 질문을 하십시오. 명상하는 자로 머무르십시오. 그러면 명상할 필요가 없습니다. 행위자라는 느낌이 명상의 장애입니다. [대담 205]

문: 명상을 하고 있을 때도 왜 마음이 **심장** 속으로 가라앉지 않습니까?

답: 물에 뜨는 물체는 그것을 가라앉히는 어떤 수단을 쓰지 않으면 쉽게 가라앉지 않습니다. 조식이 마음을 고요하게 합니다. 마음이 깨어 있어야 하고, 마음이 평안할 때도 쉴 새 없이 명상을 해나가야 합니다. 그러면 그것이 **심장** 속으로 가라앉습니다. 아니면 그 뜨는 물체에 추를 달아서 가

라앉힐 수도 있겠지요. 사뜨상가(satsanga)도 마음을 심장 속으로 가라앉게 해줄 것입니다. 사뜨상가는 밖에도 있고 안에도 있습니다. 외적으로 눈에 보이는 스승은 마음을 내면으로 밀어 넣습니다. 그는 또한 구도자들의 심장 속에도 있고, 그래서 구도자의 안으로 향하는 마음을 심장 속으로 끌어당깁니다. 그런 질문은 그 사람이 명상을 시작하고 나서 어려움을 느낄 때에만 나옵니다.

그에게 조식을 조금만 해보게 하면 마음이 정화될 것입니다. 그것이 지금 심장 속으로 가라앉지 않는 것은 상습이 장애물로 가로막기 때문입니다. 그것이 조식이나 사뜨상가에 의해 제거됩니다. 사실 마음은 늘 심장 속에 있습니다. 그러나 상습 때문에 그것이 가만히 있지 못하고 돌아다닙니다. 상습이 무력화되면 마음이 쉬고 평안해질 것입니다.

조식에 의해서는 마음이 일시적으로만 고요해질 것입니다. 왜냐하면 상습이 아직 있기 때문입니다. 마음이 진아형상(Atmakara)이 되면 더 이상 문제를 야기하지 않을 것입니다. 명상을 하면 그렇게 됩니다. [대담 223]

생각을 제어하는 동안 자각하는 것이 필요합니다. 그렇지 않으면 잠에 떨어질 것입니다. 자각이 주된 요소인데, 그것은 (빠딴잘리가) 조식 이후에 제감制感(pratyahara)·응념凝念(dharana)·정려精廬(dhyana)·삼매三昧(samadhi)를 닦을 것을 강조한다는 사실에서도 알 수 있습니다. 조식은 마음을 안정시키고 생각을 억제합니다. 왜 이것만으로 충분치 않습니까? 왜냐하면 자각이 단 한 가지 필요한 요소이기 때문입니다.

(마음 활동이 그친) 그런 상태들은 모르핀이나 클로로포름 따위로도 비슷하게 야기할 수 있지만, 그런 식으로는 해탈에 이를 수 없습니다. [대담 191]

명상은 다른 생각들을 몰아내줄 한 가지 접근 방법입니다. 신에 대한 그 한 생각이 다른 생각들을 압도할 것입니다. 그것이 집중입니다. 명상의 목적은 이처럼 탐구의 그것과 동일합니다. [대담 251]

문: 심장이 무엇입니까?

답: 그것은 (만약 그렇게 말할 수 있다면) 진아의 자리입니다. 그것은 신체적 심장이 아닙니다. [대담 41]

문: 명상을 하며 앉아 있을 때, 예컨대 모기가 귀찮게 하는 것과 같은 몸의 불편함을 어떻게 극복합니까?

답: 집중력을 얻고 싶습니까? 그렇다면 몸에 무슨 일이 일어나든 상관하지 마십시오. 그 생각의 끈, 노력을 유지하십시오. 몸의 불편함이 사라질 것입니다. 그러니 불편함을 생각하지 말고 마음을 명상 위에 확고히 유지하십시오. 모기의 공격을 견딜 만큼 강하지 못하다면, 어떻게 깨달음을 얻기를 바랄 수 있습니까? 그것은 그대가 바다에 목욕하러 들어가기 전에 파도들이 잔잔해지기를 기다리는 것과 같습니다! 강해지고, 부단한 노력을 견지하십시오. [대담 150]

마하르쉬님께 은총을 청한 한 헌신자는 "그대는 그것을 가지고 있습니다"라는 답변을 듣고 가슴 한복판에서 가벼운 압박 같은 맥동을 느꼈다. 그리고 행복하고 비상하게 평화로운 느낌이 들었다. 그가 나중에 마하르쉬님께 그에 대해 여쭈자 마하르쉬님이 말씀하셨다. "마음이 분산될 때마다 그 느낌을 꽉 붙드십시오. 그대의 진언 염송은 더 이상 필요치 않습니다."

그것을 스푸라나(sphurana)라고 합니다. 공포, 흥분 등 몇 가지 경우에도 그것이 느껴집니다. 그것은 실은 늘 있는 것이고, 심장중심에서 느껴집니다. 그것은 선행 원인들과 관련이 있는 것으로 여겨지고 보통 몸과 혼동되지만, 실은 그것은 홀로이고 순수하며, 그것이 곧 **진아**입니다. 만약 마음이 그것에 고정되어 그 사람이 그것을 지속적으로 그리고 자동적으로 감지한다면, 그것이 깨달음입니다. 지금은 그것이 깨달음의 한 맛보기입니다." [대담 62]

문: 재가자는 이 길에서 어떻게 해 나갑니까?

답: 왜 자신을 재가자라고 생각합니까? 그대가 출가자(*sannyasi*)로 나선다 해도, 자신이 출가자라는 생각이 그대를 따라다닐 것입니다. 계속 집에 있든 숲으로 들어가든, 그대의 마음은 그대를 따라다닙니다. 에고가 생각들의 근원입니다. 그것이 몸과 세계를 만들어내고, 그대로 하여금 자신이 재가자라는 생각을 하게 만듭니다. 그대가 출가한다면 그것은 재가자라는 생각을 출가자라는 생각으로, 가정이라는 환경을 숲이라는 환경으로 바꾸어 놓을 뿐입니다. 그러나 마음의 장애들이 늘 있습니다. 환경을 바꾸는 것은 도움이 되지 않습니다. 숲 속에서든 가정에서든 마음을 극복해야 하기 때문입니다. 만일 숲 속에서 그렇게 할 수 있다면 집에서라고 왜 못하겠습니까? 환경을 왜 바꿉니까? 그대가 어디에 있든, 바로 지금 그대는 노력할 수 있습니다. 환경은 결코 그대를 버리지 않습니다. 저를 보십시오. 저는 집을 떠났습니다. 지금 여기서 그대가 무엇을 발견합니까? 그대의 집과 다릅니까? 본연삼매(*sahaja samadhi*)를 강조하는 이유가 그것입니다. 우리는 다른 환경 속에서도 자연발로적 삼매, 즉 자신의 원초적 상태에 있어야 합니다. [대담 54]

요가는 집중하는 한 수단일 뿐입니다.

문: 저는 집중하는 것이 어렵습니다.

답: 계속 수행하십시오. 그대의 집중이 숨쉬기만큼이나 쉬워져야 합니다. 어느 한 가지에 그대 자신을 고정하고, 그것을 꽉 붙들려고 노력하십시오. 모든 것이 좋아질 것입니다. [대담 31]

문: 여섯 차크라가 이야기됩니다. 개아個我(jiva)는 심장 안에 거주한다고 합니다. 그렇습니까?

답: 심장을 신체적 기관으로 여길 필요는 없습니다. 그것은 중요하지 않습니다. 우리는 진아 이하의 어떤 것에도 관심이 없습니다. 그것에 대해서는 우리가 우리 자신 안에 확신을 가지고 있습니다. 어떤 의심이나 논란도 없습니다. 그 중심(차크라)들은 집중의 목적을 위한 것이며, 상징적으로 해석됩니다. 꾼달리니의 흐름은 곧 우리 자신입니다. [대담 29]

문: 세간적 삶은 구도자들의 마음을 한눈팔게 합니다.

답: 마음이 한눈을 팔지 않게 하십시오. 누구에게 한눈팔기가 있는지 탐구하십시오. 수행을 조금 하고 나면 그것이 그대를 괴롭히지 않을 것입니다.

문: 그렇지만 그런 시도조차 불가능합니다.

답: 시도해 보십시오. 그러면 그것이 그리 어렵지 않다는 것을 알 것입니다. [대담 44]

문: 꾼달리니는 척추의 기저基底에서 일어난다고 합니다.

답: 그 흐름은 곧 우리 자신입니다.

명상은 한 생각을 고수하는 것입니다. 그 단 하나의 생각이 다른 생각들을 물리쳐 줍니다. 분산된 마음은 그것이 약하다는 징표입니다. 부단히 명상하면 마음이 힘을 얻습니다. 즉, 생각이 잘 달아난다는 약점을 포기합니다. [대담 293]

문: 명상을 위한 형상적 대상은 이원적입니다. 그것이 신일 수도 있습니까?

답: 그와 같이 질문하는 사람은 탐구의 길(*vichara marga*)을 택하는 것이 낫습니다. 형상은 그에게 맞지 않습니다.

문: 저는 명상을 하면 어떤 공백 상태가 끼어듭니다. 어떤 모습도 보이지 않습니다.

답: 물론 보이지 않지요. 공백 상태를 누가 봅니까? 그대가 있을 수밖에 없습니다. 그 공백 상태를 주시하는 의식이 있습니다.

문: 그것은 제가 점점 더 깊이 들어가야 한다는 뜻입니까?

답: 그렇지요. 그대가 없는 순간은 없습니다. [대담 221]

한 헌신자가 하루에 아주 가벼운 식사 한 끼만 먹고 있었는데, 마하르쉬님이 아침식사 때 예리하게 말씀하셨다. "왜 커피 마시는 것도 그만두지 않습니까?" 당신의 말씀은 그 헌신자가 식사 조절을 너무 중요시하는 것을 질책하신 것이었다.

문: 어떤 것이 세속 포기(출가)입니까?

답: 에고를 포기하는 것입니다.

문: 그것은 소유물을 포기하는 것 아닙니까?

답: 소유자도 포기하는 거지요. [대담 164]

문: 성적인 생각을 어떻게 뿌리 뽑습니까?

답: 몸이 자기라는 그릇된 생각을 뿌리 뽑으면 됩니다. 진아에는 성性이 없습니다. 진아가 되십시오. 그러면 어떤 성 문제도 없을 것입니다. [대담 169]

문: 단식으로 성을 치유할 수 있습니까?

답: 예. 그러나 그것은 일시적입니다. 정신적 단식이 실제적인 도움이 됩니다. 단식은 그 자체 목적이 아닙니다. 영적인 발전이 병행되어야 합니다. 완전한 단식은 마음을 너무 약하게 만듭니다. 영적인 탐구를 하기에 충분한 힘이 나올 수 없습니다. 단식이 영적으로 이익이 있으려면, 단식하는 내내 영적인 탐구를 지속해야 합니다. [대담 170]

문: 어떤 자세가 가장 좋습니까?

답: 어느 자세나 좋지만, 아마 행복좌(sukha asana)[반가부좌]가 좋겠지요. 그러나 자세는 지知의 길에서는 중요하지 않습니다. 자세란 실은 진아 안에 확고히 자리 잡는 것을 의미합니다. 그것은 내면적입니다.

문: 어떤 시간이 명상을 하기에 가장 적합합니까?

답: 시간이 무엇입니까? 그것은 하나의 관념일 뿐입니다. 그대가 그것을 무엇이라고 생각하든 그것은 그와 같이 보입니다. 시간은 지知의 길에서는 중요하지 않습니다. 그러나 초심자들에게는 어떤 시간대가 좋기는 합니다. [대담 17]

해로운 것은 집착이지, 행위 그 자체는 나쁘지 않습니다. (하루에) 서너 번 먹는다고 해서 해될 것은 없습니다. 다만 "나는 이런 음식은 좋고 저런 음식은 싫다"는 식으로 말하지는 마십시오. 더욱이 그대는 이런 식사를 생시 상태의 12시간 중에 하지 잠자는 12 시간 중에는 하지 않습니다. 잠이 그대를 해탈(mukti)로 이끌어 줍니까? 단순한 무활동이 해탈로 이끌어 준다고 생각하면 잘못입니다. [대담 266]

사람이 자신을 출가자로 생각하는 한, 그는 출가자가 아닙니다. 사람이 세간-환幻(world-illusion)을 생각하지 않는 한, 그는 세간인이 아니라 진정한 출가자입니다. [대담 283]

환자가 병이 낫기 위해서는 의사가 처방해 준 약을 스스로 복용해야 합니다. 그와 같이 스승은 길을 처방해 주지만, 구도자 자신이 그 길을 따라야 합니다.

문: 구원에 도달하기 위해서는 결혼하는 것이 낫습니까, 독신인 것이 낫습니까?
답: 어느 것이든 그대가 더 낫다고 생각하는 쪽입니다. 아무 차이가 없습니다. [대담 59]

생각이 그치고 추론 기능(manas)이 사라져야 합니다. 명상에서는 이성이 아니라 느낌이 으뜸 요소입니다. 그것은 머리에서가 아니라 가슴 오른쪽에서 나와야 합니다. 왜냐하면 **심장**이 거기 있기 때문입니다. 그것을 꽉 붙들어야 합니다.

그대가 현재 체험하는 생각 그침은 지금 그대가 있는 이 분위기의 영향 때문입니다. 이 분위기를 벗어나 같은 체험을 발견할 수 있습니까? 그것은 우발적입니다. 그것이 영구적인 것이 될 때까지는 수행이 필요합니다. 진리 안에 자리 잡고 나면 수행은 자연스럽게 떨어져 나갑니다. [대담 24]

문: 명상은 분석적입니까, 종합적입니까?

마: 분석과 종합은 지성의 영역 안에 있습니다. 진아는 지성을 초월합니다. [대담 365]

명상이 무엇입니까? 그것은 한 가지를 생각하는 것입니다. 따라서 명상에서는 한 생각을 붙들도록 노력하십시오. 그러면 다른 모든 생각은 점차 사라질 것입니다. 한 동안은 그런 생각들이 남아 있을지 모르지만, 단 한 가지 생각을 단호히 붙들면 그것들이 그대에게 문제되지 않을 것입니다. 우리의 마음은 습관상 약해서 집중하지 못합니다. 한 생각을 고수하려면 마음을 강하게 만들어야 합니다.

마음 작용이 없는 것이 홀로 있음입니다.

등급에 따라 여러 가지 자세가 있습니다. 가장 좋은 자세는 진아 안에 머무르는 것입니다! 자세와 하타 요가에 관한 이런 모든 질문은 몸-의식 (body-consciousness)을 가지고 있는, 즉 "나는 몸이다"라고 생각하는 사람들에게만 일어납니다. 그러나 요기들은 "경험상 당신에게 명상이 가장 쉬운 자세를 택하라"고 말합니다. 그러나 반드시 요가 자세를 택할 필요는 없습니다. (나는 마하르쉬님께 그런 자세들 중 많은 것은 서양인이 택하기가 불가능하다고 말씀드렸다.) 의자에 앉거나 걷는 것이 그대가 명상하기에 가장 쉽다면, 그것이 그대에게 적합한 자세입니다. 하타 요가는 초심자들을 위한 것입니다. 진아를 발견하고 그 안에 머무르십시오. 그러면 자세들에 신경 쓰지 않게 될 것입니다.

문: 명상을 닦고 마음을 정복하는 것이 왜 그렇게 어렵습니까?

답: 우리를 가로막는 과거의 원습(*vasanas*) 때문입니다. 그러나 우리는 계속 노력해야 합니다. (전생부터의 습들을 원습이라고 한다.)

아편이나 술을 먹는 사람은 무의식적으로 진정한 **자기**(진아)의 지복스러운 무념을 추구하고 있는 것입니다. 그들은 약물에 의해 그 지복 비슷한 것을 얻지만 나중에는 정상 상태를 회복해야 하고, 그 갈망은 더 강해져서 돌아옵니다. 결국 만성 중독자가 되고 (약물의) 노예가 됩니다. 그런 모든 인위적 상승에는 도로 떨어짐이 있을 수밖에 없습니다.

마음을 조복 받으면 모든 것이 정복됩니다.

출가가 어디에 있습니까? 그것은 우리의 밖이 아니라 [심장을 가리키며] 여기에 있습니다. 홀로 있음은 어디에 있습니까? 마음 속에 있습니다. 알렉산더 셀커크[8]는 섬에 홀로 있었지만 거기서 빠져나가고 싶어 했습니다. 따라서 그에게 그것은 홀로 있음이 아니었습니다. 우리는 이런 것들을 우리 자신의 안에서 성취해야 합니다. 천국은 우리의 **안**에서 찾아야 합니다.

문: 명상에 대한 노력이 과거의 업에 의해 방해 받는다면 어떤 치유책이 있을 수 있습니까?
답: 그런 공상적 두려움에 빠지는 것은 자신을 바보로 만드는 일입니다. 운명과 과거의 업은 외부 세계와 관계됩니다.

그대의 내면으로 과감히 뛰어드십시오. (그러면) 그런 것들이 그대를 방해

---

8) Alexander Selkirk(1676~1721). 태평양의 한 무인도에서 4년 이상 홀로 살았던 선원. 데이니얼 디포는 그의 이야기를 바탕으로 소설 『로빈슨 크루소』를 썼다.

하지 않을 것입니다. 방해물들에 대한 그 생각이 중대한 방해물이 됩니다.

우리는 모두 우리의 근원으로 돌아가야 합니다. 인간은 누구나 자신의 근원을 찾고 있으며, 언젠가는 반드시 거기에 이르게 됩니다. 우리는 안에서 왔는데 밖으로 나갔습니다. 이제 우리는 내면으로 향해야 합니다. 명상이 무엇입니까? 그것은 우리의 본래적 자아입니다. 우리는 생각과 감정들로 우리 자신을 덮어 왔습니다. 그것을 던져버리려면 한 생각, 곧 진아에 집중해야 합니다.

묵언(mouna)[침묵]은 언제 필요합니까? 그것은 깨달음을 얻기 위한 보조 수단들 중 하나일 뿐입니다. 일단 깨달음이 완전해지면 그런 것은 더 이상 쓸모가 없어질 것이므로 버려도 됩니다. 깨달음 그 자체가 묵언입니다. 묵언자들(mounis)은 말을 기력의 낭비로 간주하고, 기력을 내면의 진아 쪽으로 돌리고 있습니다.

마음 활동의 일시적 정지[심잠心潛(manolaya)]를 얻는 한 가지 방법은 현인들과의 친교입니다. 그들은 삼매의 달인들이며, 그들에게는 삼매가 쉽고, 자연스럽고, 영구적인 것이 되어 있습니다. 그들과 함께 친밀하게, 공감적 접촉을 하며 움직이는 사람들은 점차 그들로부터 삼매의 습관을 흡수하게 됩니다. [대담 34]

마음 집중이 명상이 아니면 무엇입니까? 구두 염송을 하다 보면 내심 염송이 되는데, 그것은 명상과 동일합니다. [대담 220]

마하르쉬님은 눈을 감고 한 번에 두어 시간씩 바위같이 꿈쩍 않고 앉아 있는 한 요기에게 신랄하게 말씀하셨다. "그대는 정말 명상을 배우고 싶습니까? 단순히 자세만으로는 부족합니다. 그대의 마음이 어디 있느냐지요. 그러니 저기 있는 젊은이에게 배우십시오." 그러면서, 안나말라이대학교를 졸업했으나 근 1년 간 직장을 구하지 못한 한 젊은이를 가리키셨다. 그는 이제 아쉬람에 살다시피 하고 있다.

마하르쉬님이 계속 말씀하셨다. "그도 눈을 감고 저기 앉아 있지만, 그의 마음은 직장을 얻는 데 온통 집중되어 있습니다. 자신에게 일자리를 하나 달라고 저에게 말없이 계속 기도합니다. 그러나 제가 어디서 사람들에게 일자리를 얻어 줄 수 있습니까?" 마하르쉬님 말씀의 요지는 마음 그 자체의 자세가 무엇보다 중요하다는 것이었다.

문: 해부학자들은 심장이 왼쪽에 있다고 하는데, 어떻게 심장이 오른쪽에 있다고 말씀하실 수 있습니까?

답: 그 신체 기관이 왼쪽에 있다는 것은 부정할 수 없습니다. 맞는 말입니다. 그러나 제가 이야기하는 심장은 오른쪽에 있습니다. 그것이 제가 체험하는 바입니다. 어떤 전거典據도 필요 없습니다. 하지만 그대는 『시따 우파니샤드(Sita Upanishad)』에서 그것을 확인할 수 있을 겁니다. 거기 나오는 한 진언에서 그렇게 말하고 있지요. [대담 4]

전 우주는 **심장** 속의 작은 구멍 하나에 집결되어 있습니다. [대담 263]

심장 속의 작은 구멍은 늘 닫혀 있는데, 자기탐구에 의해서 열립니다. 그 결과는 '나-나' 의식이며, 그것은 삼매와 같습니다. [대담 247]

문: 만물에 내재하는 신이 어떻게 **심장** 속에 거주할 수 있습니까?

답: 우리는 한 장소에 거주하지 않습니까? 그대는 자신이 그대의 몸 안

에 있다고 말하지 않습니까? 마찬가지로, **신**은 **심장** 속에 거주한다고 말해 집니다. **심장**은 하나의 장소가 아닙니다. 신이 있는 장소에 대해 어떤 이름을 말하는 것은, 우리가 자신이 몸 안에 있다고 생각하기 때문입니다. 이런 식의 가르침은 상대적인 지知만 인정할 수 있는 사람들을 위한 것입니다.

신은 도처에 내재하므로 그에게는 어떤 장소도 없습니다. 우리는 자신이 몸 안에 있다고 생각하기에, 또한 우리가 태어난다고 믿습니다. 그러나 깊은 잠 속에서는 우리가 몸이나 신이나 깨달음의 방법에 대해 생각하지 않습니다. 하지만 생시의 상태에서는 몸에 집착하고, 우리가 그 안에 있다고 생각합니다. **지고아**(Paramatma)가 곧 거기서 몸이 태어나고, 그 안에서 몸이 살아가고, 그 속으로 몸이 해소되는 그것입니다.

그러나 우리는 자신이 몸 안에 거주한다고 생각합니다. 그래서 그런 가르침을 주는 것입니다. 그 가르침의 의미는 "내면을 보라"는 것입니다. [대담 269]

심장은 신체적인 것이 아닙니다. 명상은 오른쪽이나 왼쪽에 대해서 하면 안 됩니다. 명상은 진아에 대해서 해야 합니다. 누구나 "내가 있다"는 것을 압니다. 그 '나'가 누구입니까? 그것은 안에 있지도 않고 밖에 있지도 않고, 오른쪽에 있지도 않고 왼쪽에 있지도 않을 것입니다. "내가 있다", 그것이 전부입니다. **심장**은 일체가 거기서 솟아나오는 중심입니다.

그대가 지금 세계·몸 등을 보기 때문에, 그것들에게 **심장**이라고 불리는 중심이 있다고 말하는 것입니다. 그러나 우리가 실제로 그 안에 있을 때, **심장**은 중심도 아니고 주변도 아닙니다. 왜냐하면 달리 아무것도 없기 때문입니다. [대담 273]

하루는 일단의 음악가들이 마하르쉬님께 연주를 해드리러 왔다. 악기 중에는 플루트·바이올린·하모늄이 있었다. 나중에 그 여러 악기들의 장점들에 대한 논의 속에서 어느 것이 가장 듣기 좋았느냐는 등의 이야기가 있었다. 마하르쉬님 자신은 하모늄 소리만 들었다고 말씀하셨다. 그것의 일정하고, 단조롭고, 하나로 집중되어 있는 리듬이 우리가 진아에 집중하는 데 도움이 되기 때문이라는 것이었다.

그대는 무엇입니까? 그 몸입니까? 아닙니다. 그대는 순수한 의식입니다. 물러남이란 진아 안에 안주함을 의미하며, 그 이상 아무것도 아닙니다. 그것은 한 가지 환경을 떠나 다른 환경에 얽매이는 것이 아니고, 구체적인 세계를 떠나 정신적인 세계에서 뒹구는 것조차도 아닙니다. 아들이 태어나고 죽는 일 등도 진아 안에 있습니다. (세속적 삶과 수행의) 병행 가능성이라는 문제는 일어나지 않습니다. [대담 251]

귀여움을 받는 다람쥐가 밖으로 달려 나갈 기회를 보고 있었다. 마하르쉬님이 말씀하셨다. "다들 달려 나가고 싶어 하지요. 밖으로 나가기로 하면 한이 없습니다. 행복은 안에 있지 밖에 있지 않습니다." [대담 229]

문: 양미간의 자리는 어떤 의미가 있습니까?

답: 그것을 이야기하는 것은 마치 "눈을 가지고 보지 말라"고 말하는 것과 같습니다. 마음은 (대상들을 보는) 빛으로도 기능하고 대상들로도 기능하는데, 사물들을 빼앗아 버리면 그 빛만이 남을 것입니다.

문: 하지만 그런 빛이 있다는 것을 알아야 합니까?

답: 시각이나 인식이 현재의 상태에 속하는 것은 빛이 있기 때문입니다. 빛은 시각의 필수조건입니다. 그것은 우리의 일상생활에서도 분명합니다.

그 빛들 중에서 햇빛이 가장 중요합니다. 그래서 백만 개의 해와 같은 찬연함을 이야기하는 것입니다.

문: 대상들이 보이느냐 않느냐는 주체에게 어떻게 영향을 줍니까?

답: 만일 빛―즉, 인식자 혹은 의식―을 보게 되면, 보아야 할 어떤 대상도 없을 것입니다. 순수한 빛, 곧 의식만이 남게 될 것입니다. 빛을 보는 것만으로는 충분하지 않습니다. 마음이 단 하나의 활동에 몰두하는 것도 필요합니다. 예컨대 코끼리의 코에 사슬을 안겨주듯이 말입니다.

문: 호흡 제어가 왜 필요합니까?

답: 호흡에 대한 집중이나 제어는 마음을 제어하여 그것이 헤매지 않게 하기 위한 것일 뿐입니다. [대담 404]

문: 내적인 삼매와 외적인 삼매 간에 차이가 있습니까?

답: 예, 있습니다. 외적인 삼매는 세계를 주시하면서도 내면에서 거기에 반응함이 없는 고요함입니다. 외적인 삼매는 고요한 바다와 같고, 내적인 삼매는 안정된 불꽃과 같습니다. 본연삼매는 그 불꽃과 바다가 동일한 것입니다.

문: 삼매에서는 우리가 몸-의식(body-consciousness)을 잃지 않습니까? 만약 그렇다면 어떻게 차이가 있을 수 있습니까?

답: 몸-의식이 무엇입니까? 그것을 분석해 보십시오. 하나의 몸과 거기에 한정된 의식이 있어야 하며, 이것들이 함께 몸-의식을 이룹니다. 이들은 절대적이고 영향을 받지 않는 또 하나의 의식 안에 있을 수밖에 없습니다. 그것을 붙드십시오. 그것이 삼매입니다. 그것은 몸-의식이 없을 때도 존재합니다. 왜냐하면 몸-의식을 초월하기 때문입니다. 그것은 몸-의식이 있을 때도 존재합니다. 따라서 그것은 늘 있습니다. 몸이 상실되든 유지되든 그것이 뭐가 중요합니까? 상실되었을 때 그것이 내적인 삼매이고,

유지될 때 그것이 외적인 삼매입니다. 그뿐입니다.

문: 그러나 마음이 삼매 속으로 단 1초도 가라앉지 않는데요?

답: "나는 마음과 현상들을 초월해 있는 진아다"라는 강한 확신이 필요합니다.

문: 그럼에도 마음은 코르크처럼 아무리 가라앉히려 해도 잘 가라앉지 않습니다.

답: 마음이 활동하고 있다고 해서 무슨 상관 있습니까? 그것은 어쨌거나 진아라는 바탕 위에서만 그렇습니다. 마음이 활동하고 있을 때에도 진아를 붙드십시오.

문: 저는 내면으로 충분히 깊이 들어가지 못합니다.

답: 그렇게 말하는 것은 잘못입니다. **진아** 안에 있지 않으면 그대가 지금 어디 있습니까? 그대가 어디로 가야 합니까? 그대가 **진아**라는 확고한 믿음이 필요한 전부입니다. 차라리 다른 활동들이 그대에게 하나의 막을 드리우고 있다고 말하십시오. [대담 406]

문: 제가 이런 식으로 염송(*japa*)을 계속해도 아무 해가 없겠습니까, 아니면 오로지 "나는 누구인가?" 하는 탐구만 하는 것이 필수적입니까?

답: 아닙니다. 어떤 생각이나 염송 혹은 진언의 뿌리를 추적하되, 그 물음에 대한 답을 얻을 때까지 그렇게 하면 됩니다. 그것은 그 자체로 올바른 방향의 명상이고, 그것이 그대를 "나는 누구인가?" 하는 탐구와 같은 목표로 이끌어줄 것입니다.[9]

사람은 한낮에 제대로 한 끼니를 먹고, 아침저녁으로 가벼운 액체 음식을 들기만 하면 됩니다.

---

9) (역주) R. Swarnagiri, *Crumbs from His Table*(Ninth edition), p.20.

가장 좋은 자세는 스승을 그대의 심장 속에 확고히 심는 것입니다.

문: 어떻게 하면 마음을 고요하게 할 수 있습니까?
답: 자기탐구만 해도 그렇게 될 것입니다. [대담 394]

그대는 **심장** 안에서 몸을 보고, 심장 안에서 세계를 봅니다. 그것과 별개인 것은 아무것도 없습니다. 그래서 갖가지 노력은 거기에(심장 안에) 자리 잡고 있을 뿐입니다. [대담 403]

띠루반나말라이로 오는 길은 여러 갈래지만, 어느 길로 오든 띠루반나말라이는 동일합니다. 마찬가지로, 진아에 접근하는 방법은 사람의 성격에 따라 다양합니다. 하지만 진아는 동일합니다. [대담 354]

문: 당신께서는 왜 소년 시절에 집을 떠나면서, 사람들에게 출가한다고 이야기하지 않으셨습니까?
답: 어떤 힘이 저를 데려간 것입니다. [대담 251]

일을 그만두어서는 안 되겠지요. 사람이 [진아를] 깨달았을 때만 세계가 그들에게 존재하기를 그칩니다. 그것은 우리가 우리 일을 그만두어야 한다는 뜻은 아닙니다.

문: 거듭해서 노력하는데도 왜 마음이 내면으로 향해지지 않습니까?
답: 그것은 수행(abhyasa)과 무욕(vairagya)에 의해 이루어지며, 서서히 성공할 뿐입니다. 마음은 밖으로 나가는 데 너무 오랫동안 익숙해져 있어서 쉽사리 내면으로 향하지 않습니다. 다른 사람의 농장에서 몰래 풀을 뜯는

데 익숙한 소는 자기 우리에 쉽게 갇히려 하지 않습니다. 그러나 주인이 맛난 풀과 좋은 여물로 소를 꾑니다. 처음에는 소가 거부하지만 나중에는 한 입 먹어 봅니다. 그러나 나돌아 다니는 타고난 습이 발동하여 몰래 빠져 나갑니다. 그래도 주인이 거듭하여 꾑면 소도 우리에 익숙해지고, 마침내 풀어놓아도 돌아다니지 않습니다. 마음도 그와 마찬가지입니다. 일단 내면의 행복을 발견하면 밖으로 나다니지 않을 것입니다. [대담 213]

문: 마음이 심장 안에 있을 때는 어떻게 해서 모든 생각이 그칩니까?

답: 의지력에 의해서이며, 그런 취지의 스승의 가르침에 대해 강한 믿음을 가졌을 때입니다. [대담 27]

생각의 삶은 두뇌를 중심으로 전개되므로 우리는 생각이 거기서 유래한다고 볼 수 있고, 그래서 에고가 있습니다. 거기서 두뇌는 심장에서 보내 오는 피로 영양을 공급받습니다. (이런 생명 과정 혹은 생명력은 심장 안에 살고 있다고 생각되고) 그래서 생각들은 궁극적으로 **심장**에서 나옵니다. 자기탐구 명상에서는 잠·혼수·기절 등의 중립 지대가 있는데, 이때는 마음 활동이 존재하지 않고 자아의식도 지배하지 않습니다.

우선 마음이 그 들뜸에서 해방되어야 합니다. 그것을 진정시키고 한눈팔기에서 벗어나게 하여, 습관적으로 내면을 바라보게 훈련시켜야 합니다. 그래서 첫 단계는 외부 세계에 대한 무관심이고, 그 다음은 내면 주시의 습관입니다. 외부 현상들의 찰나적 성품을 깨달으면 이런 무관심에 이르게 됩니다. 그리하여 부·명성·쾌락 등에 대한 경멸이 배양됩니다. 그럴 때 탐구로써 '나'라는 생각을 살펴보고, **심장** 안의 그 근원을 추적해 들어가야 합니다. [대담 26, 27]

문: 삼매 속에서도 생각이 있습니까?

답: "내가 있다"는 느낌만 있고 다른 생각은 없습니다.

문: "내가 있다"는 하나의 생각 아닙니까?

답: 에고 없는 "내가 있다"는 생각이 아니고, 그것은 깨달음입니다. [대담 226]

밖으로 나가려는 자연적 충동을 조복 받아 한 곳에 여러 해 동안 가만히 머물러 있을 수 있는 사람은 참으로 통달한 현자가 될 수 있습니다. 왜냐하면 그것은 엄청난 위업이며, **자연**을 극복한 데 대한 보상을 얻기 때문입니다.

문: 저는 아내와 가족에게서 떨어져야 합니까?

답: 그들이 무슨 해를 끼칩니까? 먼저 그대가 무엇인지를 발견하십시오.

문: 우리는 집·아내·부富 등을 포기해야 하지 않습니까? 모두 세간연世間緣(samsara)10)이니까요.

답: 먼저 무엇이 세간연인지 아십시오. 그것이 모두 세간연입니까? 그러면 그런 것들 가운데서 사는 사람은 깨달음을 얻지 못합니까? [대담 31]

문: 브라마짜리야(brahmacharya)[독신생활]가 필요하지 않습니까?

답: 브라마짜리야는 '브라만 안에서 사는 것'을 의미합니다. 그것은 흔히 알고 있는 독신생활과 아무 연관이 없습니다. 진정한 브라마짜리(brahma-chari-독신자)는 **브라만**, 곧 진아 안에서 지복을 발견합니다.

문: 그러나 독신생활은 요가의 한 필수조건 아닙니까?

---

10) (역주) 구도자를 속박하는 세간의 환경이나 인연들. 인도에서는 특히 '가족'을 뜻하는 말로 흔히 사용된다. '윤회'의 *samsara*와는 의미가 다르다.

답: 그렇지요. 그것은 깨달음을 얻기 위한 수많은 방편 중 하나입니다.

문: 브라마짜리는 필수불가결하지 않습니까? 결혼한 사람이 진아를 깨달을 수 있습니까?

답: 물론이지요. 결혼했든 하지 않았든, 사람은 진아를 깨달을 수 있습니다. 그것이 지금 여기 있기 때문입니다. 그것(깨달음)은 마음의 성숙도의 문제입니다. 아내, 가족들 사이에 살면서도 깨달음을 얻은 사람들이 있지 않습니까? [대담 17]

"고요히 있으라. 그리고 내가 신임을 알라(Be still and know that I am God)".[11] 이 조언을 따르려고 노력하기 무섭게 그대의 습習과, 뿌리 깊은 본래적 습관과 본격적인 전쟁이 벌어질 것입니다.

문: 당신께서는 성적인 금욕을 찬성하십니까?

답: 브라마짜리는 브라만 안에서 사는 사람입니다. 그럴 때는 더 이상 욕망이라는 문제가 없습니다.

문: 결혼은 영적인 진보에 장애입니까?

답: 재가자의 삶은 장애가 아니지만, 재가자는 자기절제를 닦기 위해 최선을 다해야 합니다. 사람이 더 높은 차원의 삶에 대한 강한 욕구를 가지고 있으면 성적인 습은 떨어져 나갈 것입니다. 마음이 소멸되면 다른 욕망들도 소멸됩니다.

신 안에 안주하는 것이 단 하나의 참된 아사나(*asana*)입니다. [대담 234]

우리가 따빠스(*tapas*)[고행]를 하면 우리의 마음은 우리가 염하는 것에 고

---

11) (역주) 구약성서, '시편', 제46장 10절.

정됩니다. 따빠스는 무엇 때문에 합니까? 진아 깨달음을 위해서입니다. 우리는 내관內觀할 어떤 형상을 필요로 합니다. 그러나 그것으로 충분하지 않습니다. 누가 하나의 상像(image)을 계속해서 늘 바라볼 수 있습니까? 그래서 그 상은 염송(japa)[신의 이름을 반복해서 염하는 짓]을 수단으로 삼아야 합니다. 그것을 응시하는 데 염송이 덧붙여질 때, 염송은 마음을 그 상에 고정하는 데 도움이 됩니다. 이러한 노력의 결과는 마음의 집중이고, 결국 목표에 도달합니다.

어떤 사람들은 그 상의 이름(특정한 신의 이름)으로 만족합니다. 모든 형상은 하나의 이름이 있습니다. 그 이름은 신의 모든 성질을 의미합니다. 부단한 염송은 다른 모든 생각을 몰아내고 마음을 고정시켜 줍니다. 그것이 그대가 원하던 따빠스입니다. 따빠스가 무엇이냐는 질문은, 따빠스가 어떤 목적에 이바지하는지 알기 위한 것이었습니다. 따빠스는 그 목적에 필요한 형태를 취하게 될 것입니다. 신체적 고행도 따빠스 아닙니까? 그런 것들은 무욕에서 비롯됩니다. 저는 평생 동안 내내 팔 하나를 치켜들고 있는 사람을 본 적이 있습니다.

문: 왜 그런 식으로 자기 몸을 괴롭혀야 합니까?

답: 그대는 그것이 괴로움이라고 생각하지만 그 사람으로서는 그것이 하나의 맹세이고, 그에게는 그것이 하나의 성취이자 즐거움입니다. 명상은 외적일 수도 있고 내적일 수도 있고, 둘 다일 수도 있습니다. 염송은 자연스럽게 될 때까지 해야 합니다. 그것은 노력으로 시작하지만 계속하다 보면 저절로 진행됩니다. 자연스럽게 될 때, 그것이 깨달음입니다. 염송은 다른 일을 하면서도 할 수 있습니다. 헌신·탐구·염송―그 모두가 결국은 저 단 하나의 **실재** 속으로 녹아듭니다. 그것들은 비실재를 배제하기 위한 한 가지 노력의 서로 다른 형태일 뿐입니다. 지금은 우리가 비실재에 사로잡혀 있습니다. **실재**가 우리의 참된 성품입니다. 우리는 비실재, 즉 생

각들과 세간적 활동에 잘못 집착하고 있습니다. 그런 것들을 그치면 진리가 드러날 것입니다. 우리의 노력은 그것들을 배제하는 데로 향해집니다. 마치 우리가 **실재**를 생각하는 것처럼 보이기는 하나, 우리가 실제로 하는 일은 우리의 참된 **존재**가 드러나는 것을 가로막는 장애물을 없애는 것이라고 할 수 있습니다. 명상은 이처럼 우리의 참된 성품을 향한 길입니다. [대담 401]

문: 반란을 일으키는 마음을 어떻게 조복調伏받을 수 있습니까?

답: 그 근원을 추구하여 그것이 사라지게 하든지, 아니면 순복하여 그것이 (스승에 의해) 파괴되게 하십시오. [대담 398]

문: 무상삼매(*nirvikalpa samadhi*)에 21일간 머물러 있는 사람은 반드시 육신을 포기해야 한다고 하는데요?

답: 삼매는 (몸이 나라는 관념을) 넘어서는 것을 의미하고, 몸과 **자기**를 동일시하지 않는다는 것은 정해진 결론입니다. 천 년 혹은 그 이상 무상삼매에 들어 있는 사람들도 있다고 합니다.

1) 실재를 꽉 붙들고 있는 것이 삼매입니다.

2) 노력으로 실재를 꽉 붙들고 있는 것이 유상삼매(*savikalpa samadhi*)입니다.

3) 실재에 합일되어 세계를 인식하지 못하는 상태가 무상삼매입니다.

4) 무지에 합일되어 세계를 인식하지 못하는 상태가 잠입니다. (잠이 들었을 때는 머리가 숙여지지만 삼매에서는 그렇지 않다.)

5) 원초적이고, 순수하고, 자연적인 상태에 애씀 없이 머무르는 것이 본연무상삼매입니다. [대담 391]

유상삼매와 무상삼매에 대한 설명

외적인 삼매	내적인 삼매
마음은 한 대상에서 다른 대상으로 뛰어 다닙니다. 마음을 대상들 이면의 실재에 고정하십시오.	마음은 욕망·정욕·분노 등에 의해 시달립니다. 그것들이 어디서 일어나며 어떻게 존재성을 갖는지를 보십시오. 그것들의 근원을 꽉 붙드십시오.
단 하나의 실재에 기원을 두고 있다고 하는 외적인 현상들이 있습니다. 그것을 찾아내어 꽉 붙들어, 모든 현상의 저변에 있으면서 찰나적 나툼들을 지각하지 않는 채로 있는 그 하나의 실재 안에 합일되십시오. 이 상태는 물결이 고요하고 잔잔한 파도 없는 바다에 비유됩니다.	내면의 실재에서 일어나 스스로를 나투는 온갖 생각들이 있습니다. 그 실재를 꽉 붙들어, 모든 생각 등을 일으키는 유일한 실재인 가장 내면에 있는 존재 안에 합일되고, 달리 어떤 것도 지각하지 않는 상태에 머무르십시오. 이 상태는 바람에 흔들리지 않고 조용히 안정되게 타오르는 불길에 비유됩니다.
이 네 가지 **유상삼매** 모두 노력을 수반합니다.	이 두 가지 **무상삼매**가 노력을 수반하지 않고, 외적인 삼매의 파도 없는 바다와 내적인 삼매의 안정된 불길이 동일하다는 것을 깨달을 때, 그 상태를 본연삼매의 상태라고 합니다.

문: 명상을 닦는 사람들은 새로운 병을 얻는다고 하는데, 여하튼 저는 통증을 좀 느낍니다. 이것은 신의 시험이라고 합니다. 맞습니까?

답: 그대 바깥에 어떤 바가반(신)도 없고, 따라서 어떤 시험도 실시되지 않습니다. 그대가 하나의 시험 또는 수행의 결과로 나타난 새로운 병이라고 믿는 것은, 실은 지금 그대의 신경 등에 오관에 의해 가해지는 긴장입니다. 이제까지 외부의 대상들을 지각하기 위해 나디(*nadis*-영적인 신경 통로)를 통해 작용하던, 그리고 그와 같이 그 자신과 지각기관 등과의 사이에 연결을 유지해 오던 마음이 이제 그 연결에서 물러나야 하는데, 이 물러남의 행위는 예컨대 통증을 수반하는 뻠 같은 긴장을 자연히 야기할 수 있습니다. 그대의 단 한 생각을 그대 자신 이해하기, 곧 진아 깨달음에 두고 명상을 계속해 나가면 그런 것은 모두 사라질 것입니다. 이런 지속적인 요가, 곧 신 또는 **아뜨만**과의 결합보다 더 큰 치료법은 없습니다.[12]

문: 진인에게 홀로 있음이 필요합니까?

답: 어떤 사람은 세상 한가운데 있으면서도 평온을 유지할 수 있습니다. 그런 사람은 홀로 있는 것입니다. 어떤 사람은 호젓한 숲 속에 있으면서도 자기 마음을 제어하지 못합니다. 그 사람은 홀로 있다고 할 수 없습니다. 욕망에 집착한 사람은 어디 있어도 홀로 있음을 얻지 못하지만, 집착 없는 사람은 늘 홀로 있습니다. 무집착으로 일을 하는 사람은 홀로 있음 속에서 일하는 것이며, 그의 일은 그에게 영향을 주지 않습니다. 집착을 가지고 하는 일은 하나의 족쇄입니다. 홀로 있음은 숲 속에만 있는 것이 아닙니다. 세간적 직업 활동 속에서도 홀로 있을 수 있습니다. [대담 20]

한번은 마하르쉬님이 G 씨가 자신의 흔들의자에 앉아 있는 것을 보고 (옆에 있던 시자에게) 말씀하셨다. "그런 호사를 누리면 무슨 걱정거리가 있을까! 만

---

12) (역주) R. Swarnagiri, *Crumbs from His Table*(Ninth edition), p.33. 인용문 중 "신경 등에 오관에 의해 가해지는"은 이 원 출처에 "신경과 오관에 가해지는"으로 되어 있다.

일 다른 사람이 그 자리에 앉으면 주인은 달갑지 않겠지. 흔들기가 정말 그렇게 기분 좋은가? 그것은 단지 즐겁다는 허비적 생각일 뿐이지!" (이어서 이렇게 말씀하셨다.)

시바는 자신의 소유물을 비슈누에게 모두 넘겨주고 숲과 황야와 묘지를 방랑하면서 자신이 탁발한 음식으로 살아갔지. 그가 보기에는 무소유가 사물을 소유하는 것보다 행복의 등급이 더 높은 거야. 더 높은 행복은 걱정에서 벗어나는 것이지. 소유물은 그것을 지키기, 그것을 사용하기와 같은 걱정을 유발해. 무소유는 어떤 걱정도 수반하지 않아. 그래서 시바는 일체를 비슈누에게 넘겨주고 그 자신은 즐거이 떠난 거야. 소유물을 털어버리는 것이 최고의 행복이지. [대담 225]

[바가반이 설명하셨다.] 『진아 깨달음』13)에서 이야기하는 사건 때도 저는 매우 분명한 체험을 했습니다. 별안간 어떤 빛이 한쪽에서 나와 비치는 곳마다 세계의 모습을 지워 나가더니 마침내 그것이 사방으로 확산되자 세계의 모습이 완전히 사라졌습니다. 저는 심장이라는 근육 기관이 작동을 멈추는 것을 느꼈습니다. 몸이 하나의 시체 같다는 것, 혈액 순환이 정지했고 몸은 파리해지면서 움직임이 없어졌다는 것을 알 수 있었습니다. 바수데바 샤스뜨리가 저를[몸을] 끌어안고 제가 죽었다고 울었지만, 저는 말을 할 수 없었지요. 그러는 동안 저는 계속 오른쪽의 심장중심이 여느 때와 같이 잘 작동하고 있다는 것을 느끼고 있었습니다. 그 상태가 20분쯤 지속되었습니다. 그러다가 갑자기 (가슴) 오른쪽에서 왼쪽으로 마치 공중으로 발사된 로켓 같은 것이 튀어나갔습니다. 혈액 순환이 다시 시작되고, 정상적인 상태가 회복되었습니다. 그래서 심장이 몸의 중심입니다. 그

---

13) B.V. Narasimha Swami, *Self-Realization*, 2010, pp.253-4.

것은 몸이 없을 때 느낄 수 있지만, 그것을 (몸의) 중심이라고 하는 이유는 우리가 자신이 몸 안에 머물러 있다고 생각하는 데 익숙해져 있기 때문입니다. 사실은 몸과 그 밖의 모든 것이 그 중심 안에 있을 뿐입니다. 이 체험을 할 때, 저는 책에서 말하듯이 의식이 없었던 것이 아니고 내내 자각하고 있었습니다. 신체적 심장의 활동이 멈추는 것을 느낀 것과 똑같이, **심장중심**의 활동에도 손상이 없다는 것을 느낄 수 있었습니다. [대담 408]

문: 심장은 오른쪽에 있다, 왼쪽에 있다, 혹은 중앙에 있다고 이야기됩니다. 그런 견해차가 있으니 우리는 **심장**에 대해 어떻게 명상해야 합니까?

답: 그대는 그대가 있다는 것을 압니다! 그리고 명상은 그대가 하는, 그대의, 그대 안의 것이라는 것은 하나의 사실입니다. 그것은 그대가 있는 곳에서 계속되어야 합니다. 그것은 그대의 밖에 있을 수 없습니다. 그래서 그대가 명상의 중심이고, 그것이 **심장**입니다. 그러나 그것에 하나의 장소가 부여되는데, 이는 몸과 관련해서만 그렇습니다. 그대는 어디 있습니까? 몸 안에 있지 밖에 있지는 않습니다. 하지만 몸 전체는 아니지요. 비록 그대가 전신에 두루 퍼져 있기는 하지만, 그대는 자신의 모든 생각이 거기서 시작되고 거기로 가라앉는 하나의 중심이 있음을 인정합니다. 사지가 절단될 때도 그대는 여전히 있고, 감각기관에 결함이 있어도 그대는 여전히 있습니다. 그래서 의식의 한 중심이 있음을 인정하지 않을 수 없습니다. 그것을 **심장**이라고 합니다. **심장**은 진아의 다른 이름일 뿐입니다. 의심은 그대가 그것을 구체적이고 신체적인 어떤 것과 동일시할 때만 일어납니다. **심장**은 개념이 아니고 명상의 대상도 아닙니다. 오히려 그것은 명상의 자리로서 곧 진아이며, 홀로 있습니다. [대담 403]

문: 집중은 하나의 수행입니까?

답: 집중은 한 가지 이상을 생각하지 않는 것입니다. 그것은 우리의 참된 성품을 보지 못하게 가로막는 다른 모든 생각을 물리치는 것입니다. 우리의 모든 노력은 무지의 베일을 걷는 데로 향해질 뿐입니다. 지금은 생각들을 제압하기가 어려운 것처럼 보이지만, 거듭난[정련된] 상태에서는 생각을 불러들이기가 더 어렵다는 것을 발견할 것입니다! 진아밖에 없는데, 왜 우리가 무엇을 생각해야 합니까? 생각은 대상들이 있을 때만 작용할 수 있습니다. 생각이 대체 어떻게 일어날 수 있겠습니까? 습관으로 인해 우리는 생각을 그치기 어렵다고 믿습니다. 그 오류를 발견하면, 어리석게도 생각을 일으켜 불필요하게 애쓰는 일이 없을 것입니다.

문: 그러나 마음은 우리의 통제를 빠져나가는데요?

답: 그러라고 하지요. 그에 대해 생각하지 마십시오. 알아차릴 때, 마음을 거두어들여 내면으로 향하게 하십시오. 그거면 충분합니다. 노력 없이는 누구도 성공하지 못합니다. 마음 제어는 우리의 생득권生得權이 아닙니다. 성공하는 소수는 꾸준히 노력해서 성공하는 것입니다. [대담 398]

마하르쉬님이 한 책벌레에게 말씀하셨다. "그대가 추구하는 것은 그대 자신의 안에 있습니다. 책들 자체는 밖에 있지요. 그렇다면 왜 잘못된 방향을 보면서 그 책들을 공부합니까? (그대가 추구하는) 그것이 되십시오."

문: 요가는 어떤 '결합'을 의미합니까?

답: 그대는 추구하는 자입니다. 그것과의 결합을 추구하는 그 '어떤 것'이 그대와 별개입니까? 그대는 이미 **자기**를 자각하고 있습니다. 그것을 찾아내십시오. 그러면 그것이 무한으로 확장될 것입니다. 그것이 되십시오. [대담 211]

문: 명상을 증진하는 어떤 약이 있습니까?

답: 없습니다. 왜냐하면 나중에는 그것을 복용하는 사람이 그것을 습관적으로 먹지 않으면 명상을 할 수 없을 것이기 때문입니다.

문: 명상은 어떻게 합니까?

답: 그대가 배워야 할 것은 그냥 눈을 감고 내면으로 향하는 것이 전부입니다.

5. 철학의 의미

모든 사람에게 이 길을 이야기하지는 마십시오. **진리**를 알려는 열망과 그것을 발견하려는 열의를 드러내는 소수에게만 말해주어야 합니다. 다른 모든 사람에게는 침묵하고 그것을 비밀로 하십시오.

문: 왜 그렇게 많은 방법들이 이야기됩니까? 예컨대 스리 라마크리슈나는 헌신(*bhakti*)이 해탈을 얻는 최선의 수단이라고 말합니다.

답: 그것은 구도자의 관점에 따른 것입니다. 크리슈나는 『바가바드 기타』[제2장 12절]에서 이런 말로 시작합니다. "나나 그대나 이 인간의 왕들이 존재하지 않았던 적은 결코 없었다. 앞으로도 우리들 중 누구도 존재하지 않을 때가 결코 없을 것이다. 왜냐하면 실재하지 않는 것은 결코 존재하지 않기 때문이다. 비실재는 결코 있지 않고, **실재**는 결코 없지 않다. 늘 있었던 것은 지금도 있고 앞으로도 늘 있을 것이다."

나중에 크리슈나는 계속 말합니다. "나는 이 진리를 비바스와뜨(Vivasvat)에게 가르쳤고, 그는 그것을 마누(Manu)에게 가르쳤다"[제4장 1절]. 아르주나가 어떻게 그럴 수 있느냐고, 당신은 그들보다 늦게 태어나지 않았느냐고 물었습니다. 그러자 크리슈나가 대답했습니다[제4장 4절]. "나는 많은 생을

거쳐 왔다, 아르주나여. 그대도 그러했다. 나는 그 생들을 다 알지만 그대
는 모른다. 나는 그 과거생에 어떤 일이 있었는지를 그대에게 들려준다."

보세요, 나도 없고 그대도 없고 왕들도 없다는 말로 시작한 저 크리슈
나가 이제는 자신이 예전에 여러 생을 거쳤다고 말합니다. 크리슈나의 말
은 모순이 아닙니다. 그렇게 보이기는 하지만 말입니다. 그는 아르주나의
소견에 부응하여 그의 수준에서 그에게 이야기합니다. 성서에도 그와 비슷
하게, 예수가 자신이 그 진리를 아브라함에게 가르쳤고, 아브라함은 모세
에게 가르쳤다고 말하는 구절이 있습니다. 진인들의 가르침은 시간, 장소
기타 환경에 맞게 설해집니다. [대담 189]

인간이 신성한 주主의 종으로 자신을 내맡길 때, 그는 결국 깨닫게 되고
그의 모든 행위는 신의 행위가 됩니다. 그는 자신의 '내 것-의식(mine-ness)'
을 상실합니다. 이것이 '신의 뜻을 행한다'는 말의 의미입니다. 이것이 싯
단타(Siddhanta)[최종적 견해]입니다. 인간이 자기가 에고['나-의식(I-ness)]를 상
실했다는 것과 자신이 **이스와라**와 다르지 않다는 것을 깨달을 때, 그는 곧
진인입니다. 이것이 베단타입니다. 그러나 보세요! 목표는 동일합니다.

우리에게는 헌신(bhakti)과 지知(jnana)의 두 길이 열려 있습니다. 헌신가
(bhakta)는 **신**에게 순복하고 그의 가호 안에서 안심하고 휴식합니다. 지知
수행자는 진아 외에는 아무것도 없다는 것을 알고, 그래서 행복한 상태에
머무릅니다. 우리는 이 두 길 중 하나를 확고히 고수해야 합니다.

이 길이 모든 길 중의 최고이며, 진보된 구도자들에게만 적합합니다. 다
른 길들을 따르는 사람들은 그들 자신의 길에서 진보할 때까지는 이 길을
따를 만큼 성숙되지 않은 것입니다. [「영적인 가르침」, 2장 2절 참조]

그래서 실은 그들은 스승의 은총이든 진아의 은총이든, **은총**에 의해서

이 최고의 길로 들어오는 것입니다. 물론 그들은 전생에 다른 길들을 닦았을 수 있고, 그래서 이번 생에는 성숙되어 태어난 것입니다. 다른 사람들은 다른 길들을 닦아서 진보한 뒤에 결국 자기탐구로 향합니다. 그러나 모든 길의 마지막 바퀴들은 동일합니다. 에고를 포기하는 것이지요.

이것이 유일하게 직접적인 방법입니다. 다른 방법들도 궁극적으로 모든 사람을 이 진아에 대한 탐구의 방법으로 이끌어줄 것입니다. [대담 266]

문: 젊은이들에게는 어떤 종류의 가르침이 적합합니까? 그들이 적나라한 진리를 이해하겠습니까?

답: 이따금 적절히 그들의 주의를 **진리** 쪽으로 이끌어 줄 수 있겠지요.

문: 마하르쉬께서는 하타 요가나 탄트라 행법에 대해 어떻게 말씀하십니까?

답: 마하르쉬는 현존하는 어떤 방법도 비난하지 않습니다. 모두 마음의 정화를 위한 좋은 방법입니다. 왜냐하면 정화된 마음만이 이 방법(자기탐구)을 이해하고 그 실천을 고수할 수 있기 때문입니다.

문: 여러 가지 요가 중에서 어느 것이 제일 낫습니까?

답: 「가르침의 핵심(*Upadesa Saram*)」 제10연[14]을 보십시오.

다른 요가들은 낮은 길이고, 이것이 수승하고 직접적인 길입니다.

다른 모든 요가는 자기탐구를 할 수 없는 사람들을 위한 것입니다. 그것들도 궁극적으로는 그대를 자기탐구로 이끌어줍니다. [대담 189]

문: 자기탐구(*Atmavichara*)가 왜 필요합니까?

---

14) 제10연: "심장 공간 안에서 마음을 그 본래적 상태 안에 자리 잡게 하는 것이, 의심할 바 없이 (모든) 요가―행위, 헌신, 라자, 지 요가―(의 본질)입니다." 산스크리트 본.

답: 자기탐구를 하지 않으면 세간탐구(*lokavichara*)가 슬며시 기어듭니다. 보이지 않는 것(세간의 대상들)을 찾고, 명백한 것(자기)은 찾지 않습니다. (자기탐구를 하여) 그대가 찾는 것을 발견하고 나면, 탐구도 그치고 그대는 그 안에서 휴식합니다. [대담 186]

문: 어떤 명상이 저에게 도움이 되겠습니까?

답: 한 대상에 대한 어떤 명상도 도움이 되지 않습니다. 그 이유는 이렇습니다. 주체와 대상이 하나임을 깨달을 수 있어야 하는데, 그것이 구체적인 것이든 추상적인 것이든, 한 대상에 대한 명상에서는 그대가 단일성의 느낌을 파괴하고 이원성을 창조합니다. 진아에 대해서만 명상하십시오. 몸은 그대가 아니고, 감정들은 그대가 아니고, 지성은 그대가 아니라는 것을 깨닫도록 노력하십시오. 이 모든 것이 고요해지면 다른 **어떤 것**이 있다는 것을 발견할 것입니다. 그것을 붙들면 그것이 스스로 드러날 것입니다.

문: 그러나 모두 고요하게 하고 나면 저는 거의 잠이 드는데요?

답: 상관없습니다. 잠만큼이나 깊은 상태로 자신을 밀어 넣은 뒤 지켜보십시오. 의식하면서 잠들어 있으십시오. 그러면 하나인 **의식**만 있습니다.

문: 요가는 좋은 접근 방법입니까?

답: 결국에는 목표에 도달하는 단 하나의 접근법이 있을 뿐인데, 그것은 진아 깨달음을 통해서입니다. 그러니 기껏해야 그 마지막 길로 이끌어 줄 뿐인 다른 길들에 왜 시간을 낭비합니까? 보조적인 길보다는 마지막 길 그 자체를 줄곧 걷는 것이 낫습니다. 자기가 무엇인지에 대해 명상하십시오. 그게 전부이고, 그에 대한 답을 찾는 것 외에는 달리 아무것도 없습니다. 모든 것 속에서 **자기**를 보십시오. 말하자면 자연발로적으로 행위하고, '그것'이 [존재]하게 하십시오. 그러면 그것이 늘 [있게] 될 것입니다. 결과를 바라지 마십시오. 올바른 일을 하고 그것을 내버려두십시오.

6. 지성

의심이나 불확신은 마음 혹은 지성에게 있고, 저 깨달음의 완전함 속에서는 있을 자리가 없습니다.

학식이 있다는 자부심과 인정받고 싶다는 욕망이 비난받는 것이지 학식 자체는 그렇지 않습니다. 교육과 학식은 **진리**에 대한 탐구로 이끌어주고, 겸허함은 좋은 것입니다. [대담 253]

문: 그러면 우리의 모든 지적인 진보는 아무 가치가 없습니까?

답: 누구의 지성이 진보하고 있습니까? 알아내십시오.

문: 실재의 깨달음에 대한 장애들은 어떤 것입니까?

답: 주로 기억이고, 생각하는 습관과 축적된 상습도 장애입니다.

문: 그런 장애들을 어떻게 제거합니까?

답: 이런 식의 명상을 통해서 진아를 알아내십시오. 생각 하나하나를 그 근원인 마음에까지 추적하고, 그 생각이 계속되는 것을 결코 용납하지 마십시오. 만일 생각이 계속되면 끝이 없을 것입니다. 그것을 그 근원인 마음에게 되돌리면 그것들[생각과 마음]은 활동을 하지 못해 죽을 것입니다.

왜냐하면 마음은 생각에 의해서만 존재하기 때문입니다. 생각을 제거하면 마음이란 없습니다. 의심과 우울함이 하나씩 일어날 때마다 그대 자신에게 물으십시오. "의심하는 자는 누구인가? 우울해 하는 자는 누구인가?" 일체를 찢어버려서 근원 외에는 아무것도 남지 않게 하십시오. 오직 현재 속에서 사십시오.

문: 저는 어떻게 진보할 수 있습니까?

답: 왜 계속 에고의 가지를 잘라줍니까? 그것이 바로 에고가 원하는 것입니다. 주목 받는 중심이 되는 거지요!

7. 철학적 규율의 특징

문: 어떤 때는 진아에 대한 집중이 아주 쉽게 느껴지고, 어떤 때는 가망 없이 어렵게 느껴지는 것은 왜 그렇습니까?

답: 원습(*vasanas*) 때문입니다. 그러나 실은 그것은 쉬운데, 왜냐하면 우리가 **진아**이기 때문입니다. 우리가 해야 할 일은 그것을 기억하는 것이 전부입니다. 우리는 계속 그것을 잊어버리고, 그러면서 자신이 이 몸이거나 이 에고라고 생각합니다. **진아**를 기억하려는 욕망과 의지가 충분히 강하면 결국 원습을 극복하게 될 것입니다. **진아**를 깨달을 때까지는 내면에서 늘 큰 싸움이 진행될 수밖에 없습니다. 이 싸움을 경전에서는 **신과 악마**의 싸움이라고 상징적으로 이야기합니다. 우리의 스루띠(*Sruti*)[베다]에서는 그것이 마하바라타 전쟁인데, 여기서 아수라들(*asuras*)은 우리의 나쁜 생각들을 나타내고, 천신들(*devas*)은 우리의 고상한 생각들을 나타냅니다.

문: 어떻게 하면 이 깨달음이 빨리 오게 할 수 있습니까?

답: 그대가 참 '나'를 알려고 노력하는 가운데, 대상들에 대한 집착과 나쁘고 비천한 생각들이 점차 떨어져 나갑니다. **진아**를 잊어버리지 않으면 않을수록 고상한 자질들이 더 많이 우리 것이 됩니다. 결국 깨달음이 올 것입니다.

문: 왜 우파니샤드에서는 "아뜨만이 선택하는 자, 그에게만 그것이 그자신을 드러내지 다른 사람들에게는 드러내지 않는다"고 합니까? 그것은 자의적으로 보이지 않습니까?

답: 아닙니다. 그게 맞습니다. 그것은, 그것에 전념하고 그것의 헌신자가되는 사람들만 선택합니다. 그것은 그런 헌신자들을 그 자신에게로 이끕니다. 아뜨만을 발견하려면 내면으로 향해야 합니다. 그것을 생각하는 자를, 그것은 그 자신에게로 끌어당깁니다.

"성취는 어렵다"거나 "진아 깨달음은 나에게서 멀리 있다"거나 "실재를 알기에는 내가 극복해야 할 어려움들이 많다"와 같은 그런 모든 생각을 놓아 버려야 합니다. 왜냐하면 그런 생각이 장애이기 때문입니다. 그것들은 이 거짓 자아, 곧 에고에 의해 창조됩니다. 그것들은 참되지 않습니다. 그대가 실재라는 것을 의심하지 말고 그 이해 속에서 사십시오. 그에 대한 그대의 깨달음을 결코 어떤 미래의 일로 치부하면서 그것을 의심하지 마십시오. 사람들이 그런 거짓된 생각들에 의해 피해를 입고 최면 당하기 때문에, 『기타』에서 수백만의 사람들 중에서 소수만이 진아를 깨닫는다고 말하는 것입니다.

인생단계(asramas)의 순서가 하나의 일반 원리로 확립된 것은 보통 사람들의 점진적 발전을 규율하기 위해서입니다. 그러나 고도로 성숙되어 자기탐구(Atma vichara)를 할 만큼 익은 사람의 경우에는 어떤 단계적 발전도 없습니다. 이 경우 지知 탐구(jnana vichara), 곧 자기탐구와 지知의 만개는 즉각적이고 신속합니다.

문: 저는 헌신자가 될 만한 자격이 있습니까?

답: 누구나 헌신자가 될 수 있습니다. 영적인 음식은 모두에게 공통되며, 결코 누구도 배제하지 않습니다. [대담 251]

[낙담하는 한 헌신자에게] "낙담하는 것은 누구인가?" 하고 탐색해야 합니다. 그런 생각에 농락당하는 것은 에고라는 유령입니다. 잠 속에서는 그 사람이 (그런 생각에) 시달리지 않습니다. 잠의 상태는 정상적인 상태입니다. 탐색하여 알아내십시오. 명상을 할 때는 모종의 평안을 발견하지 않습니까? 그것이 진보의 표지인데, 계속 수행해 나가면 그 평안이 더 깊어지고 더 오래갈 것입니다. 그것은 또한 목표로 이어질 것입니다. [대담 73]

자신이 무지하다고 말하는 만큼 그대는 지혜롭고, 그것은 그대의 길을 더 쉽게 만들어 무지가 제거되게 합니다. 자신이 미쳤다고 말하는 사람이 미친 사람입니까? [대담 398]

욕망의 제어와 명상은 상호의존적입니다. 그것들이 나란히 가야 합니다. 수행(abhyasa)과 무욕(vairagya)이 그 결과를 가져옵니다. 무욕은 마음이 밖으로 투사되는 것을 억제하는 것이고, 수행은 그것이 계속 내면을 향하게 하는 것입니다. 제어와 명상 사이에 하나의 투쟁이 있습니다.[15] 그것이 내면에서 부단히 계속됩니다. 때가 되면 명상이 성공할 것입니다. [대담 220]

온 마음으로 신을 찾으면 신의 은총도 그대를 찾고 있다는 것을 그대가 확신하게 될지 모릅니다.

문: 우리가 이 길에서 전락할 때는 어떻게 해야 합니까?
답: 결국에는 괜찮아질 것입니다. (그대의) 꾸준한 결의가 있어서, 전락이

---

15) (역주) 여기서 '제어'는 '마음이 밖으로 나가려는 힘'을 뜻한다고 보아야 한다. '명상'은 '내면으로 향하려는 노력'이다.

나 중단이 있은 뒤에 다시 그대를 일어서게 합니다. 점차 장애들은 약해지고 그대의 흐름은 강해질 것입니다. 결국에는 일체가 제대로 됩니다. 필요한 것은 꾸준한 결의입니다. [대담 29]

문: 원습이 저를 한눈팔게 합니다. 그것을 던져버릴 수 있습니까?

답: 예. 다른 사람들도 그렇게 했지요. 그러니 그것을 믿으십시오. 그들이 그렇게 한 것은 자신이 그렇게 할 수 있다고 믿었기 때문입니다. 원습에서 벗어나 있으면서도 그것의 중핵인 그것에 집중하면 됩니다. [대담 28]

만일 그런 열망이 있다면, 설사 그대가 원치 않는다 해도 깨달음이 그대에게 강제될 것입니다. [대담 265]

문: 자질들을 계발하는 것이 필요합니까?

답: 여러 가지 자질을 계발하라는 것은 초심자들에게 하는 말일 뿐입니다. 진보된 사람들에게는 그들의 성품을 탐구하는 것으로 족합니다. 이것이 직접적인 방법입니다. 다른 길들에서는 에고가 관계합니다. 이것만이 에고가 무엇이냐는 질문에 답을 합니다. 『요가 바쉬슈타(Yoga Vasistha)』에서 말하기를, "나는 누구인가?" 하는 탐구는 에고의 뿌리를 쳐서 그것을 소멸하는 도끼라고 합니다.

문: 궁극의 목표에 도달하는 것은 쉬운 일이 아니라고 느낍니다.

답: 왜 자기 길의 성패에 대한 두려움이나 걱정으로 스스로를 못나 보이게 합니까? 밀고 나가십시오.

깊은 명상에 몰두하십시오. 삶의 다른 모든 고려사항들을 던져 버리십시오. 계산적인 삶으로는 영적인 성공을 거두지 못할 것입니다.

그렇지요, 처음에는 완전한 순복이 불가능합니다. 부분적인 순복은 확실히 누구에게나 가능합니다. 때가 되면 그것이 완전한 순복에 이르게 됩니다. 그런데 만약 부분적인 순복이 불가능하다면 무엇을 할 수 있습니까? 그럴 때는 마음이 평안이 없겠지요. 그대는 그것을 생겨나게 할 힘이 없습니다. 순복에 의해서만 그렇게 될 수 있습니다. [대담 244]

사실 『요가수트라(*Yoga Sutra*)』 등에서 말하는 해탈열망자(*mumuksu*)[성숙한 영혼]에게 필요한 모든 자질을 완벽하게 소유한 사람은 이 세상에 한 사람도 없을지 모릅니다. 그래도 진아지(*Atmajnana*)에 대한 추구를 포기해서는 안 됩니다. 모두가 ("내가 있다"는) 아빠록샤(*aparoksha*)[직접적인 지知]에 의해서 진아입니다. 다만 그것을 모르고 자기를 몸과 동일시하면서 비참하다고 느낍니다. [대담 192]

어렵다는 생각이 들 때마다 그 생각이 어디서 일어나는지 알아내려고 노력하여, 그것을 모조리 없애버리십시오.

문: 제가 진아를 깨달을 수 있을까요? 그게 너무 어려워 보입니다.

답: 그대는 이미 진아입니다. 따라서 깨달음은 모두에게 해당됩니다. 깨달음은 구도자들을 차별하지 않습니다. "내가 깨달을 수 있을까" 하는 바로 그 의심이나, "나는 깨닫지 못했다" 하는 느낌이 장애입니다. 그런 것에서도 벗어나십시오.

문: 그렇다 할지라도 제가 그 체험을 갖지 않으면, 어떻게 그런 대립적인 생각에서 벗어날 수 있겠습니까?

답: 그런 생각들도 마음 안에 있습니다. 그런 것들이 있는 것은 그대가 자신을 몸과 동일시하기 때문입니다. 이 그릇된 정체성이 떨어져 나가면,

무지가 사라지고 진리가 드러날 것입니다. [대담 251]

문: 여자가 잃어버린 동전을 찾다가 끝내 발견한다는 예수의 우화를 받아들이십니까?

답: 왜 안 받아들이겠습니까? 그 우화에서 우리는 신이 영혼들을 추구한다는 것을 압니다. 그의 은총은 인간 영혼이 언제나 얻을 수 있습니다. 인간이 그것을 받아들이기만 하면 됩니다. 그대는 해가 빛난다는 것을 압니다. 눈을 감고서 해가 없다고 말하면, 그것은 그대의 잘못이지 해의 잘못이 아닙니다. 그대가 신의 은총을 깨닫지 못한다면, 그것은 신이 그것을 주기 싫어서가 아니라, 그대가 자신을 신에게 완전히 내놓지 않았다는 것을 의미합니다. 신이 곧 은총입니다.

그대의 근기(*pakkuvam*)[발전 상태, 준비성, 성숙도]에 따라 은총을 깨닫게 될 것입니다.

8. 감각과 지각의 철학

마하르쉬님이 나에게 말씀하셨다. "보는 그것은 무엇입니까? 육안입니까? 아니지요. 그것은 마음입니다. 마음이 눈을 통해서 볼 때 보는 것이고, 마음이 물러날 때는 아무것도 보지 않습니다."

문: 몸이 진아에게 어떤 가치가 있습니까?

답: 예, 진아를 깨닫는 것은 몸의 도움에 의해서입니다.

문: 식사는 어떻습니까?

답: 음식은 마음에 영향을 주고, (올바른 음식은) 마음을 더 순수하게(satvic) 만들어줍니다. 어떤 종류의 요가 수행을 위해서든 채식이 절대적으로 필요합니다.

문: 육식을 하면서도 영적인 비춤(깨침)을 받을 수 있습니까?

답: 예, 그러나 점차 그것을 버리고 순수성 식품(satvic foods)에 익숙해지도록 하십시오. 그러나 일단 비춤을 성취하면, 무엇을 먹든 별 차이가 없을 것입니다. 마치 큰 불길에 어떤 연료를 더하든 그것이 중요하지 않듯이 말입니다.

9. 시간·공간·외부성이라는 환(幻)

마하르쉬님이 새 달력을 몇 부 받으시고 말씀하셨다. "여러분은 제가 날들을 기억하라고 새 달력을 가져오는군요. 저는 종종 연도에 대해서 심각한 의문을 품는데 말입니다. 시간은 저에게 모두 하나입니다."

나는 마하르쉬님께 내가 한 어떤 약속은 시간 낭비였다고 말씀드렸다. 당신은 미소를 지으셨다. "시간이란 게 없는데 어떻게 그것을 낭비할 수 있습니까?"

문: 거리가 스승의 은총에 어떤 영향을 줍니까?
답: 시간과 공간은 우리의 안에 있습니다. [대담 127]

시간은 하나의 관념일 뿐입니다. 실재만이 있습니다. 그대가 시간을 무엇이라고 생각하든 그것은 그와 같이 보입니다. 그것을 시간이라고 하면 시간입니다. 존재라고 하면 존재입니다. 그런데 어떤 사람들은 그것을 시간이라고 부른 다음 그것을 날, 달, 해로 나눕니다. **실재**는 새로울 수가 없습니다. 그것은 바로 지금도 존재할 수밖에 없고, 실로 존재합니다. 그 상태 안에서는 현재도 과거도 미래도 없습니다. 그것은 시간을 넘어서 있습니다. 그것은 늘 있습니다. [대담 17]

스리 크리슈나는 "나는 시간이다"라고 합니다. 시간에 형태가 있을 수 있습니까? 크리슈나가 아르주나에게 보여준 물리적 차원에서의 우주적 환영幻影조차도 말이 되지 않는 것입니다. 보는 자도 보이는 것 안에 있습니다. 최면술사도 우리에게 이상한 장면들을 보게 할 수 있습니다. 그대는 이것은 술법이라고 부르고, 저것은 신적이라고 부릅니다. 왜 이런 차이가 있습니까? 보이는 그 어떤 것도 실재할 수 없습니다. 그것이 진리입니다. [대담 364]

문: 저는 이번에 동양에 3, 4년간 머무르려고 합니다.
답: "내일을 생각하지 말라"는 것이 예수의 말씀이었지요.

10. 정신주의의 교의敎義

우주는 하나의 관념일 뿐입니다. 이 모든 형상들을 취하는 것은 **심장**입니다. 그것을 **주시자**라고 하는데, 그 안에는 어떤 에고도, 곧 개인성의 느낌도 남아 있지 않습니다.

아빠르(Appar)[위대한 타밀 성자]는 늙고 쇠약했지만, 카일라스(Kailas) 산을 향해 길을 떠났습니다. 도중에 한 노인이 나타나 그곳은 가기가 어렵다면서 그를 만류하려고 했습니다. 아빠르는 고집을 꺾지 않았습니다. 그러자 그 낯선 이가 그에게 인근의 저수지에 몸을 담가 보라고 했습니다. 아빠르는 그렇게 했고, 바로 그 자리에서 카일라스를 발견했습니다. 이런 일이 어디서 일어났습니까? 딴조르에서 14킬로미터 떨어진 띠루바이야르에서 일어난 일입니다. 만일 띠루바이야르가 참으로 카일라스라면 다른 사람들에게도 그렇게 나타나 보여야 합니다. 그러나 아빠르만 그것을 그렇게 발견했습니다. 마찬가지로, 남부의 다른 순례지들도 시바의 거주처라고 합니다. 헌신자들이 그렇다는 것을 발견했습니다. 그들의 견지에서는 그것이 사실입니다. 일체가 안에 있습니다. 밖에는 아무것도 없습니다. [대담 278]

영靈이 자신을 거친 몸과 그릇되게 동일시합니다. 몸은 마음이 투사한 것이고, 마음 자체는 영靈에서 나왔습니다. 그 그릇된 동일시가 그치면 평안과 영구적이고 끊임없는 지복이 있을 것입니다. 생명은 존재인데, 그것이 곧 그대의 진아입니다. 그것이 영원한 생명입니다. 그렇지 않다면, 그대는 그대가 없는 때를 상상할 수 있습니까? 저 생명은 몸에 의해 조건지워지지 않는데, 그대는 자신의 존재를 몸의 존재와 그릇되게 동일시합니다. 그대는 조건지워지지 않은 생명입니다. 이 몸들이 마음의 투사물로서 그대에게 들러붙고, 그대는 "나는 몸이다" 하는 관념에 시달립니다. 이 관념이 그치면 그대는 그대의 진아입니다.

잠 속에서는 그대가 몸도 없이 존재합니다. 그러다가 에고가 일어나고, 그런 다음 마음이 일어나는데 이 마음이 몸을 투사합니다. 그대는 그것이 태어났고 죽을 것이라고 말하고, 그것을 자기에게 전이하여 그대가 태어나고 죽을 것이라고 말합니다. 사실 그대는 잠 속에서 몸 없이 존재합니다. 마치 지금도 몸과 함께 존재하듯이 말입니다. 진아는 몸과 별개로 존재할 수 있습니다. "나는 몸이다"라는 생각은 무지입니다. 따라서 몸은 진아와 별개가 아니라는 것이 지知입니다. 몸은 마음의 한 투사물입니다.

몸이라는 생각은 진아에서 벗어나는 것입니다. 누구에게 그 몸이나 탄생이 있습니까? 진아에게 있지 않고 영靈에게 있습니다. 그것은 자신을 별개라고 상상하는 비아非我에게 있습니다. [대담 396]

마치 구두쇠가 자기 보물을 늘 자신이 간직한 채 절대 그것을 떼어놓지 않듯이, 진아는 원습들을 자신에게 가장 가까운 곳에, 즉 심장 안에 두고 보호합니다. 심장은 생명력을 두뇌에 방사해 주고, 그렇게 해서 두뇌가 작동하게 합니다. 원습들은 가장 미세한 형태로 심장 안에 싸여 있다가 나중에 두뇌 위에 투사되는데, 두뇌는 그것을 크게 확대하여 반사합니다. 이렇

게 해서 세계가 돌아가며, 그래서 세계는 하나의 영화에 지나지 않습니다. [대담 402]

세계는 바깥에 있지 않습니다. 감각 인상들의 원천은 외부에 있을 수 없습니다. 왜냐하면 세계는 의식에 의해서만 인식될 수 있기 때문입니다. 세계는 자신이 존재한다고 말하지 않습니다. 그것이 존재한다고 말하는 것은 그대입니다. 그것은 그대의 인상입니다. 하지만 이 인상은 끊임없는 것이 아닙니다. 잠 속에서는 세계가 인식되지 않습니다. 잠자는 사람에게는 그것이 존재하지 않습니다. 따라서 세계는 에고의 결과입니다. 에고를 발견하십시오. 그것의 근원이 최종적 목표입니다.

세계는 그대의 마음의 결과입니다. 그대의 마음을 아십시오. [대담 53]

세계는 저 순수 의식 위에 나타나는 하나의 현상일 뿐입니다. 순수 의식 자체는 영향을 받지 않습니다. [대담 251]

우주는 스크린 위에 그려진 하나의 그림과 같습니다. 일어나고 가라앉는 것은 그것이 일어나는 그 원천으로 이루어집니다. 우주의 종국이 진아입니다. [대담 219]

문: 깨달은 진인이 세계를 봅니까?

답: 예. 그러나 그의 소견은 다릅니다. 영화 화면들이 움직이지만, 그것을 붙잡아 보십시오. 무엇을 붙잡게 됩니까? 스크린뿐입니다. 그 화면들이 사라지게 해보십시오. 무엇이 남습니까? 다시 스크린입니다. 여기서도 마찬가지입니다. 세계가 나타날 때도 진인은 그것을 진아의 한 나툼으로만 봅니다. [대담 65]

오관을 통해서 작용하는 단 하나의 마음이 있습니다. 감각기관들을 통해 움직이는 하나의 힘이 있습니다. 감각기관들의 일은 시작이 있고 끝이 있습니다. 그것들의 활동이 의존하는 하나의 바탕, 단 하나의 바탕이 있어야 합니다. [대담 363]

거친 몸은 미세한 물질, 곧 마음이 구체화된 형상일 뿐입니다. [대담 215]

문: 저는 여기 다시 못 올지도 모릅니다. 그래서 바가반의 은총을 청합니다.

답: 그대가 어디로 갑니까? 어디로도 가지 않습니다. 그대가 몸이라고 생각한다 해도, 그대의 몸이 러크나우에서 띠루반나말라이로 왔습니까? 그대는 자동차나 이런저런 교통수단 안에 그냥 앉아 있었고, 그것이 움직였습니다. 그리고 마침내 그대는 여기에 왔다고 말합니다. 실은 그대는 몸이 아닙니다. 진아는 움직이지 않고 세계가 그 안에서 움직입니다. 그대는 본래의 그대일 뿐입니다. 그대 안에는 아무 변화도 없습니다. 그래서 그대가 외관상 이곳을 떠난 뒤에도, 그대는 여기저기 도처에 있습니다. 장면들만 바뀝니다. [대담 251]

모든 경전은 두 개의 의식이 있는지 여부를 탐색할 목적으로 있을 뿐입니다. 단 하나의 의식만 존재한다는 것은 모두의 경험이 증명합니다. 단 하나의 의식만 있습니다. 그러나 우리는 몸 의식, 자아의식 같은 몇 가지 의식을 이야기합니다. 의식 없는 시간과 공간이 존재하지 않습니다. 그것들은 의식 안에서 나타납니다. 그것은 마치 영화에서처럼 이런 것들이 그 위에 화면으로 투사되어 움직이는 하나의 스크린과 같습니다. 그 절대적 의식이 우리의 진정한 성품입니다.

문: 이 대상들은 어디서 일어납니까?

답: 바로 그대가 일어나는 곳에서입니다. 주체는 대상도 이해합니다. 그 한 측면은 일체를 포괄하는 측면입니다. 먼저 그대 자신을 보고, 그런 다음 대상들을 보십시오. 그대 안에 있지 않은 것은 바깥에 나타날 수 없습니다. [대담 199]

영화의 비유: 그대는 스크린이고, 진아가 에고를 창조했는데, 에고는 생각들을 가지고 있어서 그것이 영화 화면처럼 세계로 현출됩니다. 그 생각들이 곧 세계입니다. 그러나 실제로는 진아 외에 아무것도 없습니다. 그런 것들은 모두 에고의 투사물입니다. [대담 13]

실재하는 것은 결코 실재하지 않게 될 수 없고, 그 역도 마찬가지입니다. 세계는 잠 속에서 실재하지 않게 되고, 따라서 그것은 결코 실재성을 보유하지 않았습니다. 그러나 존재(Being), 곧 '나'는 늘 존재하고, 따라서 그것은 늘 실재합니다.

L. 까메스와라 샤르마가 스리 라마나 마하르쉬께 한 질문: "당신께서는 마야(maya)의 가르침을 지지하십니다. 그러나 저는 이 의자가 실재한다는 저의 느낌과 그것이 실재하지 않는다는 당신의 주장을 조화시킬 수 없습니다."

마하르쉬님이 답변하셨다: 그대가 느끼는 어려움의 뿌리는 '나'와 '몸'이라는 별개의 두 관념을 하나로 마구 뒤섞은 데 있습니다. 그대가 그 의자를 인식할 때, 그것은 "나는 몸이다"라는 최초의 생각에 이어지는 생각입니다. "나는 몸이다"라는 생각이 세계와 경험에 대한 그대의 모든 생각의 바탕입니다. 그것이 먼저 일어나고, 그 다음에야 다른 생각들이 올 수 있습니다. 그래서 깊은 잠 속에서와 같이 그것이 일어나지 않을 때는 세계 경험도 그대의 의식 속에 들어오지 않습니다. 이제 이 두 관념 중에서 '나'라는 생각은 지속적인 것인 반면, 몸-생각은 찰나적인 것입니다. 이것은 그대가 여전히 '나'라는 느낌을 가지고 있지만 육신에 대한 인식이 없는 꿈들에서 알 수 있습니다. 그래서 그대의 모든 신체적 경험과, 그와 연결되어 있는 세계 경험들은 그대의 마음 속에 들어오는 것일 뿐 달리 아무것도 아닙니다. 제가 마음은 생각에 지나지 않는다고 한 말의 의미가 그것입니다. '나'가 유일하게 실재하는 존재입니다. 왜냐하면 그것이 유일하게 오래가는 것이기 때문입니다. 생각을 멈춘 뒤에 그것을 발견하십시오.

11. 세계 경험이라는 환幻

문: 돌 따위는 늘 그 상태로 있어야 할 운명입니까?

답: 누가 돌을 봅니까? 그것을 지각하는 것은 그대의 마음입니다. 그러니 그것들은 그대의 마음 속에 있습니다. 그것은 누구의 마음입니까? 질문자가 그 자신을 발견해야 합니다. 진아를 발견하면 이런 질문이 일어나지 않을 것입니다. 진아는 대상들보다 더 친밀합니다. 주체를 발견하십시오. 그러면 대상들은 스스로를 돌보겠지요. 그 대상들을 서로 다른 사람들이 그들의 소견에 따라서 보면, 이론들이 전개됩니다. 그러나 보는 자, 그 이론들을 인식하는 자가 누구입니까? 그것은 그대입니다. 그대의 진아를 발견하십시오. 그러면 마음의 그런 변덕들이 종식됩니다. [대담 211]

조지 5세 왕의 서거 소식이 아쉬람에 전해지자 채드윅의 눈에 눈물이 그렁그렁했고, 다른 제자들도 연민으로 반쯤 울면서 그를 동정했다. 마하르쉬님은 내내 침묵하고 계시다가 마침내 개입하셨다. "지혜롭지 못한 사람들 같으니!" 당신이 외치셨다. "여러분은 자신의 진정한 자아를 발견하기 위해 심지어 죽을 수도 있는데, 그러면 죽음 없이 살 수도 있습니다. 그런데 왜 제3자의 죽음에 신경을 씁니까? 진아는 죽지 않고, 어떤 식으로든 몸만 죽습

니다. 여러분의 물질주의적 소견을 없애십시오." [대담 236]

폴 브런튼의 애완 토끼가 살쾡이에게 죽임을 당했을 때 어떤 사람이 안타까
움을 표현하자 마하르쉬님이 이렇게 말씀하셨다. "그 토끼의 영혼이 아직도
브런튼 가까이 있군요. 사라지지 않은 거지요. 토끼에 대해서는 더 이상 걱
정하지 마십시오. 그것은 죽었습니다. 그러니 조용히 하십시오."

   우리는 신문을 보면서 거기 있는 온갖 기사를 읽지만, 그 종이 자체에
대해서는 전혀 알려고 들지 않습니다. 우리는 쓸데없는 것을 취하고 실질
을 취하지 않습니다. 그 모든 것이 인쇄되는 바탕은 종이인데, 만일 우리
가 그 바탕을 알면 다른 모든 것을 알게 됩니다. 단 하나뿐인 것은 사뜨
(Sat), 곧 존재입니다. 그것이 종이라면 세계와 우리가 보는 사물들 그리고
우리 자신들은 인쇄된 단어들입니다.

   그대가 관찰하는 것들에게는 끝이 있습니다. 창조되는 것에는 소멸이나
끝이 있습니다. 창조되지 않은 것에는 끝이 없습니다. 존재하는 것은 그대
가 관찰할 수 없습니다. 그것은 관찰 불가능합니다. 우리는 나타나는 것이
무엇인지를 알아내야 하며, 나타나는 것이 소멸되면 그것이 그 끝입니다.
존재하는 것은 영원히 존재합니다. 나타나는 것은 [그것이 독립적 존재성이 없
다는 것을 우리가 깨달을 때] 상실됩니다.

   탄생한 것은 무엇입니까? 그대는 누구를 사람이라고 부릅니까? 탄생·
죽음과 사후의 삶에 대한 설명을 추구하는 대신, 지금 그대가 누구이며
어떻게 있는지에 대한 질문을 던지면, 그런 질문들은 일어나지 않을 것입
니다. 그대는 깊이 잠들어 있을 때나 꿈 속에서나 생시에서나 동일합니다.
'나'라는 생각이 개아(jiva)입니까, 아니면 몸이 개아입니까? 그 생각이 우리
의 성품입니까? [대담 186]

통증을 느끼는 것은 몸입니다. 진아 안에는 어떤 통증도 없습니다.

이 외적인 우주는 깨달은 자에게는 하나의 영화입니다. 이 영화는 무료이고, 그 공연은 밤낮으로 계속됩니다! 그는 그 대상과 몸들[사람들]이 환적인 겉모습이라는 것을 알면서 그 안에서 살아가며 일합니다. 마치 보통 사람이 극장의 영화 스크린에 나오는 장면과 인물들이 환幻이고, 실제 삶 속에는 존재하지 않는다는 것을 알듯이 말입니다. 그러나 보통 사람은 일상생활 속의 외적인 대상들이 실재한다고 여깁니다. 반면에 깨달은 이들은 그것을 환적인 영화 화면들로만 봅니다.

우주는 진아와 별개로 존재하지 않습니다. 모든 '진화', 모든 외적 대상들은 진아에서 자아져 나오고 진아 속으로 사라집니다. 우리가 깊은 잠 속으로 들면 세계는 어디로 사라집니까? 그때도 우리는 존재하지만 세계는 더 이상 존재하지 않습니다. 그래서 진아가 곧 우주에 실재성을 부여하는 바탕입니다. 만일 우리의 진아가 존재하지 않는다면 우리에게 어떤 우주도 없을 것입니다. **실재**는 진아 안에 있고, 따라서 우주 안에 있지 않습니다. 깨달은 사람에게는 그에 대한 깨달음이 옵니다.

이 진아는 스크린이고, 우주와 그 안의 사건들은 그 위에서 보이는 영화 화면들입니다. 스크린은 변치 않지만 화면들은 찰나적이고 변해갑니다.

진인도 무지한 사람과 마찬가지로 자신을 몸으로 경험합니다. 그러나 무지한 사람은 **자기**(진아)가 몸에 국한되어 있다고 믿는 반면, 지혜로운 사람은 몸이 진아와 별개로 남아 있을 수 없다고 믿습니다. 그에게는 진아가 무한하고, 그것이 몸도 포함합니다. [대담 293]

문: 영적인 수행의 첫째 단계들은 무엇입니까?

답: 처음에는 자신이 몸이 아니라는 이야기를 들어야 합니다. 왜냐하면 그가 자신은 몸일 뿐이라고 생각하기 때문입니다. 실은 몸이기도 하고 다른 모든 것이기도 한데 말입니다. 몸은 한 부분일 뿐입니다. 그것을 확고히 알아야겠지요. 먼저 찌뜨(*chit*)[의식]를 자다(*jada*)[지각력 없는 몸]와 구분하고, 찌뜨이기만 해야 합니다. 지각력 있는 것과 지각력 없는 것을 구분해야 합니다. 나중에는 '자다'가 다름 아닌 찌뜨라는 깨달아야겠지요. 이것이 분별입니다. 처음의 분별(*viveka*)이 끝까지 가야 합니다. 그것의 결실이 해탈(*moksha*)입니다. [대담 192]

문: 천상 세계들이 실제로 존재합니까?

답: 그대가 이 세계를 실재한다고 여기는 한, 그런 것들도 실재합니다. 그런 것이 왜 존재하지 말아야 합니까?

문: 그러나 그 세계들이 단순한 관념입니까?

답: 일체가 실은 그대에게 하나의 관념입니다. 마음을 통해서, 그리고 마음의 한 관념으로서가 아니면 아무것도 그대에게 나타나지 않습니다.

문: 그렇다면 그 세계들은 어디에 있습니까?

답: 그것들은 그대 안에 있습니다. [대담 30]

인간들은 죽기 전의 마지막 생각 혹은 기분에 따라서 동물로 환생할 수 있습니다. [그 마지막 생각이나 기분은 살아생전의 지배적인 생각들에 의해 산출된다.]

문: 크리스천 사이언스라는 종교가 있는데, 그것도 비슷한 교의를 가지고 있습니다. 그것은 올바릅니까?

답: 예, 그러나 그 결과에 대해 생각하지 마십시오.

문: 치통은 어떻습니까?

답: 그 통증은 마음 속에 있습니다. 잠잘 때는 그 치통이 어떻게 됩니까? 그때 통증을 느낍니까? 아니지요. 어쨌든, 진아 안에서는 그대가 늘 행복 속에 있습니다.

문: 크리스천 사이언스 치유(Christian Science healing)16)도 같은 원리 위에 있습니다.

답: 그렇지요, 또 의지력에 의해서도 같은 결과가 얻어집니다. 의지와 진아는 동일합니다. 모기나 치통을 무릅쓰고 진아를 생각하십시오. 그것은 힘을 요하지만, 깨달음을 얻으려면 영웅이 되어야 합니다.

문: 죽음이 무엇입니까?

답: 탄생과 죽음, 쾌락과 고통, 요컨대 세계와 에고가 존재하는 것은 마음 안에서입니다. 마음이 소멸되면 그 모든 것도 소멸됩니다. 그것을 절멸해야지 가라앉게 해서는 안 된다는 것을 유념하십시오. 왜냐하면 잠 속에서는 마음이 가라앉아 있기 때문입니다. 그 마음은 아무것도 모릅니다. 하지만 깨어나면 그대가 전과 같습니다. 슬픔에는 끝이 없습니다. 그러나 마음이 소멸되면 슬픔은 그 배경이 없어질 것이고, 마음과 함께 사라질 것입니다. [대담 195]

문: 인간이 하등한 동물로 환생하기도 합니까?

답: 예, 가능하지요. 자다 바라따(Jada Bharata)의 일화에서 보듯이 말입니다. [이것은 한 사슴에게 너무 애착했다가 사슴으로 환생한 성자의 이야기를 가리킨다.]

문: 동물의 몸으로도 그 개아가 영적인 진보를 이룰 수 있습니까?

답: 그럴 수도 있겠지요. 다만 그런 일은 극히 드뭅니다. [대담 198]

---

16) (역주) 메리 베이커 에디(1821~1910)가 창시한 크리스천 사이언스 체계는 우리의 내면에 있는 신의 힘에 의해 질병을 치유할 수 있다는 원리를 신봉한다.

문: 죽음이 무엇입니까?

답: 죽음은 연속되는 두 생 사이에 오는 잠이고, 잠은 두 생시 상태 사이에 옵니다. 둘 다 일시적입니다. [대담 206]

"아내는 남편 몸의 절반"이라는 산스크리트 속담에 따른다면, 아내가 죽으면 그 남편에게 아주 슬픈 일이라는 것은 의심할 바가 없습니다. 만일 사람이 그의 **아뜨마**[진아]의 견지에서 생각하기 시작하면 전혀 어떤 슬픔도 없습니다. 경전에 따르면, 아내가 사랑스러운 것은 남편의 뜻에 맞게 행동하여 그를 기쁘게 하기 때문이라고 합니다. 그렇다면 이 모든 것이 **아뜨만**의 즐거움을 위한 것인데, 슬픔이 어디 있습니까? 그런데도 **진정한 지**知를 얼핏 본 사람들조차도 그런 재앙이 일어나면 마음의 평정을 잃습니다.

잠 속에서는 우리가 행복합니다. 진아는 잠 속에서 행복했고, 아내를 보지 않았습니다. 그러나 지금 생시의 상태에서는, 잠 속에서 행복했던 그 진아가 세간적 사물들의 존재 여하에 따라 행복을 즐기거나 슬픔을 겪습니다. 잠 속에서 진아가 즐긴 그 행복을 생시의 상태에서는 왜 즐기면 안 됩니까? 몸이 **아뜨만**과 동일하다는 [거짓된] 지知가 아난다(ananda)[지복]를 즐기는 데 방해요인입니다.

존재한 것은 늘 존재하고, 결코 존재하지 않은 것은 존재할 수 없습니다. 무엇이 태어납니까? 죽는 것은 무엇입니까? 깨어나는 것이 탄생이고 잠드는 것이 죽음입니다. 그대가 해야 할 일을 하고 있을 때와 잠을 자고 있을 때, 아내가 그대와 동반합니까? 그녀는 어딘가에 따로 머무르고 있었지만, 그때 그대는 그녀가 살아 있다고 생각했습니다. 이제 그녀가 죽고 나니 그대는 그녀가 존재하지 않는다고 생각합니다. 따라서 그대의 아내와 관련한 (과거와 현재의) 차이점은, 그녀가 존재하지 않는다고 그대가 슬퍼하는 그런 식의 생각들에 있습니다.

이 모든 것은 그대의 마음의 창조물입니다. 그것이 바로 [아내가] 존재하지 않는다는 생각으로 인한 슬픔이라고 하는 것입니다. 그 전체가 마음의 상상입니다. 성품상 행복으로 충만한 그 자신의 진아가 슬픔도 창조합니다. 죽은 사람들은 속박에서 벗어났는데, 왜 그들을 위한 슬픔이 있어야 합니까? 진아가 죽은 사람들에 대한 생각 속으로 들어가면서 슬픔을 창조합니다. 어떤 사람이 죽었든 존재하든 왜 상관해야 합니까?

그대의 개인적 에고를 소멸해야 합니다. 우리의 에고가 죽으면 전혀 어떤 슬픔도 없습니다. 몸이 존속하는 동안 '나'라는 느낌을 떨쳐 버리는 것이 에고의 절멸이라고 하는 것입니다. 에고가 절멸되지 않으면 그 사람은 분명히 죽음에 대해 서운함을 느낄 것입니다. 우리는 죽은 사람들에 대해 울지만, 그들이 죽기 전에 '나'가 절멸되었다면 그들을 위해 울 필요가 없습니다.

우리가 행복을 경험하는 것은, 우리의 몸에 대해 생각하기를 그치고 깊은 잠에 들었을 때뿐입니다. 현자, 곧 진인조차도 몸과 분리된 해탈에 대해서 이야기합니다. 그래서 현자는 몸을 벗어버릴 때를 찾습니다. 머리에 짐을 이고 가는 요리사가 목적지에 도착하여 그것을 머리에서 땅으로 내려놓자마자 안도감을 느끼듯이, 진인은 피와 살로 된 자신의 구현물인 이 짐을 벗어버릴 때를 기다립니다.

그러니 남편 몸의 절반이라고 하는 아내의 죽음은 남편의 짐 절반을 덜어주는 것이고, 따라서 그가 즐거움을 느껴야 합니다. 그러나 사람들은 그렇게 생각하지 않습니다. 왜냐하면 우리는 이런 것들을 우리의 신체적 감각기관을 통해 지각하기 때문입니다. 진인들조차도—그들이 지혜롭기는 하지만—최종적 해탈을 위해서는 몸과 분리될 필요가 있다는 것을 완벽히 인식하지만, 그래도 몸을 지닌 해탈에 대해 이야기합니다. [대담 203]

문: 죽기 직전의 상태는 어떤 것입니까?

답: 어떤 사람이 숨을 가쁘게 몰아쉴 때, 그것은 그 사람이 몸을 의식하지 못하고 있다는 것을 말해줍니다. 숨을 몰아쉬는 동안 그 사람은 꿈과 같은 어떤 상태에 있고, 현재의 환경을 인식하지 못합니다. [대담 247]

문: 그 상태와 관계되는 새 몸이 그 사람의 다음 환생을 나타냅니까?

답: 그렇지요, 이 경우에는. 그러나 다른 경우에는 탄생들 사이에 어떤 기간이 있습니다. 어떤 사람들은 죽은 뒤 즉시 태어나고, 어떤 사람들은 시간이 좀 지난 뒤에야 태어납니다. 소수의 사람들은 이 지구상에 태어나지 않고 더 높은 영역에서 구원을 얻고, 극소수의 사람들은 지금 여기서 (실재에) 흡수됩니다. [대담 276]

한 불교도에게: 다양성의 관념은 몸 의식과 함께 오는데, 그것은 어느 시점에서 일어난 것입니다. 그것은 시작이 있고 끝이 있습니다. 시작이 있는 것은 '어떤 것'일 수밖에 없습니다. 그 어떤 것이 무엇입니까? 그것은 '나' 의식(I-consciousness)입니다. 그것의 근원을 발견하면 그대가 절대 의식을 깨닫습니다.

세계가 그것을 인식하는 어떤 사람 없이 존재할 수 있습니까? 어느 것이 먼저입니까, 존재-의식입니까, 출현-의식(rising-consciousness)입니까? 전자는 늘 있고 영원합니다. 후자는 일어나고 사라집니다. 그것은 일시적입니다. [대담 53]

문: 환幻이 무엇입니까?

답: 그 환幻이 누구에게 있는지를 알아내십시오. 그러면 그것이 사라질 것입니다. 환에 대해 이야기하는 것은 어리석은 것입니다. 왜냐하면 그것

은 우리의 밖에 있고 미지의 것인 반면, 그 추구자는 안에 있고 알 수 있기 때문입니다. 멀리 있는 미지의 것 대신, 직접 접해 있고 친밀한 것을 알아내십시오. [대담 17]

문: "브라만은 실재한다. 세계는 환幻이다"는 샹까라의 상투 문구입니다. 다른 사람들은 세계가 실재한다고 말합니다. 어느 것이 참됩니까?

답: 둘 다 참됩니다. 그것은 발전의 서로 다른 단계를 가리킵니다. 구도자는 **실재**가 늘 존재한다는 정의를 가지고 시작하고, 그런 다음 세계를 실재하지 않는 것으로 배제합니다. 왜냐하면 그것은 변하고 있고, 따라서 실재할 수 없기 때문입니다. 궁극적으로 그는 진아에 도달하고, 거기서 단일성을 발견합니다. 그러면 원래 실재하지 않는 것으로 배제되었던 것이 그 단일성의 일부임을 알게 됩니다. 세계도 실재 안에 흡수되므로 실재합니다. 깨달음 속에는 존재만 있고, 그것 밖에 없습니다. [대담 33]

베단타파(Vedantins)는 마야의 현현이 마치 거울 속의 상像들처럼 순수 의식 위에 우주가 나타나는 것이라고 말합니다. 거울이 없으면 상像들이 머무를 수 없듯이 세계도 독립적 존재성을 가질 수 없습니다. 스리 샹까라는 **절대자**는 속성이 없다고 말합니다. 무슨 차이가 있습니까? 공히 그 나타남이 실재하지 않는다는 데 동의합니다. 상키야(Samkhya)에서는 세계의 비실재성이 암시되지만, 베단타에서는 그것이 명시적입니다.

물질과 정신 간에는 아무 차이가 없습니다. 현대과학은 모든 물질이 에너지라는 것을 인정합니다. 에너지가 **샥띠**(Shakti)입니다. 따라서 모두 **시바**와 **샥띠**, 즉 **진아**와 **마음** 속으로 해소됩니다. 몸들은 겉모습일 뿐입니다. 그것들 자체에는 아무 실재성이 없습니다. [대담 288]

문: 마야가 왜 활동하게 됩니까?

답: 이 질문이 어떻게 일어날 수 있습니까? 그대 자신이 마야의 범위 안에 있습니다. 그대는 그 우주적 활동과 별개로 있기에 이 질문을 하는 것입니까? 모든 의문이 최종적으로 그치게 하기 위해, 같은 힘이 그 의문을 제기하고 있습니다.

마야는 **이스와라-샥띠**(*Iswara-shakti*), 곧 실재의 활동일 뿐입니다. [대담 399]

문: 존재(육신의 삶)란 무엇입니까?

답: 그것이 탄생과 쇠퇴를 겪는 것은, 그것이 우리의 참된 상태가 아니라는 것을 우리에게 상기시켜 주기 위해서입니다.

12. 에고 경험이라는 환(幻)

문: 마음을 어떻게 제어합니까?

답: 마음은 만져지지 않습니다. 사실 그것은 존재하지 않습니다. 가장 확실한 제어 방도는 그것을 찾아보는 것입니다. 그러면 그것의 활동이 그칩니다. [대담 194]

마음을 찾아보십시오. 찾아보면 그것은 사라질 것입니다. 마음은 생각들의 다발에 불과합니다. 그 생각들이 일어나는 것은 생각하는 자가 있기 때문입니다. 그 생각하는 자가 에고입니다. 에고를 찾아보면 그것은 자동적으로 사라질 것입니다. 에고와 마음은 같은 것입니다. [대담 195]

에고는 다른 모든 생각이 거기서 일어나는 뿌리생각입니다. 내면으로 뛰어드십시오. 그대는 지금 마음이 내면에서 일어난다는 것을 알고 있습니다. 그러니 내면으로 가라앉아 찾으십시오.

그릇된 '나'를 제거할 필요는 없습니다. '나'가 어떻게 그 자신을 제거할 수 있겠습니까? 그대가 해야 할 일은 그 근원을 찾아내어 거기에 머무르는 것이 전부입니다. 그대의 노력은 거기까지만 미칠 수 있습니다. 그 다음은 그 너머가 알아서 할 것입니다. 거기서는 그대가 아무것도 할 수 없습니다. 어떤 노력도 거기에 도달하지 못합니다. [대담 197]

개인은 진아 없이 존재할 수 없지만, 진아는 개인 없이 존재할 수 있습니다.

우리의 분석은 끝이 있는데, 그것이 지성이 미칠 수 있는 한계입니다. 그러나 그것으로 충분치 않습니다. '비아非我'을 제거하는 것으로 충분하지 않습니다. 그 과정은 지적知的일 뿐입니다. **진리를 직접 가리켜 보일 수는 없습니다.** 그래서 그런 과정이 있습니다. 이제 진정한 내적 탐구가 시작됩니다. '나'라는 생각이 뿌리입니다. 이제 그것을 그 근원에서 **찾아야** 합니다. 그것이 누구인지 알아내어 거기에 안주하십시오. [대담 197][17]

문: 이 분석적인 과정은 지적일 뿐입니까, 아니면 감정을 현저하게 드러냅니까?
답: 후자입니다. [대담 27]

개인적인 '나'는 진정한 **자아**가 마음 안에서 반사되는 것입니다.
그대 자신에게 "나는 누구인가?" 하고 물으십시오. 몸과 그 기능들은 '나'가 아닙니다. 더 탐구하십시오. 감각기관들과 그 기능은 '나'가 아닙니다. 더 깊이 들어가면 마음과 그 기능들도 '나'가 아닙니다. 그 다음 단계는 "이 생각들이 어디서 일어나는가?" 하는 물음입니다. 생각들은 피상적인 것이든 분석적인 것이든, 자연발생적으로 일어납니다. 그것들을 누가

---

17) (역주) 같은 대담 197의 더 온전한 내용은 126-7쪽을 보라.

인식합니까? 생각들의 존재와 작용이 그 개인에게 분명히 드러납니다. 분석하다 보면 개인성은 생각들이 존재한다는 인식으로서 활동한다는 결론이 나옵니다. 이것이 에고입니다.

더 탐구해 들어가서 "이 나는 누구이며, 어디서 일어나는가?" 하고 탐구하십시오. 꿈의 분석을 하십시오. 잠·생시·꿈이라는 세 가지 상태의 저변에 "내가 있다(I am)"가 있습니다. 우리가 비진아인 모든 것을 버리고 나면 그 잔여물, 곧 **절대적 진아**를 발견합니다. 세계와 에고는 둘 다 대상적이며, 그 분석 과정에서 제거되어야 합니다. 비실재를 제거하면 **실재**가 남습니다. 이것을 성취하려면 이원적 관념과 에고의 창조자인 마음을 제거하십시오. 마음은 생명-나툼의 한 형태입니다. [대담 25]

문: 이 방법이, 구원을 얻는 데 필요하다고 생각되는 자질들을 계발하는 것보다 더 빠릅니까?

답: 모든 나쁜 자질들은 에고 주위에 결박되어 있습니다. 에고가 사라지면 깨달음이 자명합니다. 진아 안에는 좋은 자질도 없고 나쁜 자질도 없습니다. 진아는 모든 자질에서 벗어나 있습니다. 자질들은 마음에 속할 뿐입니다. [대담 146]

탐구는 '나'가 있는 곳에 있어야 합니다. [대담 257]

'나'라는 생각이 일어난 뒤에 '나'와 몸·감각기관·마음 등과의 그릇된 동일시가 있습니다. **진아**가 그것들과 잘못 연관되면서, 참된 **자아**가 시야에서 사라집니다. 순수한 '나'를 오염된 '나'로부터 걸러내기 위하여 [경전에서 말하는 껍질들의] 그런 버림을 이야기하는 것입니다. 그러나 그것은 정확히는 비진아의 버림을 뜻하는 것이 아니라, 진정한 **자아**의 발견을 뜻합니다.

진정한 **자아**는 완전한 모습의 무한한 '나-나'입니다. 그것은 영원합니다. 그것은 시작도 없고 끝도 없습니다. 다른 '나'는 태어나고 죽습니다. 그것은 영구적이지 않습니다. 그 변해 가는 생각들이 누구에게 일어나는지를 보십시오. 그 생각들은 '나'라는 생각 이후에 일어난다는 것을 알 것입니다. '나'라는 생각을 붙드십시오. 그 생각들은 가라앉습니다. (그럴 때) '나'라는 생각의 원천을 추적하십시오. 진아만이 남습니다. [대담 266]

생각들의 뿌리는 에고(ahamkara)입니다.

"나는 몸이 아니다", "나는 진아다"라고 말하는 것도 여전히 맞지 않습니다. 참된 존재 안에는 '나'라는 어떤 생각도 없습니다.

모든 생각을 그것들의 작동 기반인 어떤 한 생각에까지 추적할 수 있는지를 알아냅시다. '나'라는 생각 혹은 관념—인격이라는 관념—이 그런 뿌리생각이라는 것을 모르겠습니까?

인격, 곧 내적기관(antahkarana)은 하나의 매개물입니다. 그것이 이른바 미세신微細身(sukshma-sarira)[18]이며, 몸과 진아 사이의 매개물로 기능합니다. 그것은 몸을 향할 수도 있고 진아를 향할 수도 있어, 어느 한쪽에 합일됩니다.

'나'라는 생각은 순수하지 않습니다. 그것은 몸과 감각기관들에 연관되면서 오염됩니다. 누구에게 문제가 있는지를 보십시오. 그것은 '나'라는 생각입니다. 그것을 붙드십시오. 그러면 다른 생각들이 사라질 것입니다.

문: 예, 그러나 그것을 어떻게 하느냐, 그것이 문제의 전부입니다.

답: "나, 나, 나"를 생각하면서, 그 한 생각을 붙들어 다른 모든 생각을 물리치십시오. [대담 266]

---

18) 생기(prana), 마음(manas), 지知(vijnana)로 이루어진다.

문: 자기순복(self-surrender)이 무엇입니까?

답: 그것은 자기제어와 같습니다. 제어는 상습의 제거에 의해 이루어집니다. 에고는 **더 높은 힘**을 인정할 때만 순복합니다. 그런 인정이 순복입니다. 그것에 (자신을) 내맡기는 것이 자기제어입니다. 그렇지 않으면, 에고는 긴장된 표정으로 마치 자기 어깨 위에 탑을 받치고 있는 듯이 보이는 탑의 조각상처럼[19] 오만한 상태로 남습니다. 에고는 **더 높은 힘** 없이는 존재할 수 없는데도, 자신이 스스로 행위한다고 생각합니다.

기차 안의 어떤 승객이 자신의 어리석음 때문에 자기 짐을 머리에 계속 이고 있습니다. 그것을 내려놓으라 하십시오. 그래도 그 짐이 목적지에 도착한다는 것을 알게 될 것입니다. 마찬가지로, 우리는 행위자인 척하지 말고 **인도하는 힘**에 우리 자신을 내맡깁시다. [대담 398]

잠을 자고 싶은 욕망이나 죽음에 대한 두려움은, 마음이 활동하고는 있지만 잠이나 죽음의 상태 자체에 있지 않을 때 존재합니다. 마음은 몸이라는 개체가 존속하며, 잠을 자고 나면 다시 나타난다는 것을 압니다. 그래서 잠에는 두려움이 수반되지 않고 몸 없음의 즐거움이 수반됩니다. 무존재가 추구됩니다. 반면에 마음은 이른바 죽음 이후에는 (몸이) 다시 나타날지를 확신하지 못하고, 그래서 죽음을 두려워합니다. [대담 397]

에고는 진아에 그 근원이 있고 진아와 별개가 아닙니다. 따라서 에고를 그 근원에 합일시키기 위해서는 그것을 추적해 올라갈 수밖에 없습니다. 에고의 핵심을 **심장**이라고 합니다. [대담 398]

---

19) 타밀어에서는 이 석탑인물상을 '고뿌람 탕굼 빔빰(*gopuram thangum bimpam*)'이라고 한다. 「실재사십송 보유」, 제17연을 보라.

문: 죽음이 무엇입니까? 그것은 몸이 떨어져나가는 것 아닙니까?

답: 그대는 잠 속에서 그것을 원하지 않습니까? 그때 뭐가 잘못됩니까?

문: 그러나 저는 제가 깨어날 거라는 것을 압니다.

답: 예, 또 한 생각이지요. "나는 깨어날 것이다"라는 앞 생각이 있습니다. 생각들이 삶을 지배합니다. 생각에서 벗어난 상태가 우리의 참된 성품—지복입니다. 죽음은 하나의 생각이고 달리 무엇도 아닙니다. 생각하는 자는 문제를 야기합니다. 그 생각하는 자에게, 죽을 때는 그에게 무슨 일이 일어나는지 말해 보라 하십시오. 진정한 '나'는 말이 없습니다. "나는 이것이다", "나는 저것이 아니다"라고 생각해서는 안 됩니다. '이것'이나 '저것'을 말하는 것은 잘못입니다. 그런 것들도 ('나'를) 한계 짓는 것입니다. "내가 있다"만이 참됩니다. 침묵이 '나'입니다. [대담 248]

문: 우리가 사랑하는 사람이 죽으면 슬픔이 일어납니다. 모두를 똑같이 사랑하거나 전혀 사랑하지 않으면 그런 슬픔을 피하게 될까요?

답: 누가 죽으면 살아 있는 다른 사람에게 슬픔이 있습니다. 슬픔을 없애는 길은 살아 있지 않는 것입니다. 슬퍼하는 자를 죽이십시오. 그러면 괴로워할 누가 남아 있겠습니까? 에고가 죽어야 합니다. 그것이 유일한 길입니다. 그 두 가지 대안은 같은 상태나 마찬가지입니다. 모두가 진아인데, 사랑하거나 미워할 사람이 어디 있습니까? [대담 252]

자신의 미래와 과거의 생에 대해 일체를 알고 싶어 하는 부류의 사람들이 있지요. 그들은 현재를 등한시합니다. 과거에서 넘어온 짐(업)이 현재의 불행입니다. 왜 과거를 상기합니까? 그것은 시간낭비입니다. [대담 260]

진아는 전기·발전기이고, 마음은 배전반이며, 몸은 전등입니다. 업의 시간(karma-hour)이 찾아와 죽음을 안겨주면, 마음은 전류를 끊고 몸에서 빛-생명(light-life)을 철수시킵니다. 마음과 활력 둘 다 **지고한 생명력**, 곧 **진아**의 화현들입니다.

문: 요기들은 죽은 사람들을 우리에게 보여줄 수 있습니까?

답: 그럴지도 모르지만 저에게 그들을 보여 달라 하지는 마십시오. 저는 그럴 수 없습니다. 우리의 친족들이 태어나기 전에 우리가 그들을 알았기에, 그들이 죽은 뒤 그들을 알아야 한다는 것입니까? [대담 36]

문: 사람이 죽고 나면 어떻게 됩니까?

답: 살아 있는 현재에 몰두하십시오. 미래는 스스로 알아서 하겠지요. 미래에 대해 걱정하지 마십시오. 창조 이전의 상태와 창조의 과정을 경전에서 다루는 것은 그대가 현재를 알도록 하기 위해서입니다. 그대가 자신이 태어난다고 말하기 때문에 경전들도 그렇다고 말합니다. 탄생이 무엇입니까? 그것은 '나'라는 생각의 탄생입니까, 아니면 몸의 탄생입니까? '나'는 몸과 별개입니까, 동일합니까? 이 '나'라는 생각은 어떻게 일어났습니까? '나'라는 생각은 그대의 성품입니까? 아니면 다른 어떤 것이 그대의 성품입니까? [대담 238]

진인의 '나'는 몸을 포함하지만, 그는 그것을 자신과 동일시하지 않습니다. 그에게는 '나'와 별개의 어떤 것도 있을 수 없기 때문입니다. 설사 몸이 떨어져나간다 해도 '나'에게는 아무 손실이 없습니다. '나'는 똑같은 것으로 남습니다. 만약 몸이 (자신이) 죽었다고 느낀다면 그 질문을 하라 하십시오. 그것은 지각력이 없어 그러지 못합니다. '나'는 결코 죽지 않고, 묻지도 않습니다. 그렇다면 누가 죽습니까? 누가 묻습니까? [대담 248]

문: 죽은 이들을 보십니까?

답: 예, 꿈속에서요. [대담 36]

문: 에고는 어디서 일어납니까?

답: 영혼·마음·에고는 말에 불과합니다. 그런 유의 어떤 참된 개체도 없습니다. 의식이 유일한 진리입니다. [대담 244]

그대의 진정한 성품을 망각하는 것이 진짜 죽음입니다. 그것을 기억하는 것이 참된 탄생이며, 그것이 계속되는 탄생을 종식시킵니다. 그럴 때 영원한 생명이 그대의 것입니다. 영원한 생명에 대한 욕망은 어떻게 일어납니까? 현재의 상태가 견딜 수 없기 때문입니다. 왜입니까? 그것이 그대의 참된 성품이 아니기 때문입니다. 그것이 그대의 진정한 성품이었다면 그대를 동요시킬 어떤 욕망도 없겠지요. 현재의 상태는 그대의 진정한 성품과 어떻게 다릅니까? 그대는 진실로 영靈입니다. [대담 396]

인간은 자신이 유한하다고 생각하는데, 거기서 문제가 생겨납니다. 그 관념이 잘못되었습니다. 잠 속에서는 세계도 없고, 에고도 없고, 아무 문제도 없었습니다. 그 행복한 상태에서 어떤 것이 깨어나 '나'라고 말합니다. 그 에고에게 세계가 나타납니다. 에고의 일어남이 문제의 원인입니다. 그에게 에고를 그 근원에까지 추적해 가라고 하십시오. 그러면 저 차별상 없는 행복한 근원, 잠 없는 잠이라는 상태에 도달할 것입니다. 진아는 늘 있습니다. 지혜가 밝아오는 것처럼 보이기는 하나, 그것은 본래적인 것입니다. [대담 63]

문: 에고와 진아는 같은 것입니까?

답: 진아는 에고 없이 있을 수 있지만 에고는 진아 없이 있을 수 없습니다. 에고들은 바다의 거품과 같습니다.

불순물(마음의 오염)과 세간적 집착은 에고에게만 영향을 줍니다. 진아는 순수하고 영향 받지 않는 상태로 남습니다.

그런 것들은 모두 마음의 개념일 뿐입니다. 그대는 지금 그대 자신을 그릇된 '나', 즉 '나'라는 생각과 동일시하고 있습니다. 이 '나'라는 생각은 일어나고 가라앉지만, '나'의 참된 의미는 그럴 수가 없습니다. 그대의 존재에는 단절이 있을 수 없습니다. [대담 222]

그대의 개인적인 '나'의 아버지는 실재하는 '나', 곧 신입니다. 그 개인적인 '나'의 근원을 찾아내려고 노력하십시오. 그러면 다른 '나'에 도달하게 됩니다. 개인이 사라지면 욕망들도 사라집니다.

문: 한때는 제가 아주 자립적이었습니다. 노년인 지금은 두렵습니다. 사람들이 저를 비웃습니다.

답: 그대가 자립적(self-reliant)이었다고 말한 때조차도 그것은 그렇지 않았지요. 그대는 '에고-의존적(ego-reliant)'이었습니다.[20) 그 대신 에고를 사라지게 하면 진정한 **자립**(Self-reliance)을 얻게 될 것입니다. 그대의 자부심은 에고의 자부심에 불과했습니다. 그대 자신을 에고와 동일시하는 한, 그대는 남들도 개인으로 인식할 것이고 그러면 자부심을 가질 여지가 있겠지요. 그것을 놓아버리십시오. 그러면 남들의 에고도 놓아버리게 될 것이고, 그래서 자부심을 가질 더 이상의 여지가 없게 될 것입니다. [대담 151]

---

20) (역주) 이것은 '자립적'이라는 단어를 '자아-의존적(self-reliant)'으로 분석하여 '에고 의존적 (ego-reliant)'의 의미임을 상기시켜 준 유머러스한 단어 풀이다.

분리의 느낌이 있는 한 그대를 괴롭히는 생각들이 있을 것입니다. 만일 본래의 근원을 되찾아 분리의 느낌이 종식되면 평안이 있습니다. 돌을 위로 던질 때 어떤 일이 일어나는지 생각해 보십시오. 돌은 자신의 근원(땅)을 떠나 위로 올라가지만 내려오려고 하면서 계속 움직이다가 결국 자신의 근원으로 돌아와 거기서 휴식합니다. 마찬가지로 바닷물은 증발하면 구름이 되고, 구름은 바람 따라 움직이다가 응결하여 물이 되고 비로 내리며, 그 물은 산꼭대기를 흘러내려 개울이 되고 강이 되어 마침내 본래의 근원인 바다로 돌아가고, 바다에 도달하면 평안해집니다.

그러니 보세요, 근원에서 분리되어 있다는 느낌이 있는 곳에는 요동과 움직임이 있지만 결국 그 분리의 느낌이 상실됩니다. 그대 자신도 마찬가지입니다. 지금 그대는 자신을 몸과 동일시하기 때문에, 자신이 분리되어 있다고 생각합니다. 그대의 근원을 회복해야 이 그릇된 정체성이 그치고 그대가 행복합니다. 금이 하나의 장신구는 아니지만 (금으로 만든) 장신구는 금에 지나지 않습니다. 장신구가 어떤 형태를 취하든, 장신구들의 형태가 얼마나 다양하든, 단 하나의 실재, 즉 금이 있을 뿐입니다. 몸들과 진아도 그와 마찬가지입니다. 실재가 진아입니다. 자신을 몸과 동일시하면서 행복을 찾는 것은 악어의 등에 타서 호수를 건너려는 것과 같습니다. 몸 정체성(몸을 자기로 아는 것)은 마음이 밖으로 나가서 헤매기 때문입니다. 그 상태에 계속 있게 되면 끝없는 얽힘 속에 붙들려 있게 될 뿐이고 평안이 없을 것입니다.

그대의 근원을 추구하여 진아에 합일되고 일체가 하나인 상태에 머무르십시오. 환생은 실은 현재 상태에 대한 불만족과, 불만족이 없을 곳에 다시 태어나고 싶다는 욕망을 의미합니다. 탄생은 몸의 탄생이므로 진아에는 영향을 주지 못합니다. 진아는 몸이 사멸한 뒤에도 늘 남아 있습니다. 그런 불만족은 영원한 진아를 사멸할 몸과 그릇되게 동일시하는 데서 비롯됩니다. 몸은 에고에게 필요한 하나의 부가물입니다. 그 에고가 살해되면 **영원한 진아**가 온통 찬란하게 드러납니다.

몸은 십자가이고, '사람의 아들' 예수는 에고, 즉 '나는 몸이다' 하는 관념입니다. 십자가에 못 박힐 때 그는 **찬란한 진아**, '신의 아들'인 예수로 부활합니다. "살려거든 이 삶을 포기하라"21)고 했습니다. [대담 396]

진인은 에고를 그 근원에서 분쇄합니다. 그에게서도 무지인에게서와 같이 성품에 의해, 즉 발현업에 의해 그것이 거듭거듭 일어납니다. 무지인과 진인에게서 공히 에고가 솟아오르지만 이런 차이가 있습니다. 무지인의 에고는 그것이 솟아오를 때 자신의 근원을 전혀 모릅니다. 즉, 깊은 잠과 꿈과 생시의 상태에서 그것을 자각하지 못합니다. 반면에 진인은 그의 에고가 솟아오를 때, 이 에고가 그의 주시처(*lakshya*)[시선]를 늘 그 근원에 두고 있게 하면서 초월적 체험을 즐깁니다. 그의 에고는 위험하지 않습니다. 그것은 불에 타버린 밧줄의 재로 남은 잔해일 뿐이어서, 형상을 가지고는 있으나 힘을 쓰지 못합니다. 주시처를 부단히 우리의 근원에 두고 있으면 우리의 에고가 해소됩니다.

문: 깨달음은 어떻게 해서 일어날 수 있습니까?

답: 절대적인 진아가 있는데, 마치 불에서 불꽃이 일어나듯이 거기서 하나의 불꽃이 일어납니다. 그 불꽃을 에고라고 합니다. 무지한 사람의 경우에는 그것이 일어남과 동시에 자신을 어떤 대상과 동일시합니다. 그것은 그런 연관에서 독립하여 남아 있지 못합니다. 이 연관이 무지이며, 그것을 파괴하는 것이 우리가 노력하는 목표입니다. 에고의 대상화하는 습을 죽이면 그것은 순수한 상태로 남고, 또한 그 근원에 합일됩니다. 우리는 외적

---

21) (역주) B. P. 블라바츠키의 『침묵의 음성(*The Voice of the Silence*)』에 나오는 말이다.

인 것으로부터 우리 자신을 분리할 수 있지만, 우리와 하나인 것으로부터는 그럴 수 없습니다. 그래서 에고는 몸과 하나가 아닙니다. 생시의 상태에서 이것을 깨달아야 합니다. [대담 286]

"나는 누구인가?" 하는 탐구는 에고를 잘라내는 도끼입니다. [대담 146]

지성은 늘 외적인 지知를 추구하면서 그 자신의 기원에 대한 지知를 떠납니다. [대담 45]

마음이란 자기를 몸과 동일시하는 것일 뿐입니다. 창조되는 것은 하나의 거짓된 에고인데, 그것이 다시 거짓된 현상들을 창조하고 그 안에서 움직이는 것처럼 보입니다. 그 거짓된 정체성이 사라지면 실재가 분명해집니다. 이것은 실재가 지금은 없다는 의미가 아닙니다. 그것은 늘 있고 영원히 똑같습니다. [대담 46]

마음은 '나'라는 생각, 곧 에고가 일어난 뒤에 일어납니다. [대담 244]

문: 에고성(egoism)을 어떻게 없앱니까?
답: 에고가 정말 무엇인지를 보면 그것으로 에고를 충분히 없앨 수 있습니다. 그 자신을 없애려고 노력하는 것이 에고 자체인데 어떻게 그것이 죽을 수 있습니까? 에고가 사라져야 한다면 다른 뭔가가 그것을 죽여야 합니다. 에고가 자살하는 데 동의하겠습니까? 그러니 먼저 에고의 참된 성품이 무엇인지를 깨달으십시오. 그러면 그것은 저절로 사라질 것입니다. 에고의 성품을 조사하십시오. 그것이 깨달음의 과정입니다. 우리가 자신의 진정한 성품을 보면 에고를 없애게 될 것입니다. 그때까지는 우리의 노력

이 그냥 우리 자신의 그림자를 쫓아가는 것 같아서, 우리가 나아갈수록 그림자는 더 멀어집니다. 우리가 우리 자신의 진아를 떠나면 에고가 나타날 것입니다. 우리가 자신의 참된 성품을 추구하면 에고는 죽습니다. 우리가 우리 자신의 **실재** 안에 있다면 에고에 대해 걱정할 필요가 없습니다. [대담 146]

그대의 근원을 찾으십시오. 그 '나'라는 생각이 어디서 솟아나는지를 알아내십시오. 어떤 대상을 우리가 우리의 진아보다 더 확신하고, 더 확실히 알 수 있습니까? 이것은 직접경험이고, 그 이상은 묘사할 수 없습니다.

현재의 '나'가 사라지면 마음의 실체를—그것이 신화임을—알게 됩니다. 남아 있는 것은 순수한 진아입니다. 깊은 잠 속에서 진아가 몸과 세계에 대한 지각이 없이 존재하며, 이때는 행복이 지배합니다. [대담 54]

문: 당신께서는 우리가 우리 안의 신적인 중심을 발견할 거라고 말씀하십니다. 만일 각 개인이 하나의 중심을 가지고 있다면, 수백만 개의 신적이 중심이 있습니까?

답: 단 하나의 **중심**이 있는데, 그것은 주변이 없습니다. 내면으로 깊이 잠수하여 그것을 발견하십시오.

그에 대해, 혹은 보는 **자**, 곧 진아에 대해 명상하면 어떤 심적인 기운인 '나'가 있고, 모든 것이 그것으로 귀착됩니다. 그 '나'의 근원을 추적하면 원초적인 '나-나'만이 남는데, 그것은 표현할 수 없습니다. [대담 219]

문: 변치 않는 진아가 있고 변하는 진아가 있지 않습니까?

답: 그 변화무쌍함은 생각일 뿐입니다. 모든 생각은 '나'라는 생각이 일

어난 뒤에 일어납니다. 그 생각들이 누구에게 일어나는지를 보십시오. 그러면 그대는 그것들을 초월하고, 그것들은 가라앉습니다. 다시 말해서, '나'라는 생각의 근원을 추적하면 완전한 '나-나'를 깨닫습니다. '나'는 진아의 이름입니다. [대담 264]

문: 기억, 잠 그리고 죽음은 '나'에 영향을 줍니까?

답: 거짓된 '나'와 진정한 '나'를 구분하지 못하는 데 따른 혼동이 있습니다. 그 세 가지 속성과 양상은 거짓된 에고에 속합니다.

『분별정보分別頂寶(*Vivekachudamani*)』22)에서는 지성의 껍질(*vijnana kosha*)23)이라는 인위적인 '나'는 하나의 투사물이며, 우리는 그것을 통해 '나'의 참된 원리를 살펴야 한다는 점을 분명히 하고 있습니다. [대담 406]

문: 에고-자아(ego-self)가 무엇입니까?

답: 에고는 나타나고 사라집니다. 그것은 찰나적인 반면 진정한 자아는 영구히 안주합니다.

문: 오체투지가 무엇입니까?

답: 그것은 에고의 가라앉음을 의미합니다. 가라앉음이 무엇입니까? 근원 속으로 합일하는 것입니다. 외부적인 무릎 꿇기나 절하기로 신을 속일 수 없습니다. 그는 에고가 있는지 없는지를 봅니다. [대담 363]

'내가 있다'는 바다이고 개인적 에고들은 그 안의 거품들입니다. 거품들은 사라집니다.

---

22) 샹까라(Sankara)의 저작 중 하나. 바가반은 이것을 산스크리트에서 타밀어로 옮겼다.

23) (역주) 개인을 한정하는 다섯 껍질 중의 네 번째. '나'라는 느낌은 이 껍질 안에서 작용한다.

문: 나쁜 조건들, 예를 들어 탄생과 죽음은 어떻습니까?

답: 먼저 에고가 들어오는데, 그것이 싹트는 것이 우리의 탄생이지만 실은 우리는 죽지 않습니다.

"우리가 본다"고 말하는 것은 잘못입니다. 왜냐하면 누가 보는지를 알아내려고 하면 그 '보는 자'가 사라지기 때문입니다. '나'가 주체이고 다른 모든 생각들은 대상, 곧 마음을 구성합니다.

간밤에 곤히 잠들어 있을 때 그대는 자각하고 있었습니까? 아니지요! 지금 존재하면서 그대를 괴롭히는 것은 무엇입니까? '나'입니다. 그것을 없애버리고 행복하십시오. [대담 32]

에고에 시달리는 마음은 힘이 빠져 있어, 고문하는 생각들에 저항하기에 너무 약합니다. 에고 없는 마음은 꿈 없는 깊은 잠 속에서 행복합니다. 따라서 분명히 지복과 불행은 마음의 양상일 뿐입니다. 그러나 그 약한 양상이 강한 양상과 쉽게 교체될 수 없습니다. 능동성은 약함이고 결과적으로 불행합니다. 수동성은 강함이고 따라서 지복스럽습니다.24) 잠재적인 힘은 드러나지 않고, 그래서 사용되지 않고 있습니다. [대담 188]

창조는 **창조주**와 개인적 영혼의 두 가지 측면에서 고려해야 합니다. 후자는 전자와 무관하게 고통과 쾌락을 야기합니다. 고통과 쾌락은 사실과 무관하고 마음의 개념과 관계됩니다. 인격을 죽이십시오. 그러면 어떤 고통이나 쾌락도 없고 본래적인 지복만이 영원히 지속됩니다. [대담 276]

---

24) (역주) 여기서 '능동성'은 마음이 일어나서 움직이는 것, 즉 마음이 바깥의 대상들을 향하는 것이고, '수동성'은 마음이 일어나지 않고 내면에 고요히 머무르는 것을 말한다.

의식하는 죽음(자각하는 상태에서의 죽음)이, 그리고 아직 육신으로 있는 동안의 의식하는 불멸(conscious immortality)이 진화의 목적입니다.

문: 진아를 어떻게 알 수 있습니까?

답: 자기(진아)가 무엇인지를 보십시오. 그대가 자기라고 여기는 것은 실은 마음이거나, 지성이거나, '나'라는 생각입니다. 그러니 그것을 꽉 붙드십시오. 다른 생각들은 진아를 남겨두고 사라질 것입니다.

두 개의 '나'가 있습니까? 그대는 자신이 존재함을 어떻게 압니까? 그 눈으로 그대 자신을 봅니까? 그대 자신에게 물어 보십시오. 그 물음은 어떻게 일어납니까? '나'가 남아 있어서 그것을 묻는 것 아닙니까? 거울에서 자기를 보듯이 나 자신을 발견할 수 있습니까? 그대의 관점이 밖으로 쏠려 있기 때문에 자기를 시야에서 놓치고 있고, 그대의 시선이 외부적인 것입니다. 진아는 외적인 대상에서 발견되지 않습니다. 시선을 안으로 돌려 뛰어드십시오. 그러면 진아가 될 것입니다. [대담 238]

문: 에고를 죽이려면 무엇을 해야 합니까?

답: 그 의심들이 누구에게 있는지를 보십시오. 의심하는 자가 누구입니까? 생각하는 자가 누구입니까? 그것은 에고입니다. 그것을 붙드십시오. 다른 생각들이 점차 사라질 것입니다. 그 에고는 순수합니다. 그 에고가 어디서 일어나는지를 보십시오. 그것은 순수 의식입니다. [대담 251]

문: 저는 "나는 누구인가?" 하고 저 자신에게 묻기 시작하여 몸을 '나'가 아니라고 배제하고, 생기(prana)를 '나'가 아니라고 배제하고, 마음을 '나'가 아니라고 배제하는데, 그리고는 더 이상 나아가지 못합니다.

답: 뭐, 그것이 지성이 미칠 수 있는 한계지요. 그대의 과정은 지적知的

일 뿐입니다. 실로 모든 경전이 그런 과정을 이야기하는 것은 구도자가 진리를 알도록 인도하기 위해서입니다. 진리를 직접 가리켜 보일 수는 없습니다. 그래서 그런 지적 과정이 있습니다. 보세요, 그 모든 '비아非我'를 배제하는 사람이 '나'는 배제할 수 없습니다. "나는 이것이 아니다"라거나 "나는 그것이다"라고 말하기 위해서는 '나'가 있어야 합니다. 이 '나'는 에고, 즉 '나라는 생각'일 뿐입니다. 이 '나라는 생각'이 일어난 뒤에 다른 모든 생각이 일어납니다. 따라서 '나라는 생각'이 뿌리생각(root-thought)입니다. 이 뿌리를 제거하면 다른 모든 것이 뿌리 뽑힙니다. 따라서 그 뿌리인 '나'를 추구하고, 스스로에게 "나는 누구인가?" 하고 물으십시오. 그것의 근원을 알아내십시오. 그러면 이 모든 것이 사라지고 순수한 **진아**가 남을 것입니다. 그 '나'는 늘 있습니다. 깊은 잠 속에도, 꿈 속에도, 생시에도 말입니다. 잠을 자던 그 사람이 지금 말을 하는 사람과 같은 사람입니다. 늘 '나라는 느낌'이 있습니다. 그대는 자신의 존재를 부인합니까? [마치 그대의 존재를 스스로에게 납득시키려는 듯이] "내가 있다"고 말하지 마십시오. 누가 있는지 알아내십시오. [대담 197]

그대 자신의 실재성은 의심할 수 없습니다. **진아**는 원초적 실재입니다. 보통 사람은 무의식적으로, 자신의 참된 내적 실재에다 몸 따위와 같이 자신에게 속하는 것으로 의식 속에 들어온 모든 것이 더해진 것을 실재로 여깁니다. 배운 것을 놓아 버려야 합니다.

문: 어떤 사람의 죽음 이후의 상태를 아는 것이 가능합니까?
답: 가능하지요. 그러나 그것을 왜 알려고 합니까?
문: 저의 이해 수준에서 볼 때는 제 아들의 죽음이 실제라고 여기기 때문입니다.

답: '나'라는 생각의 탄생이 그대의 아들의 탄생이고, 그것의 죽음이 그 사람의 죽음입니다. '나'라는 생각이 일어난 뒤에 몸과의 그릇된 동일시가 일어납니다. 그대는 자신을 몸이라고 생각하여 다른 사람들에게 거짓된 가치를 부여하고, 그들을 그들의 몸과 동일시합니다. 그대는 아들이 태어나기 전에 그를 생각했습니까? 그대가 그를 생각하고 있기 때문에 그가 그대의 아들일 뿐입니다. 그가 어디로 갔습니까? 자신이 솟아나온 근원으로 가 버렸습니다. 그는 그대와 하나입니다. 그대가 있는 한 그도 있습니다. 진정한 **자아**를 보십시오. 그러면 몸과의 이런 혼동이 사라질 것입니다. 그대는 영원합니다. 다른 사람들도 영원하다는 것을 알게 될 것입니다. 이 진리를 깨달을 때까지는, 그릇된 동일시로 인한 이런 슬픔이 늘 있을 것입니다. [대담 276]

탄생과 죽음, 그리고 환생은 그대가 그 문제를 탐구하여 어떤 탄생이나 환생도 없다는 것을 알아내도록 하기 위한 것일 뿐입니다. 그것들은 몸과 관계되지 진아와는 무관합니다. [대담 279]

문: 몸이 죽고 나면 창조된 에고는 어떻게 됩니까?
답: 에고는 '나'라는 생각입니다. 미세한 형태로는 그것이 하나의 생각으로 머무르지만, 거친 측면에서는 마음·감각기관·몸을 아우릅니다. 깊은 잠 속에서는 그것들이 에고와 함께 사라집니다. 그래도 진아는 있습니다. 마찬가지로, 죽음 속에서도 있을 것입니다. 에고는 진아와 독립된 개체가 아니기 때문에, 스스로 창조되거나 파괴될 수 없습니다. 그것은 진아의 한 도구로 기능하며, 주기적으로 기능하기를 그칩니다. 즉, 탄생과 죽음으로 나타나고 사라집니다. [대담 285]

문: 저는 진정한 **자아**를 발견하여 늘 애씀 없이 그것과 접촉하고 싶습니다.

답: 그 개인적인 '나'를 포기하는 것으로 충분하고, 진정한 '나'를 얻기 위한 어떤 노력도 필요치 않을 것입니다. 그대와 **진아** 사이에 그런 어떤 차이도 있다고 생각하지 마십시오. 그런 다음 그에게 그대 자신을 내맡기고, 그의 안에 그대 자신을 합일시키십시오. 어떤 망설임도 있어서는 안 됩니다. 왜냐하면 신은 속일 수 없기 때문입니다.

문: 죽은 뒤에는 어떻습니까?

답: 먼저 태어나는 것은 누구인지 또는 무엇인지를 탐구하십시오. 그것은 몸이지 그대가 아닙니다. 그대의 **진아**가 여기 현존하고 있는데, 왜 죽음처럼 그대를 넘어서 있는 것들에 대해 신경 씁니까?

문: 탄생과 죽음 사이의 다른 세계에 우리는 얼마나 오래 머무릅니까?

답: 시간 감각은 상대적입니다. 꿈속에서는 한두 시간 만에 하루 종일의 사건들을 겪을 수도 있습니다. 사후세계의 미세신 안에서도 마찬가지여서, 우리 시간으로는 백 년밖에 되지 않을 텐데도 천 년은 되어 보이는 시간을 살 수도 있습니다.

어떤 사람이 죽었다는 소식이 마하르쉬께 전해지자 당신이 대답하셨다. "좋지요! 죽은 이들은 실로 행복합니다. 그들은 문제 많은 혹 덩어리인 몸을 없애버렸으니 말입니다! 사람들이 잠을 두려워합니까? 잠은 일시적인 죽음입니다. 죽음은 더 긴 잠입니다. 왜 신체적 족쇄가 지속되기를 바란단 말입니까? 그 사람으로 하여금 죽지 않는 자신의 **진아**를 발견하고 불멸이 되라고 하십시오." [대담 64]

우리가 자신을 거친 몸과 동일시하는 한, 거친 현상계로 물질화된 생각들도 그에게 실재할 수밖에 없습니다. 그것(죽은 사람의 영혼)은 여기 존재한 적이 있으니, 죽은 뒤에도 분명히 살아남습니다. 그래서 이런 상황에서는 저승세계도 존재합니다. 반면에 하나인 실재는 진아이고, 거기서 에고가 솟아났다는 것을 생각해 보십시오. 에고는 진아를 보지 못하고 자신을 몸과 동일시하는데, 그 결과는 무지와 불행입니다. 생명 흐름(life-current)은 무수한 생, 곧 탄생과 죽음을 지나 왔지만, 그래도 영향을 받지 않습니다. 슬퍼할 이유가 없습니다. [대담 16]

마음은 에고의 것이고, 에고는 진아에서 일어납니다. 시바의 신성한 황소 난디(Nandi)는 에고, 곧 개아個我를 나타냅니다. 우리의 사원들 안에서 그것은 늘 신(시바)을 마주보고 있는데, 그 앞에는 평평하고 둥근 돌이 있습니다. 이 돌 제단은 희생제물을 바치는 곳입니다. 이 모든 것은 에고가 희생되어야 하고, 늘 내면의 신을 향하고 있어야 한다는 것을 상징합니다.

개아(jiva)가 무엇인지를 아십시오. 개아와 아뜨마의 차이가 무엇입니까? 개아 자체가 아뜨마입니까, 아니면 아뜨마라는 별개의 어떤 것이 있습니까? [대담 186]

문: 저의 삶의 목적은 무엇입니까?
답: 그 목적은 '저의'라는 말 안에 들어 있는 그 '나'가 누구인지를 이해하는 것입니다.
문: 지적으로는 제가 대아大我, 곧 우주의 일부라는 것을 깨닫습니다.
답: 그러면 두 개의 '나'가 있습니까? 그대는 부분이 아니라 전체라는 것을 깨달으십시오.

문: 존재하는 자아들이 외관상 이원성을 갖는 이유는 무엇입니까?

답: 그대가 곤히 잠들었을 때, 부분이든 전체든 이원성을 생각합니까? 이원성은 그대가 깨어 있을 때만 있습니다. 그대가 잠들어 있었을 때 세계가 어떻게 되었습니까? 그 '나'는 세 가지 상태 모두에서 존재했는데, 그대가 알고 싶은 것이 그것입니다. 잠을 자고 있을 때는 삶의 목적이나 목적 없음에 대한 생각들이 일어나서 그대를 괴롭히지 않습니다.

『요가 바쉬슈타』에서 시키드와자(Sikhidwaja)의 부인인 쭈달라(Chudala)는 남편에게 비이원적 베단타(Advaita Vedanta)의 원리를 가르칩니다.

"또 한 가지 이야기를 들어보셔요. 당신의 지知를 향상시키는 데 큰 도움이 될 테니까요. 태곳적 숲속에 코끼리 한 마리가 살고 있었는데, 자기 무리 중에서 가장 덩치가 크고 고상한 코끼리였습니다. 그 숲의 어떤 마후뜨(mahout-코끼리 몰이꾼)들이 이 코끼리와 친하게 지내다가 코끼리를 함정에 빠뜨려 강한 쇠사슬로 속박했습니다. 엄니들이 엄청나게 길고, 예리하고, 튼튼한 코끼리였는데 말입니다."

"이 코끼리는 마후뜨에 의해 온갖 고문을 당하고 고초를 겪었습니다. 그 고통스러운 족쇄에 분노한 코끼리는 강력한 엄니들의 도움으로 몸을 흔들어 거기서 풀려났습니다. 코끼리 등의 가마 안에 타고 있던 마후뜨가 그것을 보다가 어지러워져 땅으로 추락했습니다. 그가 땅에 떨어진 것을 본 코끼리는 그를 해치지 않고 지나갔습니다."

"그러나 마후뜨는 기세 좋게 일어나서 다시 코끼리를 잡으러 갔습니다. 코끼리는 숲 한가운데 있었습니다. 거기서 마후뜨는 도랑을 하나 파고 마른 잎과 풀로 덮어 두었습니다. 코끼리는 숲을 돌아다닌 끝에 마침내 그 도랑이 있는 곳으로 와서 그 속으로 떨어졌습니다."

"마후뜨는 즉시 코끼리를 단단히 결박했습니다. 이리하여 코끼리는 다시 고문을 당하게 되었습니다. 마후뜨가 앞에 놓여 있을 때 코끼리가 자신의 적을 죽였다면 다시 함정에 떨어지지 않았을 것이고, 다시 그렇게 흥분할 일도 없었습니다. 그와 마찬가지로, 미래의 선과 악에 대해 아무 탐구를 하지 않는 사람은 슬픔을 겪게 될 것입니다."

쭈달라는 이 이야기로 시키드와자의 오류를 일깨워 주었습니다. 시키드와자는 나라를 다스리는 동안에도 무욕을 가지고 있었는데, 에고를 희생시키는 지점까지 그 무욕을 밀어붙였다면 진아를 깨달을 수 있었을 것입니다. 그는 그렇게 하지 않고 숲으로 들어갔고, 시간표를 짜서 따빠스(tapas)를 했지만 18년을 노력한 뒤에도 진보하지 못했습니다. 그는 스스로 그 자신이 만들어낸 것(탐구가 결여된 외형적 따빠스)의 희생자가 된 것입니다.

쭈달라는 이제 그에게 에고를 포기하고 진아를 깨달으라고 조언했습니다. 그는 그렇게 했고, 해탈했습니다.

쭈달라의 이야기에서 분명한 것은, 에고가 여전히 수반되는 무욕은 아무 가치가 없지만, 소유물을 가졌어도 에고의 얽힘에서 벗어나면 해탈이라는 것입니다. [대담 404]

13. 세 가지 상태

잠, 황홀경, 멍한 상태에서는 아무 차별이 없습니다. 그때는 있었지만 지금은 없는 그것이 무엇입니까? 그 차이는 마음에 기인합니다. 마음은 어떤 때는 있고 어떤 때는 없지만, 실재 안에서는 어떤 변화도 없습니다. 잠들어 있던 바로 그 사람이 지금 생시에도 있습니다. 진아는 내내 똑같습니다. [대담 290]

한계는 마음 안에 있을 뿐입니다. 같은 진아가 지금 여기 생시 상태에 있습니다. 아무 한계를 느끼지 못하던 깊은 잠 속에서와 같이 말입니다. 잠 속에서는 마음이 없었지만, 지금은 그것이 활동합니다. 진아는 마음이 없을 때도 존재합니다. [대담 293]

문: 왜 꿈을 꾸는 동안에는 명상이 안 됩니까? 그것이 가능합니까?

답: 꿈속에서 (스스로) 그렇게 물으십시오. 그대는 지금 명상을 하여 그대가 누구인지를 물으라는 말을 듣습니다. 그렇게 하지 않고 그대는 그런 질문을 합니다. 꿈과 잠은 그 사람에게 생시와 동일합니다. 그대는 그 두 상태의 주시자이고, 그것들은 그대의 앞을 지나갑니다. 그대가 지금 명상

을 하지 않고 있기 때문에 그런 질문들이 일어납니다. [대담 297]

"깨달은 사람이 잠들어 있을 때는 그의 의식에 어떤 일이 일어납니까?" 그런 질문은 깨닫지 못한 관찰자들의 마음 속에서만 일어납니다. 진인에게는 **하나**의 상태밖에 없는데, 그것은 이른바 잠 속에서든 생시에서든 24시간 내내 끊어짐이 없습니다. 사실 대다수 사람들은 다 잠들어 있습니다. 그들은 진아에 대해 깨어 있지 않기 때문입니다.

우리는 깊은 잠 속에서 우리의 에고(*ahankara*), 우리의 생각, 우리의 욕망들을 내려놓습니다. 만일 우리가 **의식하고** 있는 동안 내내 이렇게 할 수만 있다면 진아를 깨달을 것입니다.

명상(*dhyana*)의 최선의 형태는 생시에 그것이 지속될 뿐만 아니라, 꿈과 잠의 상태에까지 그것이 이어지는 것입니다. 명상은 "나는 명상하고 있다"는 관념조차 의식할 여지가 없을 정도로 치열해야 합니다. 생시와 꿈이 그런 사람의 명상에 의해 완전히 점유되기 때문에, 깊은 잠도 그 명상의 일부로 간주할 수 있습니다.

출가수행(*sannyasa*)이란 에고를 포기하는 것입니다. 어떤 사람이 가정이라는 울타리 안의 재가자로 살고 있다 할지라도, 만일 그가 에고를 내놓았다면 세상의 온갖 일들이 그에게 영향을 주지 않을 것입니다. 그래서 꿈속의 경험들이 우리에게 실제로 영향을 주지 않는 것입니다. 꿈을 꾸는 사람은 침상에 조용히 누워 있으면서도 물속에 들어가 있는 꿈을 꿉니다. 그러나 그의 침상이 실제로 젖지는 않습니다. 반면에 출가수행기에 있는 사람일지라도 여전히 몸에 대한 집착이 있다면 그는 행위자(*karmi*)[출가자가 아닌 활동가]입니다.

문: 서양에서는 사람들이 어떻게 홀로 있는 진인들이 (세상에) 도움이 될 수 있는지 이해하지 못합니다.

답: 유럽이나 아메리카는 신경 쓰지 마십시오. 그대의 마음 안에 있지 않으면 그것들이 어디 있습니까? 그대가 어떤 꿈에서 깨어나면, 그대의 꿈의 창조물인 그 사람들도 깨어났는지 확인해 보려고 합니까? [대담 20]

문: 잠이 그렇게 좋은 상태라면, 왜 우리는 늘 잠 속에 있는 것을 좋아하지 않습니까?

답: 그대는 늘 잠 속에 있을 뿐입니다. 현재의 생시 상태는 하나의 꿈에 지나지 않습니다. 꿈은 잠 속에서만 일어날 수 있습니다. 잠이 이 세 가지 상태의 저변에 있습니다. 이 세 가지 상태의 전개도 하나의 꿈이고, 그것은 다시 또 하나의 잠 속에 있습니다. 이런 식으로 꿈과 잠의 이 상태들은 끝이 없습니다. 이 상태들과 마찬가지로 탄생과 죽음도 하나의 잠 속에서 일어나는 꿈들입니다. 실제로 말하자면 어떤 탄생도 없고 어떤 죽음도 없습니다. [대담 244]

잠이 끝난 뒤에 에고가 일어나고 생시가 있습니다. 동시에 생각들이 일어납니다. 어디서 일어납니까? 의식하는 **진아**에서 솟아나는 것이 분명합니다. 그것을 희미하게라도 이해하면 에고를 소멸하는 데 도움이 됩니다. 에고가 소멸된 뒤에는 **하나인 무한한 존재**에 대한 깨달음이 있습니다. 그 상태에서는 **영원한 존재** 외에 어떤 개인도 없습니다. 늘 내재하는 **진아**에 안주하여 탄생의 관념이나 죽음의 두려움에서 벗어나십시오. [대담 80]

문: 무지를 어떻게 제거합니까?

답: 그대가 다른 읍에 가 있는 꿈을 꿉니다. 다른 읍이 그대의 방으로

들어올 수 있습니까? 그대가 방을 떠나 거기로 갈 수 있었습니까? 둘 다 불가능하고, 둘 다 비실재적입니다. 그것들은 마음에게 실재하는 것으로 나타납니다. 그 꿈의 '나'는 사라졌습니다. 그러나 마음의 바탕은 내내 지속됩니다. 그것을 발견하십시오. 그러면 그대가 행복할 것입니다. [대담 49]

문: 저는 잠이 생시보다 더 나쁜 상태라고 생각합니다.
답: 만약 그렇다면 왜 다들 잠을 자고 싶어 합니까? [대담 244]

우주의 비실재성을 증명하기 위한 여러 가지 접근 방법이 있습니다. 꿈의 예가 그 중의 하나입니다. 경전에서 생시·꿈·깊은 잠 모두를 정교하게 다루는 것은 그 상태들 저변의 실재를 드러내기 위해서입니다. 세 가지 상태 간의 차이를 강조하려는 것이 아닙니다. 경전들의 목적을 분명하게 인식해야 합니다. 경전에서는 세계가 실재하지 않는다고 합니다. 그 비실재성이 어느 정도입니까? 그것은 '석녀의 아들'이나 '허공의 꽃'의 실재성 같은 것입니까? 그런 것들은 사실과 아무 관련이 없는 말에 불과하지만, 세계는 하나의 사실이지 단순한 말이 아닙니다. 그 답은, 그것은 하나인 실재 위의 한 덧씌움(superimposition)이라는 것입니다. 마치 어슴푸레한 곳에 둘둘 사려진 밧줄이 뱀으로 보이는 것과 같이 말입니다. 여기서도 친구가 그것은 밧줄이라고 일러주자마자 그 그릇된 정체성이 사라집니다. 반면에 세계라는 문제에서는 그것이 실재하지 않는다는 말을 듣고 나서도 세계가 지속됩니다. 어째서 그렇습니까?

신기루에서 보이는 물은 그것이 신기루라는 앎이 다가온 뒤에도 지속됩니다. 세계도 그와 마찬가지입니다. 그것이 실재하지 않는다는 것은 알지만 그것은 계속 나타나 보입니다. 그러나 이제는 우리의 갈증을 해소하기 위해 그 신기루의 물을 추구하지는 않습니다. 우리는 그것이 신기루라는 것을 알자마자 그것을 쓸모없다고 단념합니다. 물을 얻겠다고 그것을 쫓아 가지 않습니다.

문: 세계의 나타남도 그렇지 않습니까? 그것이 거짓이라고 거듭 선언된 뒤에도 우리는 그 세계에서 욕구를 충족하는 것을 피할 수 없습니다. 세계가 어떻게 거짓일 수 있습니까?

답: 그것은 우리가 꿈속의 창조물로써 꿈속의 욕구를 만족시키는 것과 같습니다. 대상들이 있고, 욕구가 있고, 상호 충족이 있습니다. 꿈속의 창조물들도 생시 세계만큼이나 그 목적에 부합하지만, 그래도 실재하는 것으로 여겨지지 않습니다. 그래서 우리는 이 모든 비유가 비실재성의 단계들을 확립한다는 하나의 목적에 이바지한다는 것을 알 수 있습니다. 깨달은 진인에게는 생시의 세계가 실재합니다. 각 비유는 적절한 맥락 속에서 이해됩니다. 그것을 하나의 고립된 진술로 연구해서는 안 됩니다. 그것은 사슬의 한 연결고리입니다. 이 모든 비유들의 목적은 구도자의 마음을 그 모든 것의 저변에 있는 **하나**인 실재 쪽으로 향하게 하려는 것입니다.

문: 꿈의 세계는 생시의 세계만큼 목적에 부합하지 않습니다. 왜냐하면 그 속에서는 우리의 욕구가 충족된다고 느끼지 못하기 때문입니다.

답: 그 말은 맞지 않습니다. 꿈속에서도 갈증과 허기가 있습니다. 그대는 배불리 먹고 나서 남은 음식을 보관해 두었을 수 있습니다. 그런데도 꿈속에서 배고픔을 느낍니다. 그 음식은 (꿈속의) 그대에게 도움이 되지 않고, 꿈속의 배고픔은 꿈속의 창조물을 먹어야 충족될 수 있습니다.

문: 생시의 상태에서는 우리가 꾼 꿈을 기억해 내지만, 그 반대로는 되지 않습니다.

답: 꿈속에서도 그대는 그대 자신이고, 그대 자신을 지금 이야기하고 있는 사람과 같은 사람이라고 여깁니다.

문: 그러나 우리는 지금 우리가 알듯이 우리가 생시와 별개로 꿈을 꾸

고 있다는 것을 모르는데요?

답: 꿈은 생시와 깊은 잠이 결합된 것입니다. 그것은 생시 상태의 상습(samskaras)에 기인합니다. 그래서 우리가 꿈들을 기억합니다. 상습은 그 반대로는, 즉 깊은 잠의 상태에서는 발견되지 않습니다.

그러나 우리는 꿈과 생시를 동시에 자각할 수도 있습니다. 누구나 꿈속에서 일어나는 이상한 혼란스러움을 기억합니다. 그 사람은 자신이 깨어 있는지 꿈을 꾸고 있는지 의아해합니다. 그는 자신이 깨어 있을 뿐이라고 주장하고 그렇게 판단하지만, 실제로 깨어나 보면 모두 꿈이었을 뿐임을 발견합니다. [대담 399]

문: 꿈과 생시 사이에 어떤 실제적인 차이점이 있습니까?

답: 외관상의 차이일 뿐 실제적인 것은 아닙니다. 그 꿈은 자신이 깨어 있다고 말하는 사람에게 있습니다. 절대적 관점에서는 둘 다 실재하지 않습니다.

깨달음은 기절 상태[반은 깨어 있고 반은 잠든 상태]에서는 가능하지만 잠 속에서는 불가능합니다. [대담 247]

그대가 잠에서 깨어나면 에고가 일어납니다. 잠 속에서는 그대가 자신이 자고 있다고 말하지 않습니다. 깨어나서만 그렇게 말합니다. 그래도 그대가 있습니다. 그대는 잠들어 있을 때 몸에 상관하지 않았습니다. 그러니 왜 늘 그런 상태로 있지 않습니까? [대담 46]

생시 상태에서는 에고가 자신을 육신과 동일시하고, 꿈속에서는 미세한 마음과 동일시합니다. 그때는 지각도 미세합니다. [대담 17]

문: 생각 없이 의식하고 있는 것이 가능합니까?

답: 예. 단 하나의 의식만 있지요. 잠 속에는 '나'가 없습니다. 깨어나면 '나'라는 생각이 일어나고, 그런 다음 세계가 나타납니다. 잠 속에서는 이 '나'가 어디에 있었습니까? 있었습니까, 없었습니까? 있었음이 틀림없지만 그대가 지금 느끼는 식으로는 아니었습니다. 현재(의 '나')는 '나'라는 생각일 뿐이지만, 잠자는 '나'는 진정한 '나'입니다. 그 '나'는 여러 가지 상태 속에서 내내 지속됩니다. 그것이 의식입니다. 만약 그것을 알게 되면 그것이 생각을 넘어서 있다는 것을 알 것입니다. 생각은 다른 모든 활동과 비슷하다고, 즉 지고의 의식을 방해하지 않는다고 볼 수 있겠지요. [대담 43]

문: 꿈과 심적인 환幻에 대한 당신의 말씀이 잘 이해되지 않습니다.

답: 세계에 대한 우리의 경험은 마음에 의해 환기되고 해소됩니다. 그대가 인도에서 런던으로 여행할 때 그대의 몸이 실제로 움직입니까? 아니지요! 움직이는 것은 탈것이고, 그대의 몸 자체는 이동하지 않고 그 안에 머물러 있습니다. 여행하는 것은 배와 기차입니다. 그런 움직임들이 그대의 몸 위에 덧씌워지듯이 환영들, 꿈의 상태들, 심지어 환생들도 그대의 진정한 자아 위에 덧씌워집니다. 진아는 움직이지 않으며, 그런 모든 외적인 변화에 영향 받지 않은 채 자신의 자리에 가만히 머물러 있습니다. 마치 몸이 배의 선실 안에 가만히 있는 것과 같이 말입니다. 그대는 늘 동일하고, 따라서 시간을 넘어서 있고 공간을 넘어서 있습니다.

깊은 잠 속에서 그대는 시간 의식이 없습니다. 시간과 공간의 개념은 '나'라는 한계가 있을 때만 일어납니다. 바로 지금도 그 '나'라는 생각은 무한하면서 유한합니다. 그대가 그것을 몸이라고 생각하는 한 그것은 유한합니다. 잠에서 깨어날 때 우리가 실제로 외부 세계를 완전히 인식하게 되기 전, 그 무시간·무공간의 틈새가 참 '나'의 상태입니다. [대담 311]

깊은 잠 속에서는 왜 그대의 질문들이 일어나지 않습니까? 사실 깊은 잠 속에서는 그대에게 아무 한계가 없고, 그래서 어떤 질문도 일어나지 않습니다. 반면에 지금은 그대가 몸과 자신을 동일시하므로 이런 식의 질문이 일어납니다. [대담 354]

깊은 잠은 생시 상태에서도 늘 존재합니다. 우리가 해야 할 일은 깊은 잠을 생시 상태로 가져와서 '의식하는 잠(conscious sleep)'을 갖는 것입니다. 깨달음은 생시 상태에서만 일어날 수 있습니다. 깊은 잠은 생시 상태에 대해 '상대적'입니다.

저 하나인 의식이 둘로 나뉠 수 있습니까? 자기의 나뉨이 느껴집니까? 우리가 잠에서 깨어나면, 잠의 상태에서는 물론이고 생시 상태에서도 자신이 동일하다는 것을 발견합니다. 그것은 각자가 경험하는 것입니다. 차이는 봄[見]에, 소견에 있습니다. 자신을 경험과 별개의 '보는 자'라고 상상하면 그런 차이가 나타납니다. 그대의 진정한 자아가 내내 동일하다는 것은 경험이 말해줍니다. 잠 속에서 외부와 내부의 차이를 느낍니까? 그 차이는 몸과 관련해서만 있고, 몸 의식['나'라는 생각]과 함께 일어납니다. 이른바 생시 자체가 하나의 환幻입니다. 그대의 시선을 내면으로 돌리십시오. 그러면 생시 전체가 마야입니다. 그러나 그럴 때 마야는 실은 진리(satya)입니다. 물질적 과학들조차도 우주의 기원을 매우 미세한 어떤 하나의 원초적 물질에까지 소급시킵니다.

생시가 실재한다고 말하는 사람들에게나 그 반대론자들에게나 공히 신은 동일합니다. 그들의 소견이 서로 다릅니다. 그런 논쟁에 말려들 필요가 없습니다. 모두에게 목표는 똑같은 하나입니다. 그것을 유념하십시오! [대담 199]

깊은 잠·생시·꿈의 상태들은 에고 위의 증식물입니다. 진아가 모든 것의 주시자입니다. 진아는 그것들 모두를 초월합니다. 이 **주시자-의식**을 발견해야 합니다. 진아에는 세 가지 상태가 없습니다. 생시도 없고 잠도 없고 깊은 잠도 없습니다. 그것(진아)은 늘 있습니다. [대담 17]

문: 생각들의 근원을 탐구하다 보면 '나'에 대한 어떤 지각이 있습니다. 그러나 그것은 저를 만족시키지 못합니다.

답: 정말 맞습니다. '나'에 대한 그 지각은 하나의 형상, 아마 몸과 연관되겠지요. 순수한 진아와 연관되는 것은 아무것도 있을 수 없습니다. 진아는 연관되어 있지 않은 순수한 **실재**이며, 그것의 빛 안에서 몸·에고 등이 빛납니다. 모든 생각을 가라앉히면 그 순수한 의식이 남습니다. 잠에서 막 깨어나서 세계를 지각하기 전에 그 순수한 '나-나'가 있습니다. 잠들지도 말고 생각들에 점거 당하지도 말고, 그것을 꽉 붙드십시오. '그것'을 꽉 붙들면 설사 세계가 보인다 해도 상관없습니다. '보는 자'는 현상들에 영향 받지 않고 남습니다. [대담 196]

생시-생각과 꿈-생각들 같은 그런 활동들이 없다면 그에 상응하는 세계들도 없을 것입니다. 즉, 그 세계들에 대한 지각이 없습니다. 깊은 잠 속에서는 그런 활동이 없고, 그때는 세계가 우리에게 존재하지 않습니다. [대담 25]

꿈 없는 잠 속에서는 세계도 없고, 에고도 없고, 불행도 없습니다. 그러나 진아는 남습니다. 생시의 상태에서는 이런 것들이 다 있지만 그래도 진아가 있습니다. 항상 존재하는 진아의 지복을 깨달으려면 일시적인 사건들을 없애버리기만 하면 됩니다. 그대의 성품은 지복입니다. 나머지 모든

것이 그 위에 덧씌워지는 그것을 발견하십시오. 그러면 그대는 순수한 진아로 남습니다. [대담 189]

마하르쉬님이 시자에게 작은 공책 한 권을 갖다 달라고 하셨지만 시자는 적당한 것을 찾지 못했다. 이틀쯤 지난 뒤 지방 공공토목청(PWD) 엔지니어인 KK 남비아르 씨가 아쉬람을 찾아와 좋은 공책 한 권을 내놓으면서 말했다. "마하르쉬께서 제 꿈에 나타나 이런 크기의 공책 한 권을 갖다 달라고 하셨습니다. 그래서 가져왔습니다." 마하르쉬님은 미소를 지으며 그것을 받으셨다.25)

문: 꿈의 경험과 생시 상태 사이에 어떤 진정한 차이가 있습니까?

답: 그대는 꿈속의 창조물들을 생시의 상태와 관련하여 일시적이라고 생각하기 때문에 어떤 차이가 있다고 하는 것입니다. 그 차이는 외관상의 것일 뿐 실재하지 않습니다. [대담 399]

문: 왜 우리는 깊은 잠 속에 늘 머물러 있거나 그 속에 마음대로 들어가지 못합니까?

답: 깊은 잠은 생시 상태에도 존재합니다. 우리는 늘 깊은 잠에 들어 있습니다. 의식하는 가운데 그것을 이해하고 깨달아야 합니다. 실제로는 감도 없고 거기서 옴도 없습니다. 세간의 상태에 있으면서 깊은 잠을 자각하는 것이 삼매입니다. 그대를 거기서 나오게 강제하는 것은 **자연**, 즉 발현업(*prarabdha*)입니다. 그대의 에고는 죽지 않았고 거듭거듭 일어날 것입니다. [대담 286]

---

25) 마하르쉬님은 KK 남비아르가 자비로 인쇄한 『라마 기타(*Rama Gita*)』의 말라얄람어 번역을 적는 데 그 공책을 쓰셨다.

문: 생시 상태는 존재하는 대상들과 독립해 있습니까?

답: 만약 그렇다면 그 대상들이 보는 자 없이도 존재해야겠지요. 즉, 그 대상이 그대에게 자신이 존재한다고 말해야 합니다. 그렇게 합니까? 예를 들어, 그대 앞에서 움직이는 소가 그대에게 자신이 움직이고 있다고 말합니까, 아니면 그대가 스스로 "소 한 마리가 움직이고 있다"고 말합니까? 대상들이 존재하는 것은 보는 자가 그것들을 인식하기 때문입니다. [대담 399]

잠의 상태를 기억해 보십시오. 그대는 무슨 일이 일어나는지 알고 있었습니까? 만약 태양이나 세계가 실재한다면 잠 속에서도 그들이 그대와 함께 존재해야 하지 않습니까? 그대는 잠 속에서 그대가 존재했음을 부인하지 못하고, 거기서 그대가 행복했다는 것도 부인하지 못합니다. 하지만 그대는 같은 사람인데 지금은 이야기를 하고 의문을 제기하고 있습니다. 그대는 지금 자신이 행복하지 않다고 말합니다. 그러나 그대는 잠 속에서 행복했습니다. 그 사이 무슨 일이 일어났기에 그 잠의 행복이 와해되었습니까? 그것은 에고입니다. 그것은 생시의 상태에 새로 나타난 것입니다. 잠 속에서는 에고가 없었습니다. 에고의 탄생을 그 사람의 탄생이라고 합니다. 다른 어떤 탄생도 없습니다. 태어나는 것은 뭐든 죽을 수밖에 없습니다. 에고를 죽이십시오! 죽은 것에게는 죽음에 대한 어떤 두려움도 없습니다. 에고가 죽은 뒤에는 진아가 남습니다. 그것이 **지복**이고, 그것이 불멸입니다. [대담 251]

그대가 배우고 싶어 하기 때문에 논의가 불가피합니다. 이 모든 것은 젖혀두십시오. 그대의 잠을 생각해 보십시오. (잠 속에서) 그대는 속박을 자각하거나 (속박에서) 벗어날 수단을 강구합니까? 몸 자체를 자각합니까? 속박의 느낌은 몸과 연관됩니다. 그렇지 않으면 속박도 없고, 속박할 재료도 없고, 속박될 사람도 없습니다. 그러나 생시 상태에서는 그런 것들이 나타납니다. 그것들이 누구에게 나타나는지 숙고해 보십시오. [대담 264]

답: 그대의 잠 속에서 세계가 존재했습니까? 그에 대한 집착이 있었습니까? 없었지요. 그대는 있었습니까, 없었습니까?

문: 있었습니다.

답: 따라서 그대는 잠들어 있던 사람과 같은 사람입니다. 그렇다면 지금 마야에 대한 질문을 하는 그것은 무엇입니까?

문: 마음은 잠 속에서 없었습니다. 그때는 세계가 마음에게만 있습니다.

답: 그렇지요. 순수한 진아는 단순한 존재(being)입니다. 그것은 생시의 상태에서처럼 스스로 대상들과 연관되어 의식하게 되지는 않습니다. 그대가 지금 현재 상태에서 의식이라고 부르는 것은 의존할 뇌·마음·몸 등을 필요로 하는 연관된 의식입니다. 그러나 잠 속에서는 의식이 그런 것들 없이도 존속합니다.

문: 저는 잠 의식은 모릅니다.

답: 누가 그것을 인식하지 못합니까? 그대는 "내가 있다"고 시인합니다. 잠 속에서도 "내가 있었다"고 시인합니다. 그 존재의 상태가 그대의 진아입니다.

문: 그것은 잠이 곧 진아 깨달음이라고 말씀하시는 것 아닙니까?

답: 그것이 진아입니다. 왜 깨달음을 이야기합니까? 진아를 깨닫지 못하고 있는 순간이 있습니까? 왜 그에 대해 잠을 따로 구분합니까? 바로 지금도 그대는 진아를 깨닫고 있습니다.

문: 그러나 저는 그것이 이해가 되지 않습니다.

답: 그대가 자기를 몸과 동일시하고 있기 때문입니다.

문: 그렇다면 마야는 어떻게 없앱니까?

답: 세계에 대한 그 집착은 잠 속에서는 발견되지 않습니다. 그것은 지금 지각되고 느껴집니다. 그것은 그대의 진정한 성품이 아닙니다. 이 부가물이 누구에게 있습니까? 진정한 성품을 알면 그것은 없습니다. 그대가 진아를 깨달으면 소유물들이 지각되지 않습니다. 마야는 다른 어떤 방식으로 없앨 수 있는 별개의 대상이 아닙니다. [대담 280]

문: 우리는 어떻게 잠을 자고 깨어납니까?

답: 밤이 되어 암탉이 울면 병아리들이 어미 날개 밑에 숨는데, 그러면 암탉은 자기가 보호하는 병아리들과 함께 둥지 안에서 잠을 잡니다. 새벽에는 병아리들이 나오고 암탉도 나옵니다. 그와 같이 어미닭은 모든 생각을 거두어 잠을 자는 에고를 상징합니다. 해가 뜨면 그들이 다시 나타납니다. 이처럼 에고가 자신을 드러낼 때는 자신의 모든 구성요소들과 함께 나타나고, 그것이 가라앉을 때는 일체가 그것과 함께 사라집니다.

문: 깊은 잠이란 무엇입니까?

답: 구름 낀 어두운 밤에는 '보는 자'가 눈을 활짝 뜨고 있어도 사물을 하나하나 분간할 수 없고 어둠만 있는 것과 같이, 깊은 잠 속에서는 '보는 자'가 단순한 무지만을 자각합니다. [대담 286]

문: 왜 두 가지 상태에 대한 느낌이나 경험에 차이가 있어야 합니까?

답: 그대는 잠들어 있을 때 그대의 탄생에 대해서나 죽은 뒤 그대가 어디로 가는지에 대해 무슨 질문을 했습니까? 왜 지금 생시 상태에서 그런 것들을 다 생각합니까? 태어나는 것에게 자신의 탄생과 그 치유책, 그 원인과 궁극적 운명에 대해 생각해 보라고 하십시오. 죽음 이후와 관계되는 이런 질문을 왜 합니까? 지금 그 질문들을 하고 그에 답하십시오. "내가

태어났는가? 나는 내 과거업의 열매를 거두고 있는가?" 하는 식으로 말입니다. 그대가 잠이 들면 그런 질문들이 일어나지 않을 것입니다. 왜입니까? 그대가 잠 속의 그 사람과 다릅니까? [대담 238]

그대는 잠 속에서나 꿈 속에서나 생시 상태에서나 똑같습니다. 잠은 자연스러운 행복의 상태이고, 어떤 불행도 없습니다. 결핍, 고통 등의 느낌 등은 생시 상태에서만 일어납니다. 일어난 그 변화가 무엇입니까? 그대는 두 상태에서 동일하지만 행복에서 차이가 있습니다. 왜입니까? 지금은 마음이 일어났기 때문입니다. 이 마음은 '나'라는 생각이 일어난 뒤에 일어납니다. '나'라는 생각은 의식에서 일어나는데, 만일 누가 그 안에 안주하면 그 사람은 늘 행복합니다.

 문: 피곤할 때 잠이 드는 것은 몸입니까?

 답: 그러나 몸이 잠을 자거나 깨어납니까? 그대 자신이 앞에서 마음은 잠 속에서 고요하다고 말했습니다. 세 가지 상태는 마음에게 있습니다. 진아는 늘 오염되지 않고 있습니다. 그것은 이 세 가지 상태 모두를 관통해 흐르는 바탕입니다. 생시 상태가 지나가도 내가 있고, 꿈의 상태가 지나가도 내가 있고, 그것들이 되풀이되어도 여전히 내가 있습니다. 그 상태들은 영화에서 스크린 위를 움직이는 화면과 같습니다. 그 화면들은 스크린에 영향을 주지 않습니다. 여기서도 마찬가지입니다. 이 상태들이 지나가도 나는 영향을 받지 않습니다. 만일 그것이 몸에게 있다면, 그대는 잠 속에서 몸을 자각합니까? 몸이 있다는 것을 모르는데 어떻게 그 몸이 잠 속에 있다고 말할 수 있습니까? 몸의 느낌은 하나의 생각이고 그 생각은 마음이 가진 것인데, 마음은 '나'라는 생각이 일어난 뒤에 일어납니다. '나'라는 생각이 뿌리생각입니다. 그것을 붙들면 다른 생각들은 사라질 것입니다. 그러면 어떤 몸도, 어떤 마음도, 에고조차도 없고, 순수한 상태의 진아만

이 남습니다.

마음이 일어난 뒤에 몸-생각이 일어나고, 몸이 보입니다. 그런 다음 탄생과 탄생 이전의 상태, 죽음과 죽음 이후의 상태에 대한 생각이 있습니다. 이 모든 것은 마음의 생각들일 뿐입니다. [대담 244]

잠을 잤던 그대가 지금은 깨어 있습니다. 그대의 잠 속에서는 불행이 없었지만 지금은 그것이 존재합니다. 지금 무슨 일이 일어났기에 이런 차이를 경험합니까? 그대가 잠들었을 때는 '나'라는 생각이 없었지만 지금은 그것이 존재합니다. 참 '나'는 드러나지 않고 거짓 '나'가 활개 치고 있습니다. 이 거짓 '나'가 그대의 올바른 앎에 장애물입니다. 이 거짓 '나'가 어디서 일어나는지 알아내십시오. 그러면 그것이 사라질 것입니다. 그대는 단지 본래의 그대, 즉 절대적 **존재**가 될 것입니다. '나'라는 생각의 근원을 찾으십시오. 우리가 해야 할 일은 그것이 전부입니다. 우주는 '나'라는 생각 때문에 존재합니다. 그것이 끝이 나면 불행도 끝납니다. 거짓 '나'는 그 근원을 추구할 때만 끝이 날 것입니다. [대담 222]

문: 영혼이 몸 없이 남아 있을 수 있습니까?

답: 짧은 시간 동안은 그럴 것이고, 그래서 깊은 잠을 잘 때가 그렇습니다. 그럴 때 진아는 몸이 없습니다. 그러나 바로 지금도 그렇습니다. [대담 283]

깊은 잠 속에서는 그대가 에고 없이 존재합니다. 그때 그대는 의심에서 벗어나 있습니다. 지금 생시 상태에서만 에고가 일어나고 그대에게 의심이 있습니다. 깊은 잠 속에서는 그대가 행복하고, 생시 상태에서는 불행합니다. 그 깊은 잠의 상태가 무엇인지, 그대는 어디서 왔는지 알아내십시오.

문: 뚜리야(*turiya*)가 무엇입니까?

답: 뚜리야는 마음이 가라앉은 상태에서 진아를 자각하는 것입니다. 마음이 그 근원에 합일되었다는 자각이 있습니다. 감각기관들이 활동하느냐 활동하지 않느냐는 중요하지 않습니다. 무상삼매에서는 감각기관들이 활동하지 않습니다. '안다'는 것은 주체와 대상이 있다는 뜻입니다. '자각한다'는 것은 생각에서 벗어나 있음을 의미합니다.

14. 진리로서의 궁극자

진아는 우리 내면에 숨어 있는 강력한 자석과 같습니다. 그것은 우리를 그 자신에게로 점차 끌어당깁니다. 우리는 우리 스스로 그것에 다가간다고 생각하지만 말입니다. 우리가 충분히 가까이 갔을 때 진아는 우리의 다른 활동들을 종식시키고 우리를 고요하게 만든 다음, 우리 자신의 개인적인 흐름을 집어삼키고, 그렇게 해서 우리의 인격을 죽입니다. 그것은 지성을 압도하고 (우리의) 전 존재에 범람합니다. 우리는 우리가 그것에 대해 명상하고 있고 그것 쪽으로 발전하고 있다고 생각하지만, 진실은 우리는 쇳가루이고 그것은 우리를 그 자신 쪽으로 끌어당기는 **아뜨만**이라는 자석이라는 것입니다. 그래서 진아를 발견하는 과정은 **신적 자기**磁氣 **작용**의 한 형태입니다.

명상은 자주, 규칙적으로 닦아서 그렇게 형성된 상태가 습관화되고 하루 종일 머무를 때까지 할 필요가 있습니다. 그러니 명상을 하십시오.

그대가 지복을 시야에서 놓친 것은 그대의 명상적 태도가 자연스러운 정도까지 되지 못했기 때문이고, 원습이 재발하기 때문입니다. 그대가 습관적으로 내관하게 되면, 영적인 지복을 즐기는 것이 자연스러운 경험의 문제가 됩니다.

"나는 몸이 아니고 **아뜨만이다**"라는 단 한 번의 깨달음으로 목표에 도달하는 것이 아닙니다. 왕을 한 번 보아서 우리가 고관이 됩니까? 부단히 삼매에 들어 자신의 진아를 깨닫고, 낡은 원습과 마음을 완전히 지워버려야만 진아가 됩니다.

진아에 대한 생각을 계속 붙들고 그것을 유심히 지켜보면, 나중에는 집중의 초점으로 삼았던 그 한 생각마저 사라지고 그대는 참된 **자아가 될** 것입니다.

진아에 대한 명상은 우리의 자연적 상태입니다. 우리가 그것을 어렵다고 느끼기 때문에, 그것을 어떤 임의적이고 특별한 상태로 생각하는 것일 뿐입니다. 우리는 모두 부자연스럽습니다. 진아 안에서 휴식하는 마음은 그 자연적 상태에 있지만, 우리의 마음은 그러지 못하고 바깥의 대상들 안에서 휴식하고 있습니다.

외부 세계를 구성하는 이름과 형상(*nama-rupa*)을 몰아낸 뒤에는 **존재-앎-지복**(Existence-Knowledge-Bliss) 위에 거주함으로써, 그 몰아낸 이름과 형상의 마음 속으로 다시 들어가지 않도록 주의하십시오.

문: 진아를 어떻게 발견합니까?
답: 아뜨만에 대한 어떤 진정한 탐구도 있을 수 없습니다. 탐구는 비진아에 대해서 할 수 있을 뿐입니다. 비진아를 제거하는 것만이 가능합니다.

진아는 늘 자명한 것이므로, 스스로 빛날 것입니다. [대담 78]

'앎'은 '존재'를 의미합니다. 그것은 상대적인 앎이 아닙니다. [대담 354]

진보는 성취할 수 있는 것들과 관련하여 이야기될 수 있습니다. 반면에 여기서 말하는 것은 무지의 제거이지, 지知의 획득이 아닙니다. [대담 49]

문: 지知의 길이란 무엇입니까?

답: 요가도 비슷한데, 왜냐하면 둘 다 마음의 집중에 도움이 되기 때문입니다. 요가는 개인과 **보편적 실재**의 결합을 목표로 합니다. 요가 그 자체는 모두의 목표인 진아 깨달음의 한 보조수단입니다. 이 **실재**는 새로울 수 없습니다. 그것은 바로 지금도 존재할 수밖에 없습니다. 따라서 지知에서는 분리가 어떻게 일어났는지 알아내려고 합니다. [대담 17]

문: 무지(avidya)는 어떻게 일어났습니까?

답: 무지는 **마야**와 같이 '없는 것'입니다. 따라서 그 질문은 "무지가 무엇이냐?"입니다. 무지는 모른다는 것입니다. 그것은 주체와 대상을 함축합니다. 주체가 되십시오. 그러면 어떤 대상도 없을 것입니다. [대담 263]

'진아는 완전하지만 무지를 없앨 필요가 있다'고 하는 경전 말씀들은 모순 같아 보여도, 그것은 분명한 진리를 아직 이해하지 못하는 진지한 구도자들을 인도하기 위한 것입니다. 크리슈나는 사람들이 자신을 몸과 혼동하고 있지만, 자신은 태어나지 않았고 죽지도 않을 거라고 분명하게 말했습니다. 진아는 단순한 존재(being)입니다. 존재하십시오! 그러면 무지가 종식될 것입니다. [대담 46]

'나'는 늘 있습니다. 그것을 알 수는 없습니다. 그것은 새로 얻는 지知가 아닙니다. 그 앎을 가로막는 무지라는 방해물이 있습니다. 그것을 제거하십시오. 그러나 무지나 지知는 진아에게 있지 않습니다. 그것들은 치워 버려야 할 증식물입니다. [대담 49]

문: 저는 왜 진아를 깨닫지 못합니까?

답: 사실은 그동안 내내 그대는 '진아(자기)'를 알고 있습니다. 어떻게 자기가 자기를 모를 수 있습니까? 단지 그대, 곧 진아가 자신을 제3의 것이라고 생각하는 습관이 들었을 뿐입니다. 그대가 해야 할 일은 진아에 대한 그릇된 관념을 없애는 것입니다. 항상 존재하고 피해갈 수 없는 '나'의 경우, 어떻게 그대가 모를 수 있습니까? '나'에 대한 그대의 거짓된 관념들과 부단히 싸워서 그것들을 하나하나 제거해야 합니다. 그렇게 하십시오. 그러면 진아 깨달음에 이릅니다. 누가 무엇을 모릅니까? 그 질문을 하고, 무지하다고 하는 그것이 누구인가에 대한 탐구를 해나가십시오. 일단 그 질문을 하고 '나'를 탐색해 들어가다 보면 그 '나'가 사라집니다. 그럴 때 남아 있는 것이 참된 **진아지**(Self-knowledge)입니다.26)

또 무지가 무엇입니까? 자기(진아)에 대한 무지입니다! 그러나 누가 자기에 대해 무지합니까? 자기가 자기에 대해 무지할 수밖에 없습니다. (그러나) 두 개의 자아가 있습니까? [대담 263]

만일 그대가 한 가지 철학 체계를 받아들이면 다른 철학 체계들을 비난할 수밖에 없게 됩니다. [대담 40]

---

26) (역주) R. Swarnagiri, *Crumbs from His Table*(Ninth edition), pp.26-27.

아이와 진인은 비슷합니다. 아이는 사건들이 지속되는 동안만 거기에 관심을 갖습니다. 사건이 지나가고 나면 그에 대해 더 이상 생각하지 않습니다. 그렇다면 그 사건들이 아이에게 어떤 자국이나 인상도 남기지 않고, 아이는 그런 사건에 의해 정신적으로 영향을 받지 않음이 분명합니다. 진인의 경우도 마찬가지입니다. [대담 9]

문: 이해는 됩니다만 제가 그것을 깨닫지는 못합니다.

답: 그대는 다수성(multiplicity)과 관계하고 있기 때문에, 통찰의 번뜩임 등을 갖는다고 말합니다. 그대는 그런 다양성이 실재한다고 여깁니다. 그러나 단일성(unity)만이 실재합니다. 이 다양성이 사라져야 단일성이 그 자신을, 곧 그것의 실재성을 드러냅니다. 그것은 늘 실재합니다. 그것은 거짓된 다양성 속에서 자기 존재의 섬광들을 발하지 않습니다. 오히려 이 다양성은 진리를 가로막습니다. 깨달음은 늘 존재하며, 한때는 없다가 다른 때에 있는 것이 아닙니다.

예를 들어, 해는 어둠을 보지 않습니다. 그러나 다른 사람들은 해가 다가오면 어둠이 달아난다고 이야기합니다. 마찬가지로, 무지는 하나의 허깨비입니다. 그것의 실재하지 않는 성품을 발견하면 그것이 제거되었다고 합니다. 또 해가 있으면 그대가 햇빛에 둘러싸입니다. 그러나 그것을 알려면 눈을 해 쪽으로 돌려서 해를 바라보아야 합니다. 마찬가지로 진아도 지금 여기 있기는 하지만, 수행에 의해서만 발견됩니다.

문: "나는 신이다" 하는 생각은 도움이 됩니까?

답: "내가 있다(I AM)"가 신입니다―(그렇게) 생각하는 것이 아니라. "내가 있다"를 깨달을 일이지 "내가 있다"고 생각하지 마십시오. 알 일이지, 생각하지 마십시오. "나는 내가 있다는 것이다(I am that I am)"27)라는 말은 (사람이) '나'로서 안주해야 한다는 뜻입니다. 그는 늘 '나'일 뿐입니다. 달리

아무것도 아닙니다. [대담 354]

문: 그릇된 동일시의 실수가 어떻게 해서 일어납니까?

답: 그것이 과연 일어났는지 살펴보십시오! 에고-자아는 존재하지 않습니다. [대담 363]

문: 그 진아의 상태에 들어가려면 어떻게 해야 합니까?

답: 그 상태에서는 어떤 노력도 필요하지 않습니다. 필요한 것은 모든 거짓 관념을 포기하는 것입니다. 그런 관념이 나올 때마다 그것이 누구에게 일어나는지를 밝혀내십시오. 새로운 생각이 하나 나오면 분석으로 그것을 밝혀내십시오. 시간이 지나면 모든 생각이 소멸됩니다.

문: 그 관념이 어떤 대상에 대한 욕망이라고 가정해 보십시오.

답: 대상들은 많지만 주체는 하나입니다. 같은 방식으로 수행하십시오. 즉, 그 욕망이 누구에게 오는지를 밝혀내십시오.

집중과 여타 모든 행법들은 무지의 없음, 즉 부존재를 인식하기 위한 것입니다. 누구도 자신의 존재를 부인할 수 없습니다. 존재가 지知, 곧 자각입니다. 그것은 무지가 없다는 것을 뜻합니다. 그런데도 왜 그들이 고통 받습니까? 인간이 자신을 이것이나 저것이라고 생각하기 때문입니다. 그것이 잘못입니다. "내가 있다"만 있지, "나는 이러이러하다"는 없습니다. 존재가 절대적일 때는 옳지만 그것이 특수화되면 그릇된 것입니다. 그것이 진리의 전부입니다. 인간이 자기가 존재한다는 것을 알기 위해 거울을 들여다봅니까? (자기 존재에 대한) 자각이 있기 때문에 자신의 존재를 시인하게

---

27) (역주) 성경 「출애굽기」, 3:14.

됩니다. 그러나 인간은 그것(자신의 존재)을 몸 따위와 혼동합니다. 잠 속에서도 그는 여전히 존재하고, 심지어 몸 없이도 존재합니다. 그 자각을 붙드십시오. 그대는 자신의 눈을 보지 못하지만, 그렇다고 눈의 존재를 부인합니까?

마찬가지로, 비록 진아가 대상화되지는 않는다 해도 그대는 진아를 알고 있습니다. 누가 있어 진아를 압니까? 몸이 그것을 알 수 있습니까? 그대가 해야 할 일은 존재하는 것이지, 이것이나 저것이 되는 것이 아닙니다. 그 방법은 "**고요히 있으라**(Be Still)"로 요약됩니다. 그것은 그대 자신을 소멸하라는 뜻입니다. 왜냐하면 어떤 형상이 문제의 원인이기 때문입니다. '나'가 '나'로서만 유지되고 "나는 이것이다"나 "나는 저것이다"가 아닐 때, 그것이 **진아**입니다. 그것이 옆길로 벗어날 때, 그것이 에고입니다. 진정한 자아는 그런 질문을 하지 않을 것이고 할 수도 없습니다. 이런 모든 논의는 근기, 곧 성숙도의 문제입니다. [대담 363]

문: 무지는 어디서 나왔습니까?

답: 무지 같은 것은 없습니다. 그것은 결코 일어나지 않습니다. 모두가 '지知의 성품인人(jnana svarupi)'입니다. 다만 지知는 쉽게 오지 않습니다. 무지를 몰아내는 것이 지知인데, 이 지知는 늘 존재합니다. 예를 들어, 잃어버렸다고 생각했지만 목에 걸려 있는 목걸이나, 자기는 세지 않고 다른 사람들만 센 열 명의 바보처럼 말입니다. 지知나 무지가 누구에게 있습니까? [대담 199]

그대의 성품은 지복(ananda)입니다. 무지가 지금 그 지복을 숨기고 있습니다. 무지를 제거하여 지복이 (거기서) 벗어나게 하십시오. [대담 197]

문: 평안을 어떻게 얻습니까?

답: 평안은 자연적 상태입니다. 마음이 그 타고난 평안을 방해합니다. 우리의 탐구(*vichara*)는 마음 속에 있을 뿐입니다. 마음을 탐구하십시오. 그러면 그것은 사라질 것입니다. 그것이 제거되고 그대가 남습니다. 그래서 그 문제는 소견의 문제입니다. 그대는 일체를 지각합니다. 그대 자신을 보십시오. 그러면 일체를 알게 됩니다. 그러나 그대는 지금 그대 자신을 놓쳐버리고 나서 다른 것들을 의심하고 있습니다. [대담 238]

문: '나'가 지금 여기 늘 있다면, 왜 제가 그렇게 느끼지 못합니까?

답: 바로 그거지요. 그것이 느껴지지 않는다고 누가 말합니까? 진정한 '나'가 그렇게 말합니까, 거짓된 '나'가 그렇게 말합니까? 조사해 보십시오. 그것이 그릇된 '나'라는 것을 알 것입니다. 그 그릇된 '나'가 장애입니다. 참 '나'가 숨겨져 있지 않게 하려면 그것을 제거해야 합니다. "나는 깨닫지 못했다"는 느낌이 깨달음에 장애입니다. 사실 그것은 이미 깨달아져 있고, 깨달을 수 있는 것은 아무것도 없습니다. 만일 깨달을 수 있다면, 그 깨달음은 새로운 것이 되겠지요. 즉, 그것이 이제까지 존재하지 않았고, 앞으로 일어나야 합니다. 태어난 것은 또한 죽을 것입니다. 만일 깨달음이 영원하지 않다면 그것은 가질 만한 가치가 없습니다.

따라서 우리가 추구하는 것은 새로 일어나야 하는 일이 아닙니다. 그것은 영원한 것이지만 장애로 인해 우리가 모르는 것일 뿐인데, 그것이 우리가 추구하는 것입니다. 우리가 해야 할 일은 그 장애를 제거하는 것이 전부입니다. 영원한 것을 영원하다고 알지 못하는 것은 무지 때문입니다. 무지가 그 장애입니다. 그 무지를 극복하십시오. 그러면 모든 일이 잘 될 것입니다.

이 무지는 '나'라는 생각과 동일합니다. 그것의 근원을 발견하십시오. 그러면 그것은 사라질 것입니다. '나'라는 생각은 유령과 같아서, 만져볼 수는 없지만 몸과 동시에 일어나고, 몸 위에서 번성하다가 몸과 함께 사라집니다. 몸-의식이 그릇된 '나'입니다. 이 몸-의식을 포기하십시오. '나'의 근원을 추구하면 그렇게 됩니다. 몸은 "내가 있다"고 말하지 않습니다. "나는 몸이다"라고 말하는 것은 그대입니다. 이 '나'가 누구인지를 알아내십시오. 그 근원을 찾아보면 그것은 사라질 것입니다. [대담 197]

대상과의 동일시에서 (벗어난) 순수한 형태의 에고는 두 가지 상태 혹은 두 가지 생각 사이의 틈새에서 경험됩니다. 에고는 다른 것을 붙든 뒤에야 먼저 붙들었던 것을 놓는 모충과 같습니다. 의식의 세 가지 상태에 대한 공부에서 얻은 확신을 가지고 이 틈새를 깨달으십시오. 이 공부는 이러한 소견을 얻는 데 도움이 됩니다. [대담 286]

문: 어떤 목표를 제 눈앞에 두고 있어야 합니까?

답: 무슨 목표가 있습니까? 그대가 목표라고 생각하는 것은 에고 자체가 존재하기도 전에 존재합니다. 우리가 자신을 에고, 몸 또는 마음이라고 여기면 우리는 그것입니다. 그러나 우리 자신을 그런 것으로 여기지 않으면 우리는 우리의 진정한 성품입니다. 그런 문제들을 야기하는 것은 생각입니다. 에고 같은 것이 있다는 생각 자체가 잘못입니다. 에고는 '나'라는 생각이지만, 우리 자신은 진정한 '나'이기 때문입니다. 생각이 없는 상태 그 자체가 깨달음입니다.

"나는 이것이나 저것이다"라는 베다의 선언은 하나의 보조방편일 뿐입니다. 만일 도달해야 할 목표가 있다면 그것은 영구적일 수 없습니다. 목표인 것은 이미 있습니다. 우리가 어떤 에고를 가지고 그 목표에 도달하려고 하든, 그 목표는 에고 이전에 존재하고 있습니다. 그 목표 안에 있는 것은 우리의 탄생 이전, 즉 에고의 탄생 이전에도 있습니다. 우리가 존재하기 때문에 에고도 존재하는 것처럼 보입니다. 우리가 자기를 에고로 보면 우리는 에고이고, 마음으로 보면 우리는 마음이며, 몸으로 보면 우리는 몸입니다. 생각이 수많은 방식으로 겉모습을 만들어냅니다.28)

물 위의 그림자를 보면 그것이 흔들리고 있습니다. 누가 그 그림자의 흔들림을 멎게 할 수 있습니까? 만약 그것이 흔들리기를 그치면 (물에 비친 빛만 보이고) 물을 보지 않게 되겠지요. 그대의 진아(빛)를 보고, 에고(반사면)에는 주목하지 마십시오. 에고는 '나'라는 생각입니다. 참 '나'는 진아입니다. [대담 146]

문: 어떻게 하면 우리가 더 높은 자아와 접촉할 수 있습니까?

답: 그것이 멀리 있는 어떤 것이어서 그것과 접촉해야 합니까? 더 높은 자아는 그대로서 존재하지만, 단지 우리의 생각 때문에 우리가 그렇지 않다고 느끼는 것입니다. 그대는 그것에 대해 생각할 수도 없고 그것을 잊어버릴 수도 없습니다. 더 높은 자아는 그대가 그에 이르는 길을 따르든 않든 늘 그렇게 있습니다. 신적인 존재(삶)는 바로 우리의 성품입니다.

문: 우리는 이런 그릇된 생각들을 어떻게 없앨 수 있습니까?

답: 그대는 수많은 생각들로 그대 자신에게 불필요한 짐을 지워 왔습니다. 그것이 문제입니다. 그냥 그대가 실제로 있는 그대로 존재하십시오. 그러면 그런 생각들은 저절로 사라질 것입니다. 그런 생각과 감정들이 누구에게 일어납니까? 그대는 밖에서 오는 생각들을 구성하는 습이 있는데, 그 습을 바꾸기가 어렵습니다.

문: "나는 신이다"라고 계속 생각해도 됩니까? 그것은 바른 수행입니까?

---

28) 세계를 창조하는 것은 생각이다.

답: 왜 그런 생각을 합니까? 사실 그대가 신입니다. 그러나 누가 "나는 인간이다", "나는 남자다"라고 계속 말합니까? 어떤 상반되는 생각, 예컨대 자기가 짐승이라는 생각을 내려놓아야 한다면, 물론 "나는 인간이다"라고 말할 수도 있겠지요. 자신이 이것이나 저것이라는, 그대의 잘못된 상상에서 나온 그릇된 관념을 분쇄하기 위해서라면, 그 한도에서는 그대가 그런 것들이 아니고 신이나 진아라는 관념을 수행으로 삼아 해볼 수 있겠지요. 그러나 수행이 끝나면 그 결과는 전혀 ("나는 신이다"와 같은) 어떤 생각이 아니고 진아 깨달음일 뿐입니다. 개념적인 생각을 넘어서 있는 그 단계에서는 생각을 할 필요가 없고, 의미도 없습니다.[29]

문: 진아 자체가 의식하고 있다면, 왜 제가 바로 지금 자각하지 못합니까?

답: 그대의 현재의 앎은 에고에 기인하며 상대적일 뿐입니다. 상대적인 앎은 하나의 주체와 대상을 필요로 하지만, 진아의 자각은 절대적이고 어떤 대상도 필요로 하지 않습니다. 기억도 마찬가지로 상대적입니다. 그것은 기억되는 하나의 대상과 기억하는 하나의 주체를 필요로 합니다. 그 두 가지가 없을 때는 누가 누구를 기억합니까? [대담 285]

지知와 무지를 넘어서 있는 것이 **아뜨만**입니다.

문: 어느 지점까지 탐구 자체를 해나가야 합니까?

답: 그대의 마지막 그릇된 관념이 분쇄될 때까지, 진아를 깨달을 때까지는 탐구에 의한 이 그릇된 관념들의 분쇄를 계속해야 합니다.[30]

---

29) (역주) R. Swarnagiri, *Crumbs from His Table*(Ninth edition), pp.28-29.
30) (역주) 위의 책, p.28.

문: 마음은 심장 속으로 어떻게 뛰어들어야 합니까?

답: 마음은 지금 그 자신이 우주로 다양화된 것을 봅니다. 만일 그 다양성이 나타나지 않으면 그것은 그 자신의 본질 속에 머물러 있습니다. 그것이 **심장**입니다. **심장**이 유일한 진리입니다. 마음은 하나의 일시적 국면일 뿐입니다. 인간은 자신을 몸과 동일시하기 때문에 세계를 자신과 별개로 봅니다. 이 그릇된 동일시가 일어나는 것은 그가 정박지를 잃고 자신의 본래적 상태에서 벗어났기 때문입니다. 그에게 이제 그런 모든 그릇된 관념을 포기하고 자신의 근원을 추적하여 진아로 머무르라고 조언해 줍니다. 그 상태에서는 어떤 차별상도 없고, 어떤 질문도 일어나지 않을 것입니다. 모든 경전은 인간이 자신의 발걸음을 되짚어 원래의 근원으로 돌아가도록 하기 위해 있는 것일 뿐입니다. 무엇을 얻을 필요가 없습니다. 그 그릇된 관념들과 쓸데없이 증식물들을 포기하기만 하면 됩니다. 그런데 그렇게 하지 않고 뭔가 이상하고 신비한 것을 붙들려고 합니다. 자신의 행복이 다른 어딘가에 있다고 믿기 때문입니다. 그것이 실수입니다. 사람이 진아로 머무르면 지복이 있습니다. 아마 그는 고요히 있는 것으로는 지복의 상태가 생겨나지 않는다고 생각하겠지요. 그것은 그의 무지 때문입니다. (그가 해야 할) 유일한 수행은 "이런 질문들이 누구에게 일어나는가?"를 알아내는 것입니다. [대담 252]

문: 어떤 것이 우리의 수행이 되어야 합니까?

답: 싯다(siddha)의 본연상태(sahaja)지요! 본연상태는 본래의 상태이고, 그래서 그 수행은 이 항존하는 진리의 깨달음을 위해 장애물을 제거하는 거라고 할 수 있습니다. [대담 398]

15. 실천철학

문: 어떤 것이 이기심입니까?

답: 세계는 바깥에 있지 않습니다. 그대가 자신을 몸과 그릇되게 동일시하기 때문에 세계를 보게 되고, 세상의 고통이 그대에게 나타납니다. 그러나 그것은 실재하지 않습니다. 실재를 추구하고 이 실재하지 않는 느낌을 제거하십시오. [대담 272]

읍내의 어떤 사람이 스리 바가반을 비방했기 때문에 한 제자가 흥분한 적이 있었다. 마하르쉬님이 말씀하셨다. "저는 그가 그렇게 하는 것을 허용합니다. 더 많이 그러라고 하지요. 다른 사람들도 따라하라 하십시오. 다만 저를 혼자 내버려 두라고 하십시오. 만일 누가 이런 온갖 추잡스런 말을 믿는다면, 저는 그것이 저에 대한 큰 봉사라고 여기겠습니다. 그가 사람들로 하여금 제가 가짜 스와미라고 생각하게 만들면 그들이 더 이상 저를 찾아오지 않을 것이고, 그러면 저는 조용한 삶을 살 수 있을 테니 말입니다. 저는 혼자 남겨지는 것을 원하고, 그래서 그 비방 책자를 환영합니다. 인내, 더 많은 인내—관용, 더 많은 관용이지요." [대담 235, 250]

그대가 근원에 도달할 때만 만족이 있을 수 있습니다. 그렇지 않으면 들뜸이 있습니다. [대담 199]

책을 읽을 때 그대의 눈은 글을 따라가고, 그대의 심장은 **일자**一者(One) 안에 있어야 합니다.

문: 제 친구는 자신의 이익을 희생하면서까지 사회봉사에 대한 열의가 있습니다.

답: 그의 사심 없는 일은 (그에게) 도움이 됩니다. 그 효용을 부정할 수 없습니다. 그가 어떻게 거기서 일을 하며 머무르는지, 그대가 어떻게 (여기서 오고간) 대화의 발췌록을 그에게 보내주었는지 생각해 보십시오. 그 두 가지 사이에는 연결고리가 있습니다. 그 일이 그 사람의 마음을 더 정화해 주었고, 그는 상당히 쉽게 진인들의 지혜에 대한 통찰을 얻었습니다. 사회사업은 영적인 향상 과정에 일익을 담당합니다. 그 일은 사회적이지, 이기적이지 않습니다. (일을 하면서도) 내내 신을 놓치지 않습니다. 공익은 우리 자신의 이익과 동일합니다. 몸과 마음의 그런 활동은 마음을 정화합니다. 그래서 좋은 사회사업은 마음을 더 순수하게 하는 하나의 길입니다.

문: 그러나 사회사업을 하다 보면 명상할 겨를이 없습니다!

답: 물론 우리의 노력이 사회봉사로 끝날 수는 없습니다. 시선은 늘 최상의 진리에 가 있어야 합니다. 때가 되면 모든 일이 잘 될 것입니다.

나는 아리야 사마즈(Arya Samaj-종교운동 단체)의 유명한 연설가이자 정력적인 토론가이고 투사이며, 불관용과 논쟁적 성미로 이름난 한 방문객이 회당에 들어와 마하르쉬께 질문을 시작하는 것을 지켜보았다. 그는 답변을 채 듣지도 않고 자신이 답을 내놓기 시작했다! 큰 소리로 아예 법을 제정했다.

예컨대 이렇게 말했다. "저는 진리에 이르는 길을 알고 싶습니다."

조금 후 그가 확고하게 말했다. "인류에 대한 봉사가 진리를 발견하는 최선의 길입니다."

마하르쉬님이 답변했다. "그건 그대의 말이지요!"

그 사람은 그 자리에 있던 다른 두 사람과 혐오스러운 태도로 다투기 시작했다. 마하르쉬님은 침묵을 지키며 그 사람이 떠날 때까지 단 한 마디도 하지 않으셨다. 그 뒤에 마하르쉬님이 우리에게 말씀하셨다. "그런 사람들에게 답변할 때는 침묵이 최고의 무기입니다."

그 열매(선행에 따른 보상)를 기대함이 없이 그대의 일을 하십시오. 그대가 해야 할 일은 그것이 전부입니다. [대담 258]

나는 마하르쉬께 왜 당신의 책들은 시와 노래로 되어 있느냐고 여쭈었다. 당신은, 사람들이 익히고 외기에 그런 형식이 더 쉽다고 말씀하셨다.

서양에서는 물질적 삶에 염증을 느낀 사람들만이 이 길로 방향을 돌릴 것입니다.

즐거움과 고통은 에고의 속성입니다. 자기탐구에 의해 그대가 그 껍질(몸)이 아니라는 것을 깨달으면, 그대에게 쾌락이나 고통이 어디 있습니까? 그대의 진정한 성품은 쾌락과 고통 같은 그런 모든 느낌들을 초월합니다. 그래서 자기탐구에서 그대가 얻는 이익은, 삶의 모든 불행과 슬픔에서 벗어나는 것과 같은 구체적인 형태를 띱니다. 더 이상 무엇을 바랄 수 있습니까?

아뜨만 안에 늘 자리잡고 있는 사람은 군중 가운데 있어도 계속 동요가 없을 것입니다. 그는 홀로 있을 필요가 없고 그런 욕망도 없습니다.

사람들이 말하는 사탄이니 악마니 검은 세력이니 하는 것들은 그냥 참된 **자아**에 대한 무지입니다.

모든 목표, 열망, 인류에 봉사하겠다는 욕망, 세상을 개혁하겠다는 계획 —그 모두를 이 우주를 유지하는 **우주적 힘**[신]에게 던져 버리십시오. 그는 바보가 아닙니다. 필요한 일들은 그가 하겠지요. 그대는 (일을 할 때) "내가 이 일을 하고 있다"는 느낌을 상실합니까? 그 에고성을 없애버리십시오. 자신이 어떤 개혁을 실행할 사람이라고 생각하지 마십시오. 그런 목표들은 잠재되어 있게 하십시오. 그런 것은 신이 돌보게 하십시오. 그러면 신이 (그대의) 에고성을 제거하고, 그것을 실행할 도구로 그대를 쓸지 모릅니다. 그러나 차이가 있다면, 그대가 그 일을 한다는 것을 의식하지 못할 거라는 것입니다. **무한자**가 그대를 통해서 일을 할 것이고, 일을 망치는 자기숭배(자만심)가 없을 것입니다. 그렇지 않으면 명예나 명성에 대한 욕망이 있게 되고, 그대는 인류에 봉사하기보다 개인적 자아에 봉사하게 됩니다.

거의 모든 인간은 다소간 불행한데, 왜냐하면 거의 모두가 참된 **자아**를 모르기 때문입니다. 진정한 행복은 **진아**지 안에만 머무릅니다. 그 밖의 모든 것은 찰나적입니다. 자신의 **진아**를 아는 것이, 늘 지복스럽게 있는 것입니다.

문: 세계는 지금 진보하고 있습니까?

답: 세계를 다스리는 분이 있는데, 세계를 돌보는 것은 그의 소관 사항입니다. 세계에 생명을 부여한 자는 그것을 돌볼 줄도 압니다.

우리가 진보하면 세계도 진보합니다. 그대가 있는 대로 세계도 있습니다. 진아를 이해하지 못하면서 세계를 이해하는 것이 무슨 소용 있습니까? 진아지가 없으면 세계에 대한 지식이 아무 소용없습니다. 그대의 위없는 진아의 눈을 통해 세계를 보십시오.

문: 서양인들은 내면으로 물러나기가 더 어렵습니까?

답: 예, 그들은 라자스적(*rajasic*-활동적)이어서 에너지가 밖으로 나갑니다. 우리는 진아를 잊어버림이 없이 안으로 고요해야 합니다. 그럴 때는 외부적으로 우리의 행위를 계속해 나갈 수 있습니다. 무대 위에서 여자 역을 연기하는 사람이 자신이 남자라는 것을 잊어버립니까? 마찬가지로, 우리도 삶이라는 무대 위에서 우리가 맡은 역을 연기해야 하지만, 우리 자신을 그런 배역과 동일시해서는 안 됩니다.

그대는 공직 일을 계속해 나가도 되고, 전과 같이 세간에서 결혼생활을 계속하며 살아도 됩니다. 모든 단계를 초월하는 단계(출가수행기)를 취해도 되지만 일자─者를 잊지는 마십시오. 무슨 일을 하고 있든, 그대의 마음을 항상 거기에 두십시오.

문: 최선의 생활방식은 어떤 것입니까?

답: 그것은 우리가 진인이냐 아니냐에 따라 다릅니다. 진인은 그 어떤 것도 진아와 다르거나 별개라고 보지 않습니다. 모든 것이 진아 안에 있습니다. 우주와 그 너머에 있는 것도 진아 안에 있다는 것을 알게 됩니다.

[대담 106]

문: 남들의 영적인 나태함을 어떻게 없애줍니까?

답: 그대 자신의 나태함은 없앴습니까? 그대의 탐구를 진아탐색(Self-search) 쪽으로 돌리십시오. 그대의 안에서 정립된 힘이 남들에게도 작용할

것입니다. [대담 109]

　문: 폴 브런튼의 '신념 행위(inspired action)'라는 관념은 어떻습니까?
　답: 행위들이 진행되게 내버려 두십시오. 행위들은 순수한 **진아**에 영향을 주지 못합니다. [대담 111]

　어려운 점은 그 사람이 자신을 행위자로 생각한다는 것입니다. 그것은 착각입니다. 일체를 하는 것은 더 높은 힘이고, 그 사람은 하나의 도구일 뿐입니다. 만일 그가 그 입장을 받아들이면 문제들에서 벗어나지만, 그렇지 않으면 문제를 자초합니다. 사원의 탑에 조각된 상像은 (마치 자신이 탑을 지탱하고 있는 듯이) 크게 힘을 쓰는 모습을 보여주지만, 그 탑은 땅 위에 서 있고 실제로는 탑이 그 상을 지탱합니다. 자신이 행위한다는 느낌을 갖는 사람도 그와 같습니다. [대담 63]

　문: 구도자는 일을 어떻게 해야 합니까?
　답: 자기를 행위자와 동일시하지 않고 해야 합니다. 예컨대 그대가 파리에 있을 때는 이곳을 방문할 생각이 없었습니다. 그러겠다는 그대 자신의 의도 없이 그대가 어떻게 행위하고 있는지 보십시오. 『바가바드 기타』제3장 4절에서는, "사람은 행위하지 않고 있을 수 없다"고 말합니다. 그대가 태어난 목적은 저절로 완수될 것입니다. [대담 189]

　점차 집중이 즐겁고 쉬워질 것이고, 그대가 업무를 보든 아니면 특별히 앉아서 명상을 하든 관계없이 그 상태에 있게 될 것입니다. 집중에 의해 그대의 마음이 안정되고 강해지면 업무가 한층 수월해질 것입니다.

문: 저는 제 요가 수행이 지장을 받을까봐 업무에 관심이 없습니다.

답: 아니지요, 『기타』제2장에서 말하듯이 그대의 관점이 바뀔 것입니다. 업무를 단지 하나의 꿈이라는 견지에서 보게 되겠지만 그렇다고 업무에 영향을 주지는 않을 것입니다. 마치 그것이 중요한 듯이 그 일을 해나갈 테니 말입니다.

문: 무념의 상태에 있으면서 임무에 주의를 기울이는 것이 어렵습니다.

답: 무념의 상태가 제 스스로 있게 하십시오. 그것이 그대 자신에게 속하는 것이라고 생각하지 마십시오. 그대가 길을 걸을 때 무심결에 발걸음을 떼어놓듯이, 다른 행위를 할 때도 그렇게 하십시오. [대담 146]

그대는 지금 다른 데로 가기를 원하는데, 거기서는 또 다른 어떤 곳으로 가고 싶어 할 것입니다. 그래서는 그대의 여행에 끝이 있을 수 없습니다. 그대는 자신의 마음이 그런 식으로 그대를 몰고 다닌다는 것을 깨닫지 못하고 있습니다. 먼저 그것을 제어하십시오. 그러면 어디에 있어도 행복할 것입니다. 제 기억으로는 스와미 비베카난다가 어디선가 이런 이야기를 들려주었습니다. 어떤 사람이 자기 그림자를 땅에 묻어버리려고 애썼는데, 그림자를 묻기 위해 판 구덩이에 흙을 덮을 때마다 그림자가 여전히 새 흙 위에 나타나는 바람에 결코 그림자를 묻지 못했다고 하지요! 자신의 생각들을 묻으려고 하는 사람도 마찬가지입니다. 따라서 우리는 생각들이 솟아나는 바로 그 밑바닥으로 내려가서 생각과 마음과 욕망을 뿌리 뽑으려고 해야 합니다.

문: 불행한 세상에서 진아를 탐구한다는 것은 이기적입니다. 사심 없는 일이 더 낫습니다.

답: 바다는 자신의 파도를 의식하지 않습니다. 마찬가지로, 진아는 그의 에고를 의식하지 않습니다. [대담 47]

마하르쉬님이 산을 내려오실 때 청소부 몇 명이 마당을 쓸고 있었다. 그들 중 한 명이 일을 멈추고 당신 앞에서 오체투지를 하려고 했다. 당신이 말씀 하셨다. "그대의 임무에 충실한 것이 진정한 절(namaskar)입니다. 자신의 임 무를 주의 깊게 수행하는 것이 신에 대한 최대의 봉사입니다." [대담 227]

세계가 시작된 이후로 악과 슬픔이 존재해 왔습니다. 그대는 왜 리쉬들 이 문제를 바로잡지 않느냐고 묻습니다. 베다에서는 초창기부터 존재한 아 수라들(asuras)[악마들]에 대해 이야기합니다. 세계에는 갈등과 고통을 산출 하는 어떤 대립의 힘이 있지만, 그것은 인간을 성장시키고 진화시키기 위 해 작용합니다. 그것은 선善과 공존하는 자연 속의 한 힘입니다.

문: 영적인 삶과 세간적 삶을 어떻게 서로 관련시킬 수 있습니까?
답: 단 하나의 경험('내가 있다'는 것)이 있을 뿐입니다. 거짓 '나' 위에 건립 되는 것들 말고 세간적 경험이란 것이 무엇입니까? [대담 43]

『바가바드 기타』는 행위 요가를 설하고 있다고 말한 사람에게, 마하르쉬님 은 "아닙니다"라고 답변하셨다. 왜냐하면 『기타』는 우리가 사심 없는 동기로 행위해야 한다고 가르치는데, 그것은 자아가 환幻임을 안 뒤에, 즉 진지眞知 (jnana)를 얻은 뒤에만 성취할 수 있기 때문이라는 것이었다. 그래서 그것은 실은 지知 요가(jnana yoga)를 가르친 것이고, 그것이 최고의 요가라고 하셨 다. 그리고 『기타』의 가르침은, '사람은 **보편자**가 자신을 통해 행위하게 하 는 것으로써 행위해야 한다'는 것이라고 말씀하셨다.

문: 왜 세계는 무지 속에 있습니까?

답: 세계는 스스로 알아서 하라고 하십시오. 그대가 몸이면 거친 세계 (현상계)가 있고, 그대가 영靈이면 모든 것이 영靈일 뿐입니다. 에고를 찾아 보십시오. 그러면 그것이 사라집니다. 탐구해 보면 무지란 존재하지 않는다는 것을 발견할 것입니다. 불행·어둠 등을 느끼는 것은 마음입니다. 진아를 보십시오. [대담 363]

문: 세상의 모든 괴로움과 악의 목적은 무엇입니까?

답: 그대의 질문 자체가 괴로움의 산물입니다. 슬픔은 인간으로 하여금 신을 생각하게 만듭니다. 만일 괴로움이 없었다면 그대가 그런 질문을 했겠습니까? 진인들을 제외하고, 왕에서부터 농부에 이르기까지 모든 사람은 어느 정도 슬픔을 가지고 있습니다. 슬픔이 없는 것처럼 보이는 경우에도 시간적 요인 때문에 그렇게 생각될 뿐이고, 조만간 그것이 찾아옵니다. 또 어떤 사람이 처음 얻어맞고는 슬픔이나 신에 대해 질문하지 않을지 모르지만, 다섯 번쯤 얻어맞으면 그럴 가능성이 있습니다. 우리가 이 탈것[몸]을 받은 것은 우리의 진정한 상태를 알기 위해서입니다.

문: 그러나 왜 완전에서 불완전이 나와야 합니까?

답: 우주의 현현이 없었다면 우리는 진정한 상태에 대해 생각해 보지 않았겠지요. 이 현현의 목적은 그것이 왜 이루어지고 있는지 그대가 그 원인을 알도록 하기 위한 것입니다. 그대의 진정한 상태를 알면 어떤 마야도 없습니다. 만일 그대 자신을 모른다면 그것은 그대의 잘못입니다.

문: 서양과 동양의 차이점은 무엇입니까?

답: 모두 같은 목표(진아 깨달음)에 이르렀습니다. [대담 128]

문: 저는 의사입니다. 어떻게 (사람들을) 치유해야 합니까?

답: 영원한 치유는 진지(jnana)이며, 환자가 스스로 깨달아야 합니다. 그 사람의 성숙도에 따라서 그것을 깨닫겠지요. 그렇지 않으면 한 가지 병이 가면 다른 병이 들어옵니다.

당신을 찾아와서 세상의 물질주의를 쓸어버릴 수 있는 힘을 달라고 한 한 젊은이에게: "자기 앞가림도 못하는 사람들이, 인류의 복지를 위해 쓸 신적인 힘을 달라고 합니다. 이것은 마치 절름발이가, 만약 누가 자기를 일으켜주기만 하면 적을 무찌르겠다고 말하는 것과 같습니다! 의도는 좋지만 균형 감각이 없습니다." [대담 51]

문: 세계 계획(신이 세계를 창조한 목적)은 정말 훌륭합니까?

답: 실로 훌륭하지요. 잘못은 우리 쪽에 있습니다. 우리가 그 잘못을 바로잡으면 전체 계획이 훌륭해집니다.

문: 세상의 고통을 어떻게 변화시킵니까?

답: 진아를 깨달으십시오. 필요한 것은 그게 전부입니다. [대담 135]

문: 세상은 물질주의적입니다. 그에 대한 치유책은 무엇입니까?

답: 물질적이냐 영적이냐는 그대의 소견 나름입니다. 그대의 소견을 바로잡으십시오! 창조주는 자신의 창조물을 어떻게 돌봐야 할지 압니다. [대담 240]

문: 어떻게 하면 제가 남들을 도울 수 있습니까?

답: 그대가 도울 어떤 남이 있습니까? 남들을 도우려는 그 '나'가 누구입니까? 먼저 그 점을 분명히 하십시오. 그러면 일체가 해결됩니다.[31]

문: 세상에는 광범위한 재난들, 예컨대 기아·전염병 등이 있습니다. 이런 사태의 원인은 무엇입니까?

답: 누구에게 그 모든 것이 나타납니까? 그대가 잠들었을 때는 세계와 세상의 고통을 지각하지 못했습니다. 생시 상태에서만 그것을 의식합니다. 그대가 세계를 인식하지 못했고 세상의 고통이 그대에게 영향을 주지 않던 그 상태에 계속 있으십시오. 잠들었을 때처럼 그대가 진아로 머무를 때는, 세계와 그 고통들이 그대에게 영향을 주지 않을 것입니다. 따라서 내면을 보십시오. 진아를 추구하십시오. 그러면 세계와 그 불행들이 끝이 날 것입니다.

문: 위대한 사람들도 있고 사회사업가들도 있지만 그들은 세계의 불행이라는 문제를 해결하지 못합니다.

답: 그들은 에고 중심적입니다. 그래서 그럴 능력이 없습니다. 만약 그들이 진아 안에 머무른다면 그들도 달라질 것입니다. [대담 272]

문: 일과 명상을 어떻게 조화시킵니까?

답: 일하는 자가 누구입니까? 그에게 그 질문을 하라고 하십시오. 그대는 늘 진아이지 마음이 아닙니다. 그런 질문들을 하는 것은 마음입니다. 일은 진아의 친존에서 늘 진행됩니다. 일은 깨달음에 장애가 아닙니다. 문제가 되는 것은 일하는 사람의 잘못된 정체성입니다. 그 그릇된 정체성을 제거하십시오. 매일 활동들이 자동적으로 진행됩니다. 그 활동을 일으키는 마음은 진아에서 나오는 하나의 허깨비일 뿐이라는 것을 아십시오. 그대는 왜 자신이 활동하고 있다고 생각합니까? 그 활동들은 그대 자신의 것이 아닙니다. 그것은 신의 것입니다. [대담 68, 76, 78]

---

31) (역주) R. Swarnagiri, *Crumbs from His Table*(Ninth edition), p.28.

문: 노력을 하면 마음의 공백 상태를 가져와서 일을 할 수 없을 것이라고 합니다.

답: 먼저 그 공백 상태에 들어가 보고 나서 이야기하십시오. [대담 78]

문: 그런 진아를 기억에 담아두고 있으면 우리의 행위는 늘 올바르겠습니까?

답: 그럴 수밖에 없지요. 그러나 그런 사람은 행위의 옳고 그름에 상관하지 않습니다. 그의 행위는 신의 행위이고, 따라서 올바릅니다. [대담 24]

문: 다른 사람들보다 마음을 더 많이 써야 한다면 제 마음이 어떻게 고요해질 수 있겠습니까? 저는 교장선생 일을 그만두고 홀로 있고 싶습니다.

답: 아닙니다. 지금 그 자리에 머물러 있으면서 일을 계속해도 됩니다. 마음을 살아 움직이게 하고, 마음이 이 모든 일을 할 수 있게 하는 저변의 흐름은 무엇입니까? 물론, 진아지요! 그래서 그것이 그대의 활동의 진정한 근원입니다. 그저 일을 하는 중에도 그것을 자각하고, 그것을 잊지 않도록 하십시오. 일을 하고 있을 때도 마음의 그 배경 안에서 내관하십시오. 그렇게 하려면 서두르지 마십시오. 느긋하게 하면서, 일하는 동안에도 (그대의) 진정한 성품에 대한 기억이 살아 있게 하고, 서두르는 것을 피하십시오. 서두르면 잊어버립니다. 신중하십시오.

명상을 닦아 마음을 고요하게 하여, 마음이 그것을 받쳐주는 진아와의 참된 관계를 자각하게 하십시오. [당신은 바퀴의 살들에 대한 비유를 들려주신다. 그 살들이 가늘든 굵든 모두 같은 원 안에 있다. 그와 같이 모든 지적인 일도 진아의 같은 원 안에 있다.]

그 일을 하고 있는 것이 그대라고 생각하지 마십시오. 일을 하는 것은 저변의 흐름이라고 생각하고, 그대 자신을 그 흐름과 동일시하십시오. 서두르지 않고 자신을 기억하면서 일한다면, 그대의 일이나 봉사는 장애가 될 수 없습니다.

『기타』에서 크리슈나는 실제로 아르주나에게, 진아 안에 고정되어 있으면서 행위자라는 생각 없이 성품에 따라 행위하라고 했습니다. 그러면 행위의 결과들이 그에게 영향을 주지 않을 거라는 것이었습니다. 이처럼 진아에 안주하라는 것이 『기타』가 가르치는 요지입니다. 설사 그것을 의무와 행위로 해석한다 하더라도, 그것은 더 **높은 힘**의 도구로서 행위하는 것을 의미합니다.

문: 동양과 서양이 더 가까워지게 하는 것은 유익합니까?
답: 그런 사건들은 자동적으로 일어날 것입니다. 나라들의 운명을 인도하는 하나의 힘이 있습니다. 그런 질문들은 그대가 실재와의 접촉을 놓쳐버렸을 때만 일어납니다. [대담 164]

문: 깨달음과 돈벌이를 어떻게 조화시킵니까?
답: 행위들은 속박의 원인이 아닙니다. 속박은 "내가 행위하고 있다"는 거짓 관념일 뿐입니다. 그런 생각들을 놓아버리고, 몸과 감각기관들이 그대의 간섭에 방해받지 않고 자신들의 역할을 하게 하십시오. [대담 46]

문: 일은 하나의 장애입니까?
답: 아닙니다. 깨달은 사람에게는 행위자라는 느낌이 없습니다. 구도자라 할지라도 자기탐구를 닦을 수 있습니다. 초심자에게는 일을 하면서 자기탐구를 하는 것이 어려울지 모르지만, 수행을 좀 하고 나면 그것이 효과적으로 이루어질 것이고, 일이 명상에 방해되지 않을 것입니다. [대담 17]

문: 만일 우리가 마음의 침묵을 지킨다면 세간적 일이 어떻게 돌아가겠습니까?

답: 여자들이 물동이를 머리에 이고 가면서 동무들과 계속 잡담을 할 때, 그들은 내내 머리 위의 짐에 주의를 기울일 수 있습니다. 마찬가지로, 진인이 활동을 할 때도 그 활동들이 그를 방해하지 않습니다. 왜냐하면 그의 마음이 **브라만**에 안주해 있기 때문입니다. [대담 231]

문: 저희는 세간에서 사는 사람들이고, 이런저런 슬픔이 있습니다. (신께) 도와달라는 기도도 드려 보지만 그래도 흡족하지 않습니다. 어떻게 해야 합니까?

답: 신을 신뢰하십시오. 만일 그대가 순복한다면 그의 뜻에 따를 수 있어야 하고, 즐겁지 않은 일이 있다 해도 불평해서는 안 됩니다. 일들이 겉보기와는 다른 결과를 가져올 수도 있습니다. 괴로움이 사람들을 신에 대한 믿음으로 이끄는 일이 종종 있습니다. [대담 43]

문: 저는 죄가 많은 사람입니다!

답: 왜 자신을 그렇게 생각합니까? 그대가 믿는 신에게 모든 책임을 제대로 던져 버리면, 그가 그것을 보살펴 줄 것입니다. [대담 30]

다른 사람들에 대한 자비로운 사랑을 간직하되 그것을 비밀로 하십시오. 그것을 드러내거나 이야기하지 마십시오.

욕망이 충족되어도 의기양양해 하지 말고, 좌절되어도 낙담하지 마십시오. 의기양양하다가 속을 수 있으니 그것을 제어해야 합니다. 처음의 기쁨이 마지막에는 슬픔으로 끝날 수도 있으니 말입니다. 어쨌든 어떤 일이

일어나도 **그대**는 영향을 받지 않고, 여전히 그대로입니다. [대담 614]

문: 그러나 문제가 있고 괴로움이 있는 다른 사람을 어떻게 도와줄 수 있습니까?

답: 다른 사람이라니 무슨 말입니까? 단 **하나**만이 존재합니다. 나도 너도 그도 없고, 모든 것인 하나의 **진아**만이 존재한다는 것을 깨닫도록 노력하십시오. 만일 다른 사람의 문제라는 것이 있다고 믿는다면, **자기**의 바깥에 뭔가가 있다고 믿는 것입니다. 외부적 행위를 하기보다는 일체가 하나임을 깨달음으로써 남을 가장 잘 돕게 될 것입니다.

에고는 모든 생시의 활동에, 의식에, 지성에 속합니다. 깊은 잠 속에서는 그 '나'가 어디 있습니까? 지성이 고요하고 몸이 고요하지만 그래도 **진아**가 있습니다. 에고, 곧 거짓 자아를 진정한 **자아**처럼 보이게 만들어 진정한 **자아**를 가리는 것이 생시의 활동들입니다.

이 우주 안의 일체는 **하나인 지고의 힘**에 의해 운영됩니다. 만일 인간이 그에게 운명 지워진 길을 따르지 않고 그 한계를 넘어 딴 길로 가면 **신**이 그를 벌하는데, 그 고통을 통해서 그는 진아 쪽으로 향하게 됩니다. 그러나 그 벌이 사라지면 그가 숭배하기를 그치고 다시 죄를 짓고, 그래서 더 많은 벌을 자초합니다. 그가 흥분해 있거나 초조할 때는 자신이 가야 할 길을 가지 않고 헤매고 있다는 것을 알지도 모릅니다. 왜냐하면 정해진 길에서는 그가 평안하고 만족할 것이기 때문입니다. 사람은 진아에 안주해야 하고, 신이 그에게 베푸는 것 이상으로 욕망·야심 등의 딴 길로 빠지려고 하면 안 되며, 에고가 없어야 합니다.

그것은 누구의 자유의지입니까? 그대는 그것이 그대의 것이라고 믿습니다. 그대는 의지와 운명을 넘어서 있습니다. 그것으로 안주하십시오. 그러면 그 둘 다를 초월합니다. 그것이 의지로써 운명을 정복한다는 말의 의미입니다. 운명은 정복할 수 있습니다. 운명은 업業(karma)의 결과입니다. 그러나 사뜨상가(satsanga)에 의해서 나쁜 원습들은 정복됩니다. 그는 자신의 경험들을 올바른 시각에서 보게 됩니다.

'나'는 지금 업의 열매들을 향유하는 자입니다. '나'는 과거에도 있었고 미래에도 있을 것입니다. 이 '나'가 누구입니까? 이 '나'가 업과 향유享有를 넘어서 있는 순수 의식이라는 것을 발견하면 자유와 행복을 얻습니다. 그때는 아무 노력이 없습니다. 왜냐하면 진아는 완전하고, 얻을 것이 아무것도 없기 때문입니다. 개인성이 있는 한 그대는 향유자이고 행위자입니다. 그러나 그것이 상실되면, 신의 의지가 작용하여 사건들의 흐름을 인도할 것입니다.

제약과 규율은 개아들을 위한 것이지 해탈자들을 위한 것이 아닙니다. 자유의지는 선하게 살라는 경전의 계명誡命에도 내포되어 있습니다. 그것은 운명을 극복하라는 의미입니다. 그것은 지知에 의해서 이루어집니다. "불길이 모든 연료를 재로 만들 듯이, 오 아르주나여, 지知의 불길은 모든 업을 재로 만든다[『기타』, 제4장 37연]." [대담 209]

무슨 일이 일어나면 우리는 그것이 다른 어떤 것이나 어떤 사람 때문이라고 생각하기 쉽습니다. 그러나 사실 우리의 경험들은 우리 자신에 의해 이미 창조되어 있고, 우리가 겪어야 할 정도 이상이나 이하의 어떤 일도 일어나지 않습니다. 다른 사람들이 우리에게 무엇을 할 수 있습니까?

다른 사람들은 우리에게 일어나는 일에 대해 책임이 없습니다. 그들은 이런저런 방식으로 우리에게 일어날 일을 위한 도구들일 뿐입니다. 강한 믿음을 가지고, 두려움에 굴복하지 맙시다. 어떤 일이 일어나든 그것은 우리의 발현업에 따라서 일어납니다. 그것이 스스로 소진되게 하십시오. 삿된 의도와 삿된 행위는 스스로 반작용을 일으킬 것이고, 단순히 그들이 원한다고 해서 우리에게 영향을 주지는 않습니다. 우리는 자기 자신에 대해서도 생각하지 말아야 하는데, 남들에 대한 걱정을 왜 해야 합니까?

문: 만일 어떤 영혼이 갓난아기 때나 어린아이 때 죽는다면 그것은 공평하지 않은 것 같습니다. 왜냐하면 깨달음을 얻을 만큼 충분한 삶의 경험을 갖지 못했기 때문입니다.

답: 그대는 그 아이의 관점을 모르는군요! 그대의 관점은 단순히 지성의 관점입니다. 우리와 우리의 아이들은 모두 신에게서, 그리고 신 안에서 나옵니다. 신이 우리와 우리의 아이들을 돌봅니다.

"동물들도 인간들처럼 생각을 할 수 있습니다. 우리는 그들이 지각없는 짐승이라고 생각해서는 안 됩니다. 사람들과 접촉하며 친교한 어떤 동물들은 사람들의 말과 대화를 이해할 수 있습니다." 당신은 암소를 가리키면서, 그녀가 지성적으로 생각할 수 있다고 말씀하셨다.

개별적 인간들은 그들의 업을 겪어야 하지만, **이스와라**(Isvara)는 그의 목적(중생들을 깨달음으로 이끄는 것)을 위해 그들의 업을 최대한 활용합니다.

신이 업의 열매를 관장하며, 그는 거기에 무엇을 보태거나 거기서 빼지 않습니다. 인간의 무의식은 좋고 나쁜 업의 창고인데, **이스와라**는 이 창고에서 그 당시 각 개인의 영적인 진화에 가장 적합할 것이라고 보는 것을 고릅니다. 그것이 즐거운 것이든 고통스러운 것이든 관계없이 말입니다. 그래서 자의적인 것은 아무것도 없습니다.

깨달은 사람은 과거도, 현재도, 미래도 모릅니다. 그는 시간을 넘어서 있습니다. 그는 무시간의 **진아** 안에서 살고 있기 때문입니다.

태어나는 것이 무엇입니까? 참된 **자아**는 아닙니다. 일단 우리가 그 속으로 태어나면 그것은 최종적입니다. 그것이 참되고 유일하게 참된 탄생, 즉 영적인 탄생입니다. 다른 탄생들은 원습들의 찰나적 화현일 뿐입니다. 만일 몸이 없다면 우리는 영靈이 우리 안에 있다고 이야기하지 않겠지요. 우리가 참된 **자아**일 테니 말입니다.

깨달은 사람은 일어나는 일들을 그저 지켜보면서 두고 봅니다. 일들이 알아서 진행되게 둡니다. 그는 모든 것을 저 **절대적인 힘**에 맡기는데, 그 힘을 신이나 업, 혹은 뭐라고 불러도 됩니다. 그에게는 어떤 에고성도 없습니다. 그러니 침묵하십시오.

『기타』에는, 감각기관에 대한 집착 없이, 그리고 에고성['내가 이것을 한다'는 느낌] 없이 행위하는 사람은 비록 적을 죽인다 해도 아무 업을 짓지 않는다는 구절이 있습니다. 마찬가지로, 깨달은 사람은 모든 과거의 업과 모든 과거의 원습에서 벗어나 있습니다. 그런 것들을 야기했거나 야기하는 '나', 곧 에고가 소멸되었는데 어떻게 업이나 원습이 있을 수 있습니까?

깨달은 사람은 미래를 계획하지 않고, 미리 예상하지도 않습니다. 왜 그래야 합니까? 그에게는 더 이상 '나'라는 느낌이 없습니다. 모든 것을 할 수 있는 **무한한 힘**이 그를 이끕니다.

문: 저는 카일라스(Kailas)에 가보고 싶습니다.

답: 그럴 운명이어야 그런 데를 가 볼 수 있지, 그렇지 않으면 못 갑니다. 그러나 모든 것을 보고난 뒤에도 여전히 가보지 않은 곳이 더 남아 있겠지요. 지구 이쪽 편이 아니면 저쪽 편에라도 말입니다. 지식이란 알려진 것 너머에 대한 무지를 의미합니다. 지식은 늘 한계가 있습니다. [대담 278]

순복하십시오. 그러면 모든 것이 잘 될 것입니다. 모든 책임을 신에게 던져버리십시오. 그 부담을 지지 마십시오. 운명이 무엇을 할 수 있습니까? 우리가 신에게 순복하면 걱정할 아무 이유가 없습니다. 신의 가호를 받으면 그 무엇도 그대에게 영향을 주지 않을 것입니다. 그 안도감은 신이나 진아에 의존하는 데 달렸고 그 의존의 정도에 비례합니다. [대담 244]

문: 제 일이 저를 방해합니까?

답: 그대가 올바른 태도를 가지면, 그대가 영위하는 삶의 종류는 별로 중요하지 않습니다.

문: 이 순수한 분위기 속에서는 이 길이 쉽지만 도시에서는 그것이 어렵습니다.

답: 그대가 참된 **자아**를 볼 때, 그것이 순수한 분위기 아닙니까? 몸은 자기가 원하는 대로 생각하라 하십시오. 그러나 (몸이 아닌) 그대가 왜 그렇게 생각합니까? 그대가 다른 어떤 추구도 하지 않고 조용히 있을 수만 있다면 그건 아주 좋습니다. 만일 그럴 수 없다면, 조용히 있는 것이 무슨 소용 있습니까? 사람이 활동하지 않을 수 없다면, 진아를 깨달으려는 노력을 포기하지 말아야 합니다. [대담 255]

설사 깨달은 사람이 많은 목숨을 죽인다 할지라도, 어떤 죄도 그 순수한 영혼에게는 붙지 못합니다. 『기타』에서도 그렇게 말합니다. [대담 17]

그것이 어떤 행복이든, 그대의 모든 행복의 원천은 그대 자신이지 외부의 사물이 아닙니다. 어떤 외부의 대상이 그대에게 행복을 주었다고 생각할 때조차도 그것은 착각입니다. 실제로 일어난 일은, 그 대상이 무의식적으로 그대를 그대의 진아에게 순간적으로 도로 데려갔고, 그 행복을 빌렸고, 그렇게 해서 그것을 그대에게 바친 것입니다. 그 행복은 하나의 그림자로서 그대에게 왔는데, 왜 그 원천인 진아를 살펴서 그것을 깨닫지 않습니까?

문: 저는 질병과 죽음에 대한 공포에 사로잡혀 있습니다.

답: 누가 질병을 얻습니까? 그대가 얻습니까? 그대가 무엇인지를 분석해 보면, 질병은 그대에게 영향을 줄 수 없다는 것을 알게 됩니다. 그대는 무엇입니까? 그대가 죽습니까? 죽을 수 있습니까? 진아(*Atma*)를 생각하고, 그것을 깨달으십시오.

문: 노력은 합니다만 그것이 마음속에 오래 머무르지 않습니다.

답: 연습하다 보면 완전해집니다.

문: 그 사이에는요?

답: 그 사이에는 괴로움이 있을 필요가 없습니다.

문: 산아제한 행법들을 쓰면 불멸을 얻습니까?[32]

답: 문제의 근원으로 나아가야 합니다. 탄생의 참된 원인을 찾아낸 다

---

32) 이것은 정액을 보존하여 정기(*ojas*)[활력, 광채]로 전환하는 다양한 요가적 기법을 가리킨다.

음 그것을 억제하십시오. 태어나는 것(몸)으로 하여금 스스로를 제어하게 하십시오. 이 탄생이 누구에게 있습니까? 옛 시에서 말하기를, "욕망을 충족시키면 그것들이 계속 커지고 더 사납게 타오른다"고 했습니다. 그래서 단 하나의 효과적인 제어는 내면에서 원인을 제어하는 것, 즉 욕망을 견제하고 그리하여 도덕적으로 되는 것입니다.

문: 정욕과 분노 등을 어떻게 제어합니까?

답: 그런 정념들은 누구의 것입니까? 알아내십시오. 만일 그대가 진아로서 머무르면, 진아와 별개의 것은 아무것도 없다는 것을 알게 될 것입니다. 그러면 제어 등을 할 필요가 없을 것입니다. [대담 252]

만일 인간의 행복이 바깥의 원인과 외적인 소유물에 기인한다면, 소유물이 없는 사람은 행복이 전혀 없어야 하겠지요. 실제 경험이 그것을 말해줍니까? 아니지요. 왜냐하면 깊은 잠 속에서 인간은 몸을 포함한 일체의 소유물이 없지만, 불행하기는커녕 지복스러운 해방을 즐깁니다. 누구나 깊이 잠들고 싶어 하지 않습니까? 그래서 행복은 외적인 원인에서가 아니라 진아 속으로 돌아가는 데서 옵니다. 순수한 '나', 곧 **실재**를 잊어버릴 때 모든 불행이 일어납니다. 그것을 꽉 붙들면 불행이 그 사람에게 영향을 주지 않습니다. 진아에서 벗어난 것이 모든 불행의 원인이었습니다. [대담 3]

밤에 사람들이 자고 있을 때 아쉬람 회당의 지붕에서 뱀 한 마리가 회당 안으로 떨어졌다. 마하르쉬님은 사람들에게 랜턴을 켜서 뱀이 문간으로 나갈 길을 비춰주고 해치지는 말라고 명하셨다. 그리고 그곳에 많이 살았던 뱀들에 대해 이렇게 말씀하셨다. "우리가 그들이 살던 곳에 손님으로 왔으니 그들을 괴롭힐 권리가 없습니다. 그들을 평화롭게 내버려둡시다."

문: 사회개혁에 관한 당신의 견해는 어떻습니까?
답: 자기개혁이 자동적으로 사회개혁을 가져옵니다. 자기개혁에 자신을 국한시키십시오. 사회개혁은 스스로 알아서 하겠지요. [대담 282]

1938년에 마하르쉬님은 당신의 질환에 대해 이야기한 남비아르 박사에게 이렇게 말씀하셨다[당시 마하르쉬님은 치질로 피가 나고 있었다]. "저는 이 몸이 지겹군요."

문: 선생이 필요합니까?
답: 모든 신체적·정신적 훈련에서 유능한 선생을 찾듯이, 영적인 문제들에서도 같은 원칙이 해당됩니다.

[폴 브런튼의 말:] 내가 쓴 것들은 종종 예기치 않게, 또한 두서없이 내게 다가왔다. 어떤 글의 끝이나 중간에 올 문단이나 문장이 앞부분보다 먼저 나에게 오곤 하는 일이 자주 있었다.

16. 이상理想으로서의 진인

깨달은 자는 다른 사람들에게서 그 자신을 발견합니다. 즉, 그 사람들이 그 자신과 다르지 않습니다. 지혜로운 사람들과 함께 있으면 그가 지혜롭고, 무지한 사람들과 함께 있으면 무지해집니다. 아이들과 함께 있으면 아이들과 같이 놀고, 학자들과 함께 있으면 학자적으로 될 것입니다.

스승의 얼굴과 형상에 대한 명상은 초심자들만에게만 해당됩니다. 진보한 제자들은 내면으로 진아에 집중해야 합니다. 이것은 스승에 대해 명상하는 것과 같습니다. 왜냐하면 그는 진아와 하나이기 때문입니다.

진아를 깨달은 자를 하릴없이 노는 사람이나 게으른 사람이라고 보면 안 됩니다. 그의 힘들은 쉼 없이 발전하며, 때가 되면 신비한 능력들(싯디)을 계발하거나 나타낼지도 모릅니다. 그것이 그의 업(karma)이라면 말입니다. 그것은 대상 세계 속의 진인에게 일종의 유희에 지나지 않을 것입니다. 왜냐하면 그는 그런 데 관심이 없고 그것을 특별히 써먹을 데도 없기 때문입니다. 그러나 그의 발현업(운명)이 그렇지 않다면 그런 싯디들이 나타나지 않으며, 습관적으로 그리고 성품상 **아뜨만** 안에 안주하는 그 현자는 다른 어떤 길도 추구하지 않습니다.

어떤 사람이 깨달으면 어떤 우주적 생명 흐름(life-current)이 그를 장악하여 그때부터 그를 활용합니다. 그 자신의 별개의 의지는 사라질 것입니다. 그는 그것의 손아귀에 있는 하나의 도구에 불과하게 됩니다. 이것이 진정한 진아순복(Self-surrender)입니다. 이것이 최고의 꾼달리니이고, 이것이 진정한 박띠(bhakti)이며, 이것이 지知입니다.

깨달은 자는 자신의 아우라 안에서 영적인 감화력의 파장을 발하는데, 그것이 많은 사람들을 그에게로 끌어당깁니다. 하지만 그는 동굴 안에 앉아서 완전한 침묵을 유지할 수도 있습니다. 우리는 진리에 대한 강의를 듣고 나서도 그 주제를 거의 이해하지 못할 수 있지만, 깨달은 자와 접촉하면 그가 아무 말을 하지 않아도 그 주제를 훨씬 더 많이 이해하게 될 것입니다. 그는 대중 사이로 나가야 할 필요가 전혀 없습니다. 만일 필요하다면 다른 사람들을 도구로 쓸 수 있습니다.
영적인 진보를 위해 스승이 필요합니까? 필요합니다. 그러나 스승은 그대 안에 있습니다. 그는 그대 자신의 진아와 하나입니다.

모든 강의와 책들은 초심자들에게 길을 가리켜 보이는 데 쓸모가 있을 뿐, 별 도움이 되지 않습니다. (인류를 위한) 진정한 봉사는 명상 속에서 이루어집니다. 타밀 성자 따유마나바르(Tayumanavar)의 시에서 이야기하듯이, 조용히 말없이 앉아 있는 사람은 온 나라에 영향을 줄 수 있습니다. 명상의 힘은 연설이나 저술보다 무한히 더 강력합니다. 침묵 속에 앉아서 진아에 대해 명상하는 사람은 누구에게 가지 않아도 수많은 사람들을 그에게 끌어당길 것입니다.

『바가바드 기타』, 『도의 길잡이(*Light on the Path*)』[33] 같은 책들조차도 포기하고 내면을 바라봄으로써 진아를 발견해야 합니다. 『기타』에서조차도 "진아에 대해 명상하라"고 하지, "『기타』라는 책에 대해서 명상하라"고는 하지 않습니다.

문: 쁘라냐난다(Prajnananda)[34]가 저에게 편지를 보내어 당신의 제자가 될 수 있겠는지 여쭈어 달라고 했습니다.

답: 이 모든 스승과 제자들은 제자의 관점에서만 존재합니다. 진아를 깨달은 자에게는 스승도 없고 제자도 없고, 하나인 **진아**만 있습니다. 스승이 곧 제자입니다. 단지 그대가 몸 의식을 가지고 있기 때문에 그를 별개로 보는 것입니다.

문: 그러나 스승은 도움을 줄 수 있는데요?

답: 물론이지요―예, 도와줄 수 있습니다.

문: 그렇다면, 그가 당신에 대한 **믿음**과 **사랑**을 보여주기만 하면 된다고 말할까요?

답: 예.

거듭된 수행으로 우리는 내면으로 향하여 진아를 발견하는 데 익숙해질 수 있습니다. 영구적으로 깨달을 때까지는 늘 부단히 노력해야 합니다. 그 후에는 모든 노력이 그치고, 그 상태가 자연스러워지며, **지고자**가 끊임없는 흐름으로 그 사람을 장악합니다. 그것이 영구적으로 자연스러운, 습관적 상태가 될 때까지는 그대가 아직 진아를 깨달은 것이 아니고, 얼핏 보

---

33) (역주) 고대 이집트의 스승이 고대 산스크리트에서 희랍어로 번역한 것이 전해져 1885년 처음 영역본이 나오고, 1911년 신지학회에서 재차 간행한 소책자이다.
34) Swami Prajnananda. 1931년에 폴 브런튼과 함께 아쉬람에 왔던 영국인.

앉을 뿐이라는 것을 아십시오.

진아를 깨달은 영혼은 아직은 작동하는 몸, 감각기관 그리고 마음과 연결되어 있을 수 있습니다. 그러나 그 몸과 자신을 동일시하지는 않습니다.

문: 스와미 비베카난다는 스승이 영성을 전수한다고 이야기합니다.

답: 전수되는 어떤 실체가 있습니까? 전수(transfer)란 제자라는 느낌을 뿌리뽑아 주는 것을 의미합니다. 스승은 그렇게 합니다. 그 사람이 한때는 무엇이었다가 나중에 다른 무엇으로 변신하는 것이 아닙니다. 그 개인을 찾아보면 그는 어디서도 발견되지 않습니다. 스승이란 그와 같습니다. 다끄쉬나무르띠가 그러했습니다.

그는 어떻게 했습니까? 침묵했고, 제자들이 그의 앞에 나타났습니다. 그는 침묵을 유지했고, 제자들의 의심이 사라졌습니다. 그것은 그들이 개인적 정체성을 잃어버렸다는 것을 의미합니다. 스승이란 그와 같고, 그런 것이 참된 입문입니다. 그것이 지知이며, 보통 그것에서 연상되는 온갖 말들이 아닙니다.

침묵은 가장 강력한 작업 방식입니다. 경전들이 아무리 방대하고 공감력이 있다 해도 효과 면에서는 떨어집니다. 스승이 고요하면 평안이 일체를 지배합니다. 그의 침묵은 모든 경전을 합친 것보다도 더 방대하고 더 공감력이 있습니다. 이런 질문들은 그대가 여기 그렇게 오래 있었고 그렇게 열심히 노력했는데도 아무것도 얻지 못했다는 느낌 때문에 일어납니다. 내면에서 진행되는 작업은 잘 드러나지 않습니다. 사실 스승은 늘 그대와 함께합니다.

따유마나바르가 말합니다. "오 주님, 제가 수많은 생을 살아오는 동안 내내 저와 함께하시면서, 결코 저를 버리지 않고 마침내 저를 구해주셨군요!" 깨달음의 체험이 그와 같습니다.

『스리마드 바가바드 기타』에서도 같은 것을 이와 같이 다르게 말합니다. "우리 두 사람은 지금 존재할 뿐만 아니라 항상 그렇게 존재해 왔다."

문: 은총은 스승의 선물 아닙니까?

답: 신·은총·스승은 모두 동의어이며, 또한 영원하고 내재적입니다. 진아는 이미 내면에 있지 않습니까? 스승이 바라보아 줌으로써 그것을 하사해야 합니까? 만일 스승이 그렇게 생각한다면 스승이라는 칭호를 들을 자격이 없습니다. 책에서는 안수전수(*hasta diksha*)[손으로 해주는 전수], 접촉전수 (*sparsa diksha*), 심적전수 등과 같은 수많은 전수가 있다고 합니다. 책에서는 또 스승이 불·물·염송·진언 등으로 어떤 의식을 하며, 그런 환상적인 절차를 전수라고 부른다고 합니다. 마치 그런 과정을 거친 뒤에야 그 제자가 성숙하는 것처럼 말입니다! [대담 398]

스승의 은총은 공부와 명상보다 더 가치가 있습니다. 그것이 1차적이고, 다른 모든 것은 2차적입니다.

스승의 은총은 그대를 물 밖으로 꺼내주려고 뻗어온 손길과 같습니다. [대담 398]

문: 신의 은총이 정말로 필요합니까? 인간의 정직한 노력으로 목표에 도달할 수 없습니까?

답: 예, 필요합니다. 그러나 그런 은총이라는 선물은 참된 헌신자나, 이 길에서 열심히 끊임없이 노력해온 요기에게만 하사됩니다. 스승의 은총은 신의 은총과 같습니다. 왜냐하면 스승은 신과 다르지 않기 때문입니다. [대담 29]

문: 저는 당신의 은총을 기원합니다. 왜냐하면 은총이 없으면 인간의 노력은 효과가 없기 때문입니다.

답: 둘 다 필요하지요. 해가 빛나고 있지만 그대가 해를 얼핏이라도 보기 위해서는 해 쪽으로 돌아서서 그것을 바라보아야 합니다.

은총은 그대 안에 있습니다. 만일 그것이 외적인 것이라면 쓸모가 없습니다. 은총은 곧 진아이고, 그대는 결코 그 작용의 바깥에 있지 않습니다. 만일 그대가 스승을 기억한다면, 그것은 진아가 그대에게 그렇게 하도록 자극하기 때문입니다. 이미 은총이 있지 않습니까? 은총이 그대 안에서 작용하지 않는 순간이 있습니까? 그대가 스승을 기억한다는 것이 은총의 징표입니다. 그것이 반응이자 자극입니다. 그것이 진아이고, 그것이 은총입니다. 걱정할 이유가 없습니다. [대담 251]

문: 그러나 우리가 탐구에서 진보하기 위해서는 스승의 은총이나 신의 은총이 필요하지 않습니까?

답: 그렇지요, 그러나 그대가 하고 있는 탐구 자체가 스승의 은총이나 신의 은총입니다.[35]

문: 그 길(Path)은 무엇입니까?

답: 방법은 어떤 것이어도 됩니다. 어느 방향에서 순례자들이 모여들든, 그들은 한 통로로만 카바(Kaaba-메카의 성소)에 들어가야 합니다. [대담 59]

문: 사람들은 여러 가지 방법을 이야기합니다. 어느 방법이 가장 쉽습니까?

답: 그 방법들은 개인의 성품에 따라서 쉬워 보입니다. 그것은 그가 이

---

35) (역주) R. Swarnagiri, *Crumbs from His Table*(Ninth edition), p.27.

전에 무엇을 닦았느냐에 달렸습니다. [대담 164]

문: 스승은 얼마나 오랫동안 필요합니까?

답: 무지가 있는 동안입니다. 스승, 달리 말해서 화현한 신은, 신이 그대 안에 있고 그는 곧 진아라고 하면서 헌신자를 인도합니다. 그리하여 마음이 안으로 향하게 되고, 결국 깨달음에 이릅니다. 깨달음의 상태에 이를 때까지는 노력이 필요합니다. 그 상태에 이르렀을 때도 진아가 자연발로적으로 분명해져야 합니다. 자연발로의 그 상태가 될 때까지는 어떤 형태의 노력이 필요합니다. [대담 78]

문: 정해진 스승을 어떻게 만납니까?

답: 치열하게 명상하면 정점(스승을 만나는 것)을 이루게 됩니다. 진인의 시선은 정화의 효력이 있습니다. [대담 135]

만일 그대가 자신의 실체를 이해하면 리쉬들(*rishis*)의 실체가 그대에게 분명해질 것입니다. 단 하나의 스승이 있는데, 그것이 곧 진아입니다. [대담 164]

단일 전수자傳授者(One Initiator) 사나뜨 꾸마라(Sanat Kumara)[36]가 세계의 모든 스승들을 통해 작업합니다. 그래서 그들과 그 사이에 아무 차이가 없습니다. 그는 침묵 속에서─그것이 최고이지만─가르침과 전수를 베풀어 줍니다.

---

36) (역주) '단일 전수자'는 사나뜨 꾸마라의 여러 칭호 중 하나이다. 신비주의와 신지학 전통에서 사나뜨 꾸마라는 샴발라(Shambhala) 왕국의 최고 스승으로서, 지구의 존속을 책임지며 인류의 의식의 원천이라고 한다.

문: 스승은 의도적으로 도움을 줍니까?

답: 스승의 은총은 자동적으로, 자연발로적으로 작용합니다. 제자는 정확히 그가 필요로 하는 도움을 얻습니다.

문: 당신께서는 "제자는 현자들과의 친교와 그들에 대한 봉사가 필요하다"고 말씀하십니다.

답: 예, 처음 것은 실은 드러나지 않은 **사뜨**(Sat), 곧 **절대적 존재**와의 친교를 의미합니다. 그러나 그렇게 할 수 있는 사람이 매우 적기 때문에, 그들은 차선으로 드러난 **사뜨**, 곧 스승과의 친교를 가져야 합니다. 진인들과 친교해야 하는 까닭은 생각들이 워낙 끈질기기 때문입니다. 진인은 이미 마음을 극복하고 평안 속에 머무르고 있습니다. 그의 가까이에 있는 것은 다른 사람들에게서도 그런 상태가 일어나는 데 도움이 됩니다. 그렇지 않다면 그를 가까이하려고 하는 것이 아무 의미가 없습니다. 스승은 (그 수행자에게) 필요한 힘을 줍니다. 남들에게는 보이지 않게 말입니다. [대담 54]

(스승에 대한) 봉사는 1차적으로 진아 안에 안주하는 것이지만, 또한 그것은 스승의 몸을 편안하게 해 드리는 것과 그의 거처를 보살펴 드리는 것을 포함합니다. 또 스승과의 접촉도 필요한데, 이것은 영적인 접촉을 의미합니다. 만일 제자가 스승을 내면에서 발견한다면, 그가 어디로 가든 상관이 없습니다. 여기 있으나 다른 데 있으나 마찬가지이고 같은 효과가 있다는 것을 알아야 합니다. [대담 45]

진인은 자신의 몸을 갑갑하게 느끼지 않습니다. 몸을 가지고 살면서 신성한 책을 썼던 진인들은 (몸이 있다고) 더 이상 진인이 아닙니까? [대담 30]

스승은 결국 진아이지만, (구도자의) 마음 발전의 낮은 단계에서는 외부적인 스승으로 나타납니다. 영적인 성향의 사람은 신이 도처에 있다고 믿고 신을 자신의 스승으로 여깁니다. 나중에 신이 그를 인간인 스승과 접촉하게 해주고, 그 스승의 은총으로 인해 그는 자신의 진아가 실재이자 스승이라고 느낄 수 있게 됩니다.

문: 스승은 우리에게 깨달음을 선물로 줄 수 있지 않습니까?

답: 스승은 이 길에서 매우 강력한 보조자이지만, 그대의 노력도 필요합니다. 해를 바라보아야 하는 것은 필히 그대여야 합니다. 안경이 그대를 위해 해를 볼 수 있습니까? 그대가 자신의 참된 성품을 보아야 합니다. [대담 28]

문: 유능한 스승은 저에게 큰 도움이 되지 않겠습니까?

답: 되지요. 그대가 지금 사용할 수 있는 그 빛을 가지고 공부해 나가십시오. 그러면 그대의 스승을 만나게 될 것입니다. 왜냐하면 그 스승이 그대를 찾고 있을 테니 말입니다. [대담 31]

누가 신체적 불멸을 원합니까? 우리는 깨달아야 할 단 한 가지만 원하고 진아 안에 있어야 하며, 이 몸을 벗어나야 합니다. 그렇다면 왜 몸을 가지고 수명을 연장합니까?

마이소르의 마하라자 예하가 마하르쉬님을 15분 동안 뵈었는데, 그 시간의 거의 전부를 침묵하고 있었다. 그날 점심 때 헌신자들이 그 일에 대해 이야기를 나누고 있을 때 마하르쉬님이 말씀하셨다. "그는 고도로 진보한 영혼입니다. 한 사람의 자나까(Janaka)입니다. 아는 자가 다른 아는 자를 만날 때 말을 할 필요가 어디 있습니까? 그들의 눈길이 얼핏 마주치는 것으로 족하고, 그러면 즉시 서로 반응하고 인정하면서 내면으로 향합니다. 그럴 때 말로 하는 대화는 불필요합니다." [대담 373]

스승의 은총이니 하는 이런 이야기가 다 무엇입니까? 스승이 그대의 손을 잡고 귀에다 무엇을 속삭여 줍니까? 그대는 스승이 그대와 같을 거라고 상상합니다. 그대가 몸과 함께하기 때문에, 스승도 하나의 몸이고, 그대에게 뭔가 구체적인 것을 해준다고 생각합니다. 그러나 그의 작업은 내면에서 이루어집니다.

스승을 어떻게 얻습니까? 헌신자가 사심 없이 신에게 기도하면, 내면에 있는 신이 자신을 사랑하는 그 헌신자에게 은총 속에서 연민을 느껴 그 헌신자의 수준에 따라 그 자신을 어떤 존재로 나툽니다. 헌신자는 그를 한 인간으로 여기고 몸들 간의 관계를 기대하지만, 신 또는 진아의 화현인 스승은 내면에서 작업하여, 그 사람이 자기 방식의 오류를 발견하도록 돕고 그를 올바른 길로 인도합니다. 결국 그는 내면의 진아를 깨닫게 됩니다. 그런 깨달음을 얻은 뒤에 그는 이렇게 느낍니다. '전에는 내가 너무 걱정을 했다. 나는 결국 전과 같은 진아이지만 (이제는) 어떤 것에도 영향을 받지 않는다. 비참했던 그가 어디 있지? 찾아볼 수가 없구나.'

우리는 지금 어떻게 해야 합니까? 오로지 스승의 말씀대로 행하면서, 내면에서 작업하십시오. 스승은 안에도 있고 밖에도 있습니다. 그래서 그는 그대를 내면으로 몰아넣기 위한 조건들을 창출하면서, 그대를 중심으로 끌어당기기 위해 내면을 준비시킵니다. 이처럼 그는 밖에서 밀고 안에서 끌어당겨, 그대가 중심에 고정되도록 합니다. 잠 속에서는 그대가 내면에 집중됩니다. 깨어남과 동시에 그대의 마음은 밖으로 달려 나가 이것저것, 기타 모든 것을 생각합니다. 이것을 제어해야 합니다.

그것은 안과 밖에서 모두 작업할 수 있는 행위자에게만 가능합니다. 그를 하나의 몸과 동일시할 수 있습니까? 우리는 우리의 노력으로 세계를 정복할 수 있다고 생각합니다. 바깥에서 좌절되어 내면으로 들어가지 않을 수 없게 되면, 인간보다 더 높은 힘이 있다는 것을 느낍니다. 더 **높은 힘**의 존재를 인정하고 인식해야 합니다. 에고는 아주 힘이 센 코끼리여서 사자가 아니면 누구도 제어할 수 없습니다. 이 경우에 그 사자는 다름 아닌 **스승**입니다. 그가 바라보기만 해도 코끼리는 벌벌 떨다가 죽습니다.

우리는 때가 되면, 우리(에고)가 더 이상 존재하지 않는 곳에 우리의 영광이 있다는 것을 알게 될 것입니다. 그 상태를 얻기 위해서는 "주님! 당신이 저의 피난처이십니다!" 하면서 우리 자신을 내맡겨야 합니다. 그러면 스승은 이 사람이 인도를 받기에 적합한 상태에 있다고 보고 그를 인도합니다. [대담 398]

가장 좋은 가르침은 침묵 속에서 심장에서 심장으로 전하는 말입니다.

문: 오랜 분투 끝에 우리가 성취할 때, 그것은 그 자신의 행위가 성취한 것입니까, 아니면 영靈의 흐름이 한 행위입니까?

답: 그것은 그 흐름의 행위입니다.

문: 이스와라의 은총이 필요하다고 주장하는 사람들이 있습니다.

답: 우리가 이스와라입니다. 우리 자신을 그로 봄으로써 우리는 그의 은총을 얻게 됩니다. 그의 성품이 곧 은총입니다.

이 길에서는 개인적 모범과 개인적 가르침이 가장 도움이 되는 보조수단이고, 책보다는 수행이 낫습니다. [대담 28]

문: 바가반께서 일종의 '대리 따빠스'를 하셔서 구도자들에게 이 길이 쉬워지게 하시는 덕분에, 그들은 실제 고생을 할 필요가 없군요?

답: 만일 그렇다면 누구나 쉽게 목표에 도달하겠지요! 각자가 스스로 노력해야 합니다. [대담 257]

더 높은 힘이 그대를 이끌고 있습니다. 그 힘을 따르십시오. 그것은 무엇을 어떻게 해야 할지를 알고 있습니다. 그것을 신뢰하십시오. [대담 265]

문: 제가 당신의 은총과 축복을 얻습니까?

답: 왜 그것을 의심합니까?

지知는 사뜨상가에 의해, 아니 오히려 그 분위기에 의해 얻어집니다. [대담 209]

그것은 그에게 맡겨두십시오. 망설임 없이 순복하십시오. 자신의 무능력을 인정하여 더 높은 힘에게 도와달라고 하든지, 아니면 탐구를 하십시오. 근원으로 들어가 진아에 합일되십시오. 신은 순복한 사람을 결코 버리지 않습니다. [대담 363]

사건:

문: 그게 뭡니까?

답: 무심코 전갈을 밟아 다치게 했더니, 그것이 보복으로 저를 쏘아 자신의 존재를 저에게 상기시켰지요.

문: 은총이 필요합니까?

답: 물론이지요. 그러나 은총은 줄곧 있습니다. 그것은 곧 진아이지, 얻어야 할 어떤 것이 아닙니다. [대담 354]

라마크리슈나 포교원의 스와미 싯데스와라난다가 나에게 말했다. "어느 날 아침 7시에 회당에 앉아 있다가 마하르쉬님께 남말와르(Nammalwar)가 우주의식의 환영幻影을 구현한 것에 대해 쓴 그의 어떤 시구에 대해 여쭈었지요. 마하르쉬님은 이렇게 답변하셨습니다. '타밀어로 다른 시인이 지은 비슷한 시구들을 읊을 테니 제가 그 단어들을 읊는 방식에 주목해 보십시오. 그러면 당신이 서해안 출신인 말라얄람인이기는 해도 그것을 이해할 수 있을 겁니다. 이 시는 신적인 사랑과 관계 있습니다.'"

한 줄기 햇살이 창문을 통해 스와미의 얼굴 위로 떨어졌다. 그가 두 행을 채 낭독하기도 전에 나는 그의 얼굴에 눈물방울들이 굴러 떨어지는 것을 보았다. 그러더니 그는 마치 그 말들의 의미를 너무 절절히 감동적으로 느꼈는지, 시구 읊기를 멈추었다. 그의 주위에는 사랑의 분위기가 감싸고 있었다. 두세 시간 동안 그는 말없이 있었다. 읽다 만 그 시, 그 책은 그의 무릎 위에 놓여 있었고, 그의 눈은 신적인 감정의 황홀경 속에서 떠져 있었다. 이 스와미는 이전에 마하르쉬님이 건조하고 냉담하고 무관심한 타입이라는 인상을 가지고 있었다. 그러나 이 경험은 마하르쉬님이 얼마나 깊이 공감하실 수 있는지를 잘 보여주었다.

진아를 보는 사람은 남들을 도와서 그들이 자신의 진아를 보게 할 힘이 있습니다. 그런 이가 진정한 스승이며, 그것이야말로 전수입니다.

문: 스승은 제자에게 자신의 힘을 전해주어서 그가 진아를 깨닫게 할 수 있습니까?

답: 예. 스승이 깨달음을 일으켜주는 것은 아닙니다. 단지 깨달음의 장애를 제거해 줄 뿐입니다. 왜냐하면 진아는 늘 깨달아져 있기 때문입니다. [대담 282]

뻬루말 스와미가 1936년 12월에 제기한 소송에 관해 지역 법원이 채택한 마하르쉬님의 증언.

문: 네 가지 인생단계(ashrams) 중 당신께서는 어느 단계에 속하십니까?

답: 흔히 알려진 네 가지를 넘어선 단계입니다.

문: 당신 외에 다른 사람들도 있습니까?

답: 있을 수 있지요.

문: 당신께서는 세간적 삶을 포기했지만 여기 라마나스라맘에는 (당신의 이름으로 된) 재산이 있습니다. 왜 그렇습니까?

답: 저는 그것을 추구하지 않습니다. 재산이 저에게 떠맡겨집니다. 저는 그것을 좋아하지도 않고 싫어하지도 않습니다.

문: 그것이 당신께 주어진다고요?

답: 스와미에게 주어집니다. 그가 누구이든 간에 말입니다. 그러나 세간에서는 그 몸뚱이를 스와미라고 여깁니다. 그 몸뚱이는 이것입니다. 그것이 저 자신으로 축소됩니다.

문: 가르침(upadesh)을 베푸십니까?

답: 방문객들이 질문을 하면 저는 아는 대로 답변을 합니다. 제가 한 말을 어떻게 취급하든 그것은 그들 마음입니다.

문: 그것이 가르침입니까?

답: 남들이 그것을 어떻게 받아들이는지 제가 뭐라고 하겠습니까?

문: 제자들이 있습니까?

답: 저는 의식儀式의 방식으로 가르침을 베풀지 않습니다. 예를 들어 항

아리(*kumbha*)를 두고 거기에 뿌자(*puja*)를 하고, 그 사람에게 귓속말[만트라]을 해주지 않습니다. 그는 자신을 저의 제자나 헌신자라고 칭할지 모릅니다. 저는 누구도 저의 제자라고 여기지 않습니다. 저는 누구에게도 가르침을 청한 적이 없고, 의식儀式을 통한 가르침도 주지 않습니다. 사람들이 자신을 저의 제자라고 칭해도 저는 승인도 부인도 하지 않습니다. 저의 경지에서는 모두가 동등합니다. 제가 그들에게 뭐하고 할 수 있습니까? 저는 저 자신을 제자라거나 스승이라고 하지 않습니다.

문: 사원 땅인 산 위에, 어떻게 사전에 당국의 허가도 받기 않고 스깐다쉬람을 짓는 것을 승인하셨습니까?

답: 제가 여기 와서 산 위에 살게 한 바로 그 **힘**이 인도했습니다.

문: 당신께서는 돈을 포기했습니다. 어떻게 해서 아쉬람에서는 시주금을 받습니까?

답: 그런 관행은 후기 단계에 생겨났는데, 왜냐하면 몇 명의 측근들이 저의 명의를 사용하여 자금을 모으기 시작했기 때문입니다. 저는 그들의 행위를 승인하지도 않았고 그들을 제지하지도 않습니다. 그래서 그것이 계속되고 있습니다. 저는 시주금을 받는 것을 원치 않지만, 사람들은 그런 조언에 귀를 기울이지 않습니다. 저는 공연한 충고를 하고 싶지 않습니다. 그래서 그들을 제지하지 않습니다.

문: 당신께서는 왜 서명을 하지 않으십니까?

답: 제가 어떤 이름으로 알려져야 합니까? 저 자신은 모릅니다. 제가 여기 온 뒤로 사람들이 이따금 저에게 몇 가지 이름을 붙여 주었습니다. 그러나 『진아 깨달음』의 저자(B.V. 나라싱하스와미)가 이 문제에 대해 자신의 답변을 내놓은 바 있지요.

문: 한 가지 공양물[과일]은 손수 받고 손을 대시면서, 왜 돈은 받지 말아야 합니까?

답: 돈은 먹을 수가 없지요. 제가 그것을 어떻게 하겠습니까?

문: 어떤 방문객들이 오래 머물러도 반대하지 않으십니까?

답: 하지 않지요. 만일 제 마음에 들지 않으면 제가 떠나 버리겠지요. 그뿐입니다.

문: 각 인생단계마다 스승들이 있습니다. 네 번째를 초월하는 단계에도 스승이 있습니까?

답: 예.

문: 그러나 당신께서는 누구도 스승으로 인정하지 않으십니다.

답: 누구에게나 스승이 있지요. 저에게도 스승이 있음을 인정합니다.

문: 누굽니까?

답: 진아입니다.

문: 누구에게 말입니까?

답: 저 자신에게지요. 스승은 내적일 수도 있고 외적일 수도 있습니다. 그는 내적으로 자신을 드러낼 수도 있고 외적으로 소통할 수도 있습니다.

문: 이 초월적 단계에 있는 사람들도 재산을 소유할 수 있습니까?

답: 그들에게는 어떤 제약도 없습니다. 자기 좋을 대로 할 수 있습니다. 수까(Suka-고대의 진인)는 결혼을 하여 자식을 낳았다고 하지요.

문: 그렇다면 그는 재가자와 같군요?

답: 그는 네 가지 인생 단계를 초월했다고 제가 이미 말했습니다.

문: 그들이 결혼도 하고 재산도 소유할 수 있다면, 그들은 재가자일 뿐입니다.

답: 그것은 그대의 견해일 수 있습니다.

문: 그들이 자기 재산을 남들에게 양도할 수도 있습니까?

답: 그럴 수도 있고 그러지 않을 수도 있지요. 모두 그들의 발현업에 달렸습니다.

문: 그들에게 어떤 업(*karma*)이 있습니까?

답: 그들의 행위는 어떤 규칙이나 규정에 따라 규율되지 않습니다.

문: 방문객들이 이곳에 머무르고 싶으면 당신의 허락을 받습니까?

답: 운영진의 허락이 곧 저의 허락입니다. 방문객들은 저를 만나러 이 곳에 오고, 운영진은 저를 위해서 있습니다. 상호 합의가 있을 때는 제가 간섭하지 않습니다. 방문객들이 여기 오고 제가 그들을 받아들이는데, 남들이 감히 제 뜻을 거스르겠습니까? 저의 동의가 내포되어 있습니다. [대담 281, 291]

마하르쉬님이 어떤 헌신자에게 뜨라따까(*trataka*)[눈 대對 눈의 친견]를 베푸실 때는 가끔 실제로 사시斜視가 되시는데, (보통의 사시와 다른) 특이한 차이점이 있다면 오른쪽 눈은 고요히 앞을 바라보지만 왼쪽 눈은 비스듬한 각도로 응시하여 상당히 기묘하고 신비로운 분위기를 자아낸다는 것이다. 먼저 당신은 시선을 천장으로 들어 올린 다음, 천천히 그것을 수평으로 내려 뜨라따까를 전수하신다.

어떤 희유한 존재에게서 나타나는 우주적 마음은 다른 사람들 안에서 그 개인적인 (약한) 마음과 내면 깊숙한 곳 우주적인 (강한) 마음의 연결을 이루어낼 수 있습니다. 그런 희유한 존재를 스승 혹은 **신의 화현**이라고 합니다. [대담 188]

문: 사람은 자신의 지知가 아무리 불완전해도 그것을 가르치는 일을 해야 합니까?

답: 만일 그의 발현업이 그렇다면 그래야지요. [대담 41]

진인도 "나는 몸이다"라고 말하고, 무지인도 "나는 몸이다"라고 말합니다. 그 차이가 무엇입니까? "내가 있다"가 진리입니다. 몸은 한계입니다. 무지인은 '나'를 몸에 한정합니다. 잠 속에서는 '나'가 몸과 별개입니다. 같은 '나'가 지금 생시 상태에도 있습니다.

'나'가 몸 안에 있다고 생각되기는 하지만, 그것은 몸이 없습니다. 잘못된 관념은 "나는 몸이다"가 아닙니다. '나'가 그렇게 말합니다. 몸은 지각력이 없어 그렇게 말할 수 없습니다.

잘못은 '나'를 '나' 아닌 것(몸, 마음 등)으로 생각하는 것입니다. '나'는 지각력 없는 몸일 수 없습니다. 몸의 움직임을 '나'의 움직임과 혼동하면 불행이 따라옵니다. 몸이 작동하든 않든, '나'는 자유롭고 행복한 상태로 있습니다.

무지인의 '나'는 몸하고만 동일시됩니다. 거기에 모든 오류가 있습니다. 진인의 '나'는 몸 기타 모든 것을 포함합니다. 어떤 중간적 개체(에고)가 일어나서 혼동을 야기합니다. [대담 248]

문: 은총이 수행(abhyasa)보다 더 효과적이지 않습니까?

답: 스승은 단지 그대가 무지를 뿌리뽑는 것을 도와줄 뿐입니다. [대담 398]

문: 저는 제가 원하는 만큼 많이 당신을 찾아뵐 수 없습니다.

답: 올 필요가 없고, 그에 대해 낙담할 필요도 없습니다. 그대가 어디 있든 그대 자신에게서 벗어나지 마십시오.

문: 당신께도 생각이 있습니까?

답: 보통은 아무 생각이 없습니다.

문: 그러면 글을 읽으실 때는요?

답: 그때는 생각이 있습니다.

문: 그리고 누가 당신께 질문을 드릴 때는요?

답: 그때도 답변을 할 때는 생각이 있고, 그렇지 않으면 없습니다.

크리슈나가 자신은 세상이 자신을 필요로 할 때마다 때때로 다시 태어난다고 한 말은, 자신을 몸으로 오인하는 무지를 달래기 위한 것입니다. 그는 **실재**이고, 따라서 불생不生입니다.

한번은 내가 절을 하고 난 뒤에 마하르쉬님이 말씀하셨다. "왜 그렇게 합니까? 그것은 격식일 뿐입니다. 그럴 필요 없습니다. 저는 어떤 질문이든 모든 질문에 답해야 합니다. 그렇게 하지 않으면 (사람들이 볼 때) 위대하지 않으니 말입니다. 저는 천리안을 타고나지 않았습니다. 신은 저에게 그런 천품을 하사하지 않았습니다. 제가 어떻게 합니까? 어떻게 제가 모든 질문에 답할 수 있습니까? 사람들은 저를 마하르쉬라고 부르면서 저를 이와 같이 대우합니다. 그러나 저는 저 자신을 마하르쉬로 보지 않습니다."

(기독교의) 삼위일체에서 '하느님의 아들'은 스승, 곧 신의 화현인데, 그가 헌신자에게 **성령**은 도처에 내재해 있다고 설명해 줍니다. [대담 90]

문: 어떻게 하면 진정한 상태가 늘 제 목전에 있다는 관념을 유지할 수 있습니까?

답: 그대가 그 단 한 가지 관념을 유지할 수 없기 때문에, 그대가 확고하지 않기 때문에, 그대가 자신을 하나의 몸이라고 생각하기 때문이지요! '띠루반나말라이로 가서 마하르쉬를 만나야 한다'는 관념은 지성의 한 작용일 뿐입니다. 어떤 도움도 필요 없습니다. 그대는 이미 그대의 본래적

상태에 있습니다. 어떻게 누가 그대를 그대가 이미 있는 곳에 도달하도록 도와줄 수 있습니까? 그 도움이란 실은 그대의 그릇된 관념들을 치워주는 것입니다. 위대한 인간들, 스승들은 그대의 길에 놓인 장애물들을 제거해 주는 것으로써만 도와줄 수 있습니다.

문: 멀리 떨어진 숲속과 티베트 산중에 사는 성자들도 여전히 세상에 도움을 줍니까?

답: 당연하지요. 그 성자들이 어디에 살든, 진아 깨달음이 인류에게 베풀 수 있는 가장 큰 도움입니다.

문: 그 성자들이 사람들을 돕기 위해서는 그들과 섞여 살 필요가 있지 않습니까?

답: 깨달은 존재는 세상이 그 자신과 다르다고 보지 않습니다. 그가 베푸는 도움은 눈에 띄지 않지만 그래도 그 도움이 있습니다. 성자는 인류가 모르는 가운데 인류 전체를 돕습니다. 진인의 침묵은 인류에게 영구적인 이익과 가르침을 줍니다. 반면에 강의들은 개인들을 몇 시간 동안 즐겁게 해주지만 그들을 향상시키지는 못합니다. 침묵은 끊임없는 웅변입니다. 다끄쉬나무르띠가 그 이상理想입니다. 그는 침묵으로 자신의 리쉬 제자들을 가르쳤습니다.

문: 그러나 그가 그들과 섞여 살면 더 효과적이지 않을까요?

답: 섞여 살 다른 사람들이 없습니다. 진아가 유일한 **실재**입니다.

문: 그러나 오늘날에는 제자들을 만들어내고, 찾아야 하는데요?

답: 그것은 무지의 한 표지입니다. 그대를 창조한 **힘**이 세계를 창조했고, 둘 다를 돌볼 수 있습니다. [대담 20]

문: 제가 신을 보려면 인도자가 필요하지 않습니까?

답: 라마나 바가반을 보게 한 그대의 인도자는 누구였습니까? 그대는 누구의 인도로 매일 세계를 봅니까? 그대 자신이 세계를 볼 수 있듯이, 그대는 그대의 '진아'도 볼 수 있습니다. 만일 그러겠다고 열심히 노력하면 말입니다. 그 탐구에서도 그대의 '진아'만이 그대의 인도자입니다.

문: 스승이 절대적으로 필요합니까?

답: 스승을 **진정한 자아**로, 그대의 자아를 개인적 자아로 여기십시오. 그대에게서 이원성이 지속되는 한 스승이 필요합니다. 그대는 자신을 몸과 동일시하기 때문에 스승도 어떤 몸이라고 생각합니다. 그러나 그대는 몸이 아니고 스승도 몸이 아닙니다. 그대가 진아이고 스승도 진아라는 이러한 앎은 이른바 깨달음에 의해서 얻어집니다.

문: 유능한 스승을 우리가 어떻게 알 수 있습니까?

답: 그의 친존에서 느끼는 마음의 평안과, 그대가 그에 대해서 느끼는 존경심에 의해서입니다. [대담 282]

문: 세계가 큰 곤경에 처해 있는데 아무것도 하지 않고 가만히 앉아 계신 당신 같으신 분들이 무슨 소용 있습니까?

답: 진아를 깨달은 존재는 세상을 이익되게 하지 않을 수가 없습니다. 그의 존재 자체가 세상에 최고의 이익을 하사합니다. [대담 210]

문: 스승은 사람 몸을 가져야 합니까?

답: 그대는 자신을 그대의 몸과 동일시하기 때문에 그런 질문을 합니다. 그대가 과연 몸인지 알아내십시오. 『기타』에서 말하기를, 스리 크리슈나의 초월적 성품을 이해하지 못하는 사람들은 무지에 의해 미혹된 바보라고 합니다. 스승은 그 무지를 몰아내기 위해 나타납니다.

따유마나바르가 표현한 대로, 그는 마치 밀림에서 사자를 잡기 위해 사슴을 미끼로 쓰듯이 한 인간의 무지를 몰아내려고 나타납니다. 우리의 무지, 곧 "나는 몸이다" 하는 관념을 뿌리뽑기 위해서는 스승이 하나의 몸을 가지고 나타나야 합니다. [대담 398]

문: 세계의 운명을 인도하는 '스승들(Masters)'이니 하는 이런 이야기가 다 무엇입니까?

답: 그런 말이 없었다면, 이 사람들이 밖으로 나가는 마음을 세계로부터 되돌려 내면을 향하고 명상을 하겠습니까? 그것이 신지학회 사람들이 스승들과 (그들의) 위계구조를 말하는 목적입니다.

리쉬 한 사람이 한 곳에 앉아 있으면 모든 일이 그에 의해 이루어질 수 있습니다. 만일 그러고자 한다면 말입니다. 그는 전쟁을 일으키거나 그것을 끝낼 수도 있습니다. 그러나 (전쟁 같은 사건들의 경우에도) 어떤 우주적·까르마적(karmic) 과정이 진행되고 있다는 것을 알기 때문에, 그가 지혜롭지 않게 개입하지는 않겠지요.

스승이 무엇을 합니까? 그가 제자에게 깨달음을 건네줍니까? 진아는 늘 깨달아져 있지 않습니까? 깨달은 진인들과 접촉을 유지하면 그 사람은 점차 무지를 상실하다가 결국 그것이 완전히 제거됩니다. 영원한 진아가 그렇게 해서 드러납니다.

제자가 스승에게 자신을 내맡깁니다. 그것은 그 제자가 개인성의 어떤 자취도 지니고 있지 않고, 그래서 불행의 원인이 없다는 것을 뜻합니다. 사람들은 그것을 올바르게 이해하지 못한 채, 스승이 제자를 다른 무엇보다도 더 강하게 만들기 위해 그에게 "따뜨 뜨왐 아시(tat tvam asi)"['그대가 그것이다'] 같은 것을 가르친다고 생각합니다. 그 사람은 이미 허영심이 있는데, 바로 그 '나'가 엄청나게 커진다면 어떻게 되겠습니까? 한층 더 어리석고 무지해질 것입니다. 이 거짓 '나'가 죽어야 합니다. 그것의 절멸이 스승에 대한 봉사의 열매입니다. 깨달음은 영원하며, 스승이 새로 일어나게 해주는 것이 아닙니다. 스승은 무지의 제거를 도와줄 뿐입니다. [대담 350]

문: 어떻게 하면 제가 저의 스승님 곁에 더 가까이 갈 수 있습니까?
답: 그대가 그 인격입니까? 그 자아(진아)가 스승이 멀리 있다고 말합니까? [대담 354]

문: 진인이 교육을 받으면 세상에 더 유용합니까?
답: 유식한 사람도 일자무식인 진인 앞에서 절을 해야 합니다. 교육은 배운 무지입니다. [대담 355]

문: 동서양의 영적인 지도자들 간에 접촉이 가능합니까? 인도가 영적인 세계의 중심입니까?
답: 영靈은 한계가 없고 형상이 없습니다. 영적인 중심도 그와 같습니다. 그런 단 하나의 중심이 있습니다. 서양이든 동양이든, 그 중심은 다를 수 없습니다. 그것은 장소가 없습니다. 그것은 한계가 없기 때문에 지도자들, 세계, 파괴와 건설의 힘들을 포함합니다. 그대가 접촉을 이야기하는 것은 몸을 가진 존재들을 지도자로 생각하기 때문입니다. 영적인 인간들은 몸이 아닙니다. 그들은 자신의 몸을 의식하지 못합니다. 그들은 무한하고 형상이 없는 영靈입니다. 그들 간에는 늘 단일성이 있습니다. 진아를 깨달으면 그런 질문들이 일어날 수 없습니다.
문: 신지학회 사람들은 스승들을 찾기 위해 명상하는데요?
답: 스승은 안에 있습니다. 명상은 그가 밖에 있다는 무지를 제거하기

위한 것입니다. 만일 스승이, 그가 오기를 그대가 기다리는 어떤 낯선 사람이라면 그는 또한 사라지게 되어 있습니다. 그와 같이 일시적인 존재가 무슨 소용 있습니까? 그러나 그대가 자신을 한 개인이나 몸이라고 생각하는 한에서는 스승이 필요하고, 그는 하나의 몸을 가지고 나타날 것입니다. 그 그릇된 동일시가 그치면 스승이 곧 진아임을 발견할 것입니다. [대담 363]

문: 당신의 어머니께서 임종하실 때 그분께 구원을 안겨드리셨습니까?
답: 누가 다른 사람에게 해탈을 안겨줄 수 있습니까? 아닙니다. 그대 자신의 지知만이 그대에게 해탈을 안겨줄 수 있습니다.

침묵은 영원한 말입니다. 보통은 말이 스승과 제자 간의 심장 대 심장의 대화를 가로막습니다. [대담 265]

그대가 자신을 그 개인으로 생각하는 한, 그대는 신도 믿습니다. 신을 숭배하면 신이 스승으로서 그대에게 나타납니다. 그대 자신의 자아를 그대가 은총을 구하는 분께 내맡기십시오. 스승을 섬기면 그가 진아로서 나타납니다. 이것이 은총을 얻으려는 이유의 설명입니다. [대담 271]

입문(diksha)이나 세례의 방법들이 있는데, 스승은 그것을 가지고 제자들을 도울 것입니다. 하지만 스승이 의식적으로 그것을 행하지는 않습니다. 그의 견지에서는 자신이 제자와 하나이기 때문입니다. 그는 무의식적으로 그것을 합니다. 스승의 의지력으로써, 바라봄으로써, 떼자스(tejas)[불, 광채]로써, 머리 위에 손을 댐으로써 그것을 할 수 있겠지요. 그러나 그것이 어떤 방식으로 이루어지든 제자 안에서 어떤 변화가 일어나는데, 그것은 나중에 알아차릴 수 있습니다.

문: 메허 바바는 자신이 화신(*avatar*)이라고 말합니다. 그게 맞습니까?

답: 제가 뭐라고 해야 합니까? 이것은 진리 추구자들이 고려할 필요가 없는 질문입니다. 사다리의 낮은 단에 있는 사람들은 그런 모든 질문에 기력을 낭비합니다. 모두가 신의 한 화신입니다. 진리를 아는 사람은 다른 모든 사람을 신의 화현으로 봅니다. 그는 모든 얼굴에서 신을 봅니다.

스승은 모든 사람을 하나인 **진아**로 봅니다. 그에게는 무지한 사람이 아무도 없습니다. 그는 그들과 자신 사이에 어떤 차이도 있다고 보지 않습니다.

깨달은 자는 생각을 하지 않고, 미래를 계획하지 않습니다. 그는 미래가 알아서 하게 합니다. 그에게는 미래가 현재 속에 있습니다.

예, 스승은 필요합니다. 그는 진아에 이르는 길을 보여주고 그대를 위해 불빛을 들고 갑니다.

깨달은 사람은 사물들을 바라보기는 하지만 그것을 보지는 않습니다.

붓다나 예수 같은 분들은 보통의 '진아를 깨달은 사람'이 아니었습니다. 그들은 더 높은 차원에서 옵니다. 그러나 그런 화신들은 대중들을 위해서 옵니다. 노력하는 소수의 사람들은 그런 분들을 필요로 하지 않습니다.

문: 스승의 은총(*guru-kripa*)이 어떻게 진아 깨달음으로 이어집니까?

답: 구도자는 불만족으로 시작합니다. 세상에 만족하지 못한 그는 욕망

을 충족하기 위해 신에게 기도합니다. 그러면서 그의 마음이 정화되고, 그는 육체적 욕망을 충족하기보다는 신을 알고자 열망하게 됩니다.

그럴 때 신의 은총이 나타나기 시작합니다. 그는 스승의 형상을 하고 헌신자에게 나타나서 진리를 가르치고, 가르침과 접촉으로 그의 마음을 정화합니다. 헌신자의 마음은 힘을 얻어서 내면으로 향할 수 있게 됩니다. 명상을 하면 마음이 더욱 더 정화되어 잔물결 하나 없이 고요히 머무릅니다. 그 광대무변함이 진아입니다. 스승은 밖에도 있고 안에도 있습니다. 밖에서는 마음이 내면으로 향하도록 밀어 넣고, 안에서는 마음을 진아 쪽으로 끌어당겨 마음의 고요함을 돕습니다. 그것이 **은총**(kripa)입니다. 신·스승·진아 간에는 아무 차이가 없습니다. [대담 198]

그대가 탐구를 시작하기 위해서는 스승의 도움이 필요하고 유용합니다. 그러나 그대 자신이 탐구를 해나가야 합니다.[37]

문: 마하트마들은 왜 도와주지 않습니까?
답: 그들이 돕지 않는지 그대가 어떻게 압니까? 대중 연설, 신체적 활동, 물질적 도움은 모두 마하트마들의 침묵에 미치지 못합니다. 그들은 남들보다 더 많은 것을 이루어냅니다. [대담 272]

문: 모든 종교의 원래 창시자들의 어떤 영적인 위계구조가 있어서 인간들의 영적인 복지를 지켜봅니까?
답: 그들이 그러거나 말거나지요. 그것은 기껏해야 하나의 추측일 뿐입니다. **아뜨마**(자기)를 알고 사변은 끝내십시오. 어떤 사람은 그런 위계구조

---

37) (역주) R. Swarnagiri, *Crumbs from His Table*(Ninth edition), pp.27-28.

를 인정할지 모르지만, 어떤 사람은 인정하지 않을 수도 있습니다. 그러나 누구도 **아뜨마**는 부인하지 못합니다. 그 위계구조는 진아와 별개로 존재할 수 없습니다. 진아 깨달음이 (모두에게) 단 하나의 목표입니다. [대담 274]

문: 누가 당신을 때리면 아픔을 느끼지 않으십니까? 아무 차이가 없습니까? 그렇다면 지知는 어디 있습니까?

답: 클로로포름에 마취되거나 술에 취한 사람은 때리는 것을 느끼지 못합니다. 그가 진인입니까? 지知는 때렸을 때의 느낌과 부합하지 않는 것이 아닙니다. [대담 290]

문: 저는 당신의 친존을 떠나서 멀리 있는 저의 집으로 돌아가기가 못내 아쉽습니다.

답: 늘 저의 친존에 있다고 생각하십시오. 그러면 기분이 한결 나아질 것입니다. [대담 68]

17. 무인성 無因性의 교의

운명과 자유의지에 대한, 그리고 어느 것이 더 강한지에 대한 이런 질문들은 그 두 가지의 뿌리를 조사하지 않는 사람들에게만 일어난다네. 그원인을 안다는 것은 운명이나 자유의지에 대한 생각을 결코 하지 않는 것이라네. [「실재사십송」, 제19연].

몸은 거듭거듭 태어납니다. 우리는 우리 자신을 몸과 잘못 동일시하고, 그래서 우리가 부단히 환생한다고 상상합니다. 아닙니다. 우리는 우리 자신을 참된 **자아**와 동일시해야 합니다. 깨달은 자는 결코 죽음—어떻게 죽을 수 있습니까?—이나 탄생에 의해 끊어지지 않는 단절 없는 의식을 즐깁니다. "나는 몸이다"라고 생각하는 사람들만 환생에 대해 이야기합니다. "나는 **진아다**"라고 아는 사람들에게는 어떤 환생도 없습니다.

환생은 무지가 있는 한에서만 존재합니다. 어떤 몸받음(incarnation)도 없습니다. 지금도 그렇고, 이전에도 그랬고, 앞으로도 그럴 것입니다. 이것이 진리입니다. [대담 363]

문: 베다는 우주론을 포함합니다. 절대적 브라만이 허공(*akasa*)을 창조하자 그것이 나중에 우주 안의 모든 원소가 되었다고 합니다. 어떻게 유有가 무無에서 나올 수 있습니까? 또 스와미 비베카난다에게 시간의 시작을 질문했더니, 그는 하나의 기준으로서 반문을 제기했습니다. 거기서부터 시간의 흐름이 시작되는 한 시점을 어떻게 정할 수 있느냐는 것이었습니다. 그는 앞의 질문이 비논리적이라고 선언했습니다. 그의 답변은 논리적일지 모르지만, 마음을 만족시키지는 않습니다.

답: 그대가 말하는 우주론은 '하나인 절대자의 실재성과 여타 모든 것의 비실재성'이라는 핵심이 아닙니다. 세계의 기원에 대해 가르치는 내용은 하나의 보충적 이유에 불과합니다. 그런 구절들은 세계에 대해 더 충분한 관념을 얻기를 원하는 사람과, 세계의 창조와 파괴에 대해 묻는 사람들을 위한 것입니다. 만일 핵심 가르침과 그런 이론들 사이에 충돌이 있으면 그런 것들을 물리치고 핵심 가르침을 받아들이십시오. 경전들은 다양한 상황에 맞추기 위해 생겨나지만 그 취지는 동일합니다. 질문들은 어떤 관점에서 제기되고, 답변들도 같은 관점에서 주어집니다. 경전들은 더 높은 힘[진아]의 존재와 그것을 얻는 방도를 보여주기에 유용합니다. 경전들의 핵심은 그것뿐이고, 그것을 깨달으면 경전은 쓸모가 없습니다. 경전들이 방대한 것은 구도자의 발전 정도에 맞추었기 때문입니다.

사람은 등급이 올라가면서, 자신이 초월한 부분들은 더 높은 단계로 가는 계단이었음을 발견합니다. 사람들은 그들의 영원한 자아에 대한 진리를 이해할 수 없었기 때문에, 그 너머에 있는 것—천국, 지옥, 환생 따위를 알고 싶어 합니다. 하지만 다른 데를 다 돌아다녀 본 뒤에는 결국 자기에게로 돌아와야 합니다. 그렇다면 왜 지금 그렇게 하지 않습니까? 어쨌든 다른 세계들은 그것을 바라보는 자로서의 자기를 필요로 합니다. 그 세계들의 유효성은 그 사람의 유효성과 같은 정도일 뿐입니다.

절대자 안에는 어떤 창조도 파괴도 없습니다. 마음이 나타날 때만 세계가 나타납니다. 창조와 파괴 둘 다 움직임이지만, 절대적 바탕 안에서는 그렇지 않습니다. 그것들은 샥띠의 움직임이고, 영원합니다.

문: 항상 사뜨(*sat*), 찌뜨(*chit*), 아난다(*ananda*)인 **신**이 왜 우리를 어려움 속에 둡니까? 그는 왜 창조했습니까?

답: 신이 와서 자신이 그대를 어려움 속에 두었다고 말합니까? 그렇게 말하는 것은 그대입니다. 그것 역시 그릇된 '나'입니다. 그것이 사라지면 신이 창조를 했다고 말할 사람이 아무도 없겠지요. '존재하는 것'(실재)은 "내가 있다"라고조차 말하지 않고, "내가 없다"는 어떤 의심도 일어나지 않습니다. 그런 경우에만 자기 자신에게 "내가 있다"는 것을 상기시켜 주어야 하고, 그렇지 않으면 그럴 필요가 없습니다. 예를 들어 사람이 늘 "나는 사람이다"라고 말합니까? 그러지 않지요. 반면에 만일 자신이 소나 물소인가 하는 의심이 일어나면, 자신이 소 따위가 아니라 "나는 사람이다"라는 것을 자기 자신에게 상기시켜 주어야 합니다. 그러나 그런 일은 결코 일어나지 않을 것입니다. 우리 자신의 존재와 깨달음도 마찬가지입니다. [대담 197]

문: 진아가 왜 이 비참한 세계로 나타났습니까?

답: 그대가 진아를 추구하도록 하기 위해서입니다. 그대의 눈들은 스스로를 보지 못합니다. 그 앞에 거울을 두십시오. 그럴 때에만 눈들이 스스로를 볼 수 있습니다. 창조계도 마찬가지입니다. 먼저 그대 자신을 보고, 그런 다음 전 세계를 진아로 보십시오. [대담 272]

18. 마음

마음이라는 이름의 어떤 개체도 없습니다. 생각이 일어나기 때문에 우리는 그 생각들의 시발점인 뭔가가 있다고 추측합니다. 그것을 우리는 '마음'이라고 부릅니다. 우리가 그것이 무엇인지를 탐색해 보면 그런 것은 아예 없습니다. 그것이 사라지고 나면 평안이 영구히 머무른다는 것을 발견할 것입니다. 생각(manas)이나 분별(vijnana) 같은 기능들은 이름에 불과합니다. 에고·마음·지성, 다 같은 것입니다. 누구의 마음입니까? 누구의 지성입니까? 에고의 것입니다. 에고가 실재합니까? 아닙니다. 우리는 에고를 (다른 기능들과) 혼동하여 그것을 지성이나 마음이라고 부릅니다. [대담 238]

단어들을 염하는 것은 숭배가 아닙니다. 생각들을 벗어버리는 것이 지知(jnana)입니다. 그것은 절대적 존재입니다. [대담 233]

사람들이 계속 질문을 하니 제가 답변을 해야 합니다. 그러나 진리는 말을 넘어서 있습니다.

문: 마음을 어떻게 제어합니까?

답: 도둑이 도둑을 (경찰에) 넘겨주겠습니까? 마음이 스스로를 발견하겠습니까? 마음은 마음을 추구할 수 없습니다. 그대는 실재하는 것을 무시한 채 실재하지 않는 마음을 붙들고 있고, 그러면서도 마음을 이용하여 그것이 무엇인지 알려고 애씁니다. 그대의 잠 속에 마음이 있었습니까? 없었습니다. 그것은 지금 여기 있습니다. 따라서 마음은 영구적이지 않습니다. 마음이 그대에게 발견될 수 있습니까? 마음은 그대가 아닙니다. 그대는 자신이 마음이라고 생각하고, 그래서 그것을 어떻게 제어하느냐고 묻습니다. 마음이 있다면 그것을 제어할 수 있겠지요. 그러나 마음은 없습니다. 찾아보고 이 진리를 이해하십시오. 비실재를 탐색하는 것은 무익합니다. 그러니 **실재**, 즉 **진아**를 추구하십시오.

그것이 마음을 다스리는 길입니다. 단 하나 실재하는 것이 있습니다. 다른 것들은 겉모습일 뿐입니다. 다양성은 그것(실재하는 것)의 성품이 아닙니다. 우리는 종이 위에 인쇄된 글자들을 보지만 그 배경인 종이는 무시합니다. 마찬가지로 그대는 마음의 화현물들에 사로잡혀 그 배경을 붙들지 않습니다. 그것이 누구의 잘못입니까? [대담 238]

마음의 본질은 **자각** 또는 의식일 뿐입니다. 그러나 에고가 마음을 지배할 때는 그것이 추리하고, 사고하고, 감각하는 기능으로 작용합니다. 우주적 마음은 에고에 의해 제한되지 않으므로 그 자신과 별개인 어떤 것도 가지고 있지 않고, 따라서 **단지 자각할 뿐**입니다. 이것이 성경에서 "**나는 내가 있다는 것이다**"라고 하는 말의 의미입니다. [대담 188]

문: 왜 사람들이 올바른 길로 들어서도록 설법하지 않으십니까?

답: 그대는 제가 설법하지 않는다고 이미 판단했군요. 그대는 제가 누구이며, 설법이 무엇인지 압니까? 제가 그렇게 하지 않는지 그대가 어떻

게 압니까? 연단에 올라가서 주위 사람들에게 장광설을 늘어놓는 것이 설법입니까? 설법이란 단순히 지知를 전달하는 것입니다. 그것은 침묵 속에서도 이루어질 수 있습니다.

한 시간 동안 연설을 듣고 나서 별 감명을 받지 못하고 돌아가는 사람을 그대는 어떻게 생각합니까?

그런 사람과, 성스러운 친존에 앉아 있다가 얼마 후 인생관이 완전히 바뀌어 돌아가는 사람을 비교해 보십시오. 아무 효과 없이 큰 소리로 설법하는 것과, 말없이 앉아 직관적인 힘을 방출하여 다른 사람들에게 그 힘이 작용하게 하는 것 중 어느 쪽이 더 낫습니까?

또 말은 어떻게 일어납니까? 드러나지 않은 추상적 지知가 있고, 거기서 에고가 생각과 그에 이어 말을 일으킵니다. 따라서 이런 내림차순에서 보자면 말은 **원래의 원천**의 증손자뻘입니다. 이런 말이 효과를 낼 수 있다면, 침묵을 통한 설법은 얼마나 더 강력하겠습니까? 스스로 판단해 보십시오. [대담 285]

참된 상태는 내용이 없는 의식입니다. 이것을 부정하고 의식은 어떤 대상을 가져야 한다고 말하는 서양의 심리학자들은, 개인적이고 심적인 의식에 관해서는 정말 옳습니다. 마음이 없으면 의식은 개인성이 없습니다. 몸은 지각력이 없기 때문입니다. 그러나 그것을 **보편적 존재**에 적용하면 그들은 옳지 않습니다.

어떤 사람이 마하르쉬께 "저는 당신께서 신을 깨달으셨다고 보는데요?"라고 하자, 당신은 시선이 허공을 응시한 채 침묵하고 계셨다. 무안해진 질문자가 떠나자 마하르쉬님은 당신의 제자들에게 그런 질문에 대답하는 것은 쓸데없고, 끝없는 대화로 이어질 거라고 말씀하셨다.

'나'의 의미 혹은 의의意義는 신입니다. "내가 있다"는 체험이 곧 '고요히 있는 것'입니다. [대담 226]

침묵(mouna)은 입을 닫고 있는 것이 아닙니다. 그것은 영원한 말입니다. 말과 생각을 초월하는 그 상태가 침묵입니다.

문: 그것을 어떻게 성취합니까?

답: 어떤 것(개념)을 꽉 붙들고 그것을 그 근원까지 되짚어 올라갑니다. (그런) 집중에 의해서 침묵이 나옵니다. 수행이 자연스러워지면 그것이 침묵으로 끝날 것입니다. 마음 활동이 없는 명상이 침묵입니다. 마음을 조복받는 것이 명상이며, 깊은 명상은 영원한 말입니다. [대담 231]

문: 이런 것을 다 어떻게 합니까?

답: 우리가 진아라는 느낌이 없는 것이 문제의 근본 원인입니다. 생각들을 내버려두고 존재하십시오. 그냥 존재하십시오.

장애를 만들어내는 것은 생각일 뿐입니다. 생각이 문제입니다. 그 생각들이 누구에게 일어나는지 알아내십시오. 그릇된 자아가 존재한다고 생각하는 한, 그것은 그렇게 보이겠지요. 그러나 그것이 어디서 일어나는지를 알아내십시오. 그러면 그것은 사라질 것입니다.

문: 어려운 점은 그 무념의 상태를 유지하면서도, 해야 할 일들에 필요한 생각을 하는 것입니다.

답: 생각하는 사람은 그대 자신입니다. 행위가 저절로 일어나게 하십시오. 왜 그대 자신을 그 어려움과 연관시킵니까? 그대가 밖에 나가야 할 때는 두 발을 들어 올리고 갈 뿐 그에 대해 생각하지 않습니다. 그래서 점차 그 상태가 자동적으로 되고, 생각은 필요할 때 저절로 일어났다가

사라집니다. 아무 생각이 없을 때는 직관이 작용하며, 직관이 그대를 인도할 것입니다. 큰 발견을 한 사람들은 그것을 고심할 때가 아니라 고요함 속에서, 생각에 의해서라기보다는 직관에 의해서 그것을 발견했습니다.

자기탐구의 해답을 얻으면 마음 활동이 그칩니다. 설사 그대가 신에 대해서 생각한다 하더라도, 그것은 여전히 하나의 활동이므로 그것을 포기해야 합니다. (자기탐구에서는) 탐구의 물음이 신에 합일되며, 그럴 때는 그에 대한 생각이 그칩니다.

진아 깨달음은 생각과 모든 마음 활동이 그치는 것입니다. 생각들은 바다[진아] 표면의 거품들과 같습니다. [대담 146][38]

거짓된 에고는 대상들과 연관됩니다. 주체만이 실재입니다.

세계는 마음의 반사된 빛 안에서 보입니다. 달은 해의 반사광으로 빛납니다. 해가 지고 나면 대상들을 드러내는 데 달이 쓸모가 있습니다. 그러나 해가 뜨면, 하늘에 떠 있는 달이 보여도 아무도 달을 필요로 하지 않습니다. 마음과 심장도 그와 같습니다. 마음은 대상들을 보는 데 사용됩니다. [대담 46, 98]

지성은 진아의 한 도구인데, 진아는 다양성을 가늠하기 위해 지성을 사용합니다. 지성에도 진아가 없지 않습니다. 지성의 씨앗이 존재하지 않는다면 지성의 나툼들이 있을 수 있겠습니까? [대담 112]

문: 기억과 망각은 어디에 위치하고 있습니까?
답: 찌따(chitta)[지성] 안입니다. [대담 19]

---

38) (역주) 이 문답은 대담 146의 해당 부분과 문장 구성에서 상당한 차이가 있다. 그러나 전체적인 문답의 흐름과 내용에서 같은 대화의 다른 버전이며, 서로 보완한다고 볼 수 있다.

새로운 물질적 발명을 추구하는 발명가 같은 사람들은 자기망각의 상태에서 발견들을 합니다. 어떤 깊은 지적 집중의 상태에서 에고의 이런 망각상태가 일어나고 그 발명이 나타납니다. 이것도 통찰력을 계발하는 하나의 길입니다. 그래서 예리하고 집중된 지성은 쓸모가 있고, 물질적인 문제에서는 필수적이기까지 합니다. 그러나 그런 계시나 통찰이 일어나려면 시간이 걸리기 때문에, 그것을 기다려야 합니다.

　바다에서 가장 귀중한 것은 그 바닥에 놓여 있습니다. 진주는 매우 작은 것이지만, 아주 값어치 있고 얻기 어려운 것입니다. 진아도 진주와 마찬가지입니다. 그것을 발견하려면 아래로, 침묵 속으로 깊이 잠수해야 합니다. 더 깊이, 더욱 더 깊이 잠수하다 보면 그것에 도달합니다.

문: 무의식의 상태는 **무한한 존재**에 가깝습니까?
답: 의식만이 존재합니다. [대담 68]

　진아를 아는 자는 더 할 일이 아무것도 없습니다. 그때부터는 **무한한 힘**이, 그를 통해서 더 이루어질 필요가 있는 모든 행위를 할 것입니다. 그에게는 더 이상 어떤 생각도 없습니다.

　진아를 향해 있는 명상 도중에는 실제로 생각들이 저절로 잦아듭니다. 명상은 여러 가지 대상으로 향할 수도 있지만, 참된 **자아**로 향하게 되면 최고의 대상, 더 정확히는 **주체**에게로 가게 됩니다.

　생각들이 우리의 적입니다. 우리가 생각에서 벗어나 있을 때는 자연스럽게 지복을 느낍니다. 두 생각 사이의 틈이 우리의 참된 상태이며, 그것이 진정한 **자아**입니다. 생각들을 없애고, 그것들을 비워 버리고, 영구적인 무념의 상태에 있으십시오. 그럴 때 그대는 의식하면서 **스스로 존재**하게 됩니다. 생각, 욕망, 모든 성질들은 우리의 참된 성품에 낯선 것입니다. 서양에서는 어떤 사람을 위대한 사상가라고 찬양할지 모르지만, 그것이 무엇입니까? 참된 위대함은 생각에서 벗어나는 것입니다.

"나는 누구인가?" 하는 물음에 대한 참된 답변은 생각 속에서 나오지 않습니다. 모든 생각이 사라집니다. 생각하는 자 그 자신마저 사라집니다.

존재가 우리의 성품입니다. 그러니 우리는 무엇을 발견해야 합니까? 우리가 우리 자신을 알 때는 더 이상 생각이나 욕망에 시달리지 않습니다. 그런 것들은 우리의 참된 상태가 아닙니다. 우리가 우리의 진아들을 발견할 필요는 없고, 단순히 우리 자신이기만 하면 됩니다. 생각과 에고이즘에서 벗어나, 참으로 우리이면 됩니다.

이 진아 깨달음을 성취하기 위한 수단들은 이런 것입니다.

1. 마음이 그 대상들로부터 벗어나고, 세계에 대한 대상적 시각이 그쳐야 하며,

2. 마음의 내적인 작용도 종식되어야 하고,

3. 그리하여 마음이 무인격이 되고 그 상태가 지속되어야 하며,

4. 그것이 순수한 탐구(vichara) 안에서 휴식해야 합니다.

침묵은 끝없는 언어입니다. 발성언어가 침묵의 언어를 방해합니다. [대담 68]

침묵에 의해 더 많은 것이 이루어지고, 침묵에 의해 더 많은 생각(진인의 뜻)이 더 넓은 세계에 전달됩니다. 구두 질문과 답변에 의한 모든 번뇌(마음의 움직임)는 그 질문자와 이 회당에 있는 소수의 청문자聽聞者들에게 이익을 주는 것처럼 보여도, 실은 전 세계 수천 명의 구도자들에게 가는 말없는 염파念波(thought-waves)의 소통을 방해하고, 지체시키고, 중단시킵니다. 따라서 질문을 하고 설명을 듣기 위해 저를 찾아오는 어떤 수행자(sadhaka)도

저의 앞에 조용히, 일체 말이 없이 앉아 있으면 그 자신과 남들에게 꽤장히 많은 이익을 주게 될 것입니다. 눈에 보이지 않는 힘들, 예컨대 에테르·전류 같은 것들이 가장 크고 가장 효과적인 힘입니다. 여러분이 하고 싶은 어떤 질문도 여러분의 마음이나 생각에게 주십시오. 여러분 자신의 마음 속에서 그 답을 쉽게 발견할 것입니다.

가장 효과적인 도움은 **침묵**으로 주는 것입니다.

생각들은 무수한 전생에 축적된 원습입니다. 그것을 절멸하는 것이 목표여야 합니다. 원습에서 벗어나는 것이 **순수성**입니다. 인간은 의식하는 자아를 지각력 없는 몸과 뒤섞으면서 미혹됩니다. 이 미혹이 그쳐야 합니다. 늘 존재하는 진아는 깨닫기 위한 노력을 필요로 하지 않습니다. 미혹만 제거하면 됩니다. [대담 80]

마음은 생각들의 한 다발이며, 의식 곧 **진아**에 그 기원을 가지고 있습니다.
문: 그렇다면 생각들은 실재하지 않는군요?
답: 그렇지요. 유일한 실재는 **진아**입니다. [대담 212]

장뇌가 불에 타면 찌꺼기가 남지 않습니다. 마음이 장뇌입니다. 그것이 티끌만큼의 자취도 남기지 않고 진아 속으로 녹아들었을 때 그것이 깨달음입니다. [대담 152]

생각에서 벗어난 지속적인 배경, 곧 생각이 없는 **무변제**無邊際(광대한 공간)가 **진아**입니다. 순수한 형태의 마음이 **진아**입니다. [대담 293]

이른바 **마음**은 하나의 환幻입니다. 그것은 '나'라는 생각 이후에 시작됩니다. 마음은 생각들의 한 다발일 뿐입니다. 그 생각들은 '나'라는 생각에 뿌리를 두고 있습니다. 거칠거나 미세한 감각기관들 없이는 그대가 몸이나 마음을 인식할 수 없습니다. 하지만 그대는 그런 감각기관 없이도 존재할 수 있습니다. 그 상태에서는 그대가 잠들어 있거나 아니면 진아를 자각할 뿐입니다. 진아에 대한 그 자각은 늘 있습니다. 그대의 실체로서 머무르십시오. 그러면 그대의 질문들은 일어나지 않을 것입니다. [대담 217]

에고를 넘어서 있는 **그것**은 **의식**, 곧 **진아**입니다. 잠 속에서는 마음이 중립 상태이지만 소멸되지는 않습니다. 중립적인 것(laya)은 다시 나타납니다. 그러나 소멸된 마음은 다시 나타날 수 없습니다. 목표는 그것을 소멸하는 것이어야지 라야(laya)에 빠지는 것이어서는 안 됩니다. 명상의 평안 속에서 라야가 일어나지만, 그것으로는 충분치 않습니다. 참된 소멸은 마음을 진아와 별개의 것으로 인식하지 않는 상태입니다. 바로 지금도 마음은 없습니다. 그것을 인정하십시오. [대담 76]

문: 실재 안에는 보이는 것이 하나도 없는데요?
답: 그대는 자신을 몸과 동일시하고, 보는 것을 눈과 동일시하는 데 익숙해져 있기 때문에, 아무것도 보이지 않는다고 말합니다. 보일 것이 뭐가 있습니까? 누가 봅니까? 어떻게 봅니까? 단 하나의 의식이 있는데, 그것이 '나'라는 생각으로 나타나서 자신을 몸과 동일시하고, 눈을 통해 자신을 투사하여 주위의 대상들을 봅니다.

개인은 생시의 상태에 한정되어 있으면서 뭔가 다른 것을 볼 거라고 기대합니다. 그리고 감각기관들의 증거가 권위의 증표가 되겠지요. 그러나 그는 보는 자, 보이는 것, 봄이 모두 같은 의식, 즉 '나-나'의 나툼이라는 것을 인정하지 않을 것입니다. 진아가 눈에 보이는 것이어야 한다는 환상을 제거하는 데는 명상이 도움이 됩니다.

'나'라는 느낌은 지知 안에 늘 존재합니다. 그것의 성품이 지知입니다. 지知는 우리의 의식에 새겨지는 인상들의 어떤 결과를 전제합니다.

실은 (실재하는 것으로서) 눈에 보이는 것은 아무것도 없습니다. 그대는 그대가 아는 '나'를 어떻게 느낍니까? 그대는 앞에 거울을 들고 있어야 그대 자신이 존재함을 압니까? (그대가 존재한다는) 그 자각이 '나'입니다. 그것을 깨달으십시오. 그것이 진리입니다. [대담 196]

문: 우리는 우리가 에고가 아니라고 생각해야 합니까?

답: 우리는 깊은 잠 속에서 우리가 있는지를 생각하지 않습니다. 그래서 생시 상태에서도 우리는 생각 없이 살 수 있고, 그 상태에서 우리의 존재는 절대적인 행복입니다. 에고를 만드는 것은 생각입니다. 에고는 우리에게 있는 하나의 **생각**일 뿐입니다.

우리는 생각이 없습니다. 생각들의 근원은 우리 안에 있습니다. 우리 자신을 조사해 보면 우리의 진정한 성품을 발견합니다. 그대가 에고를 제거하는 것은 단지 생각에 의해서가 아니라 체험에 의해서입니다. 그 생각 없는 상태를 깊은 잠·황홀경·기절 상태 등이라고 생각하지 마십시오. 깨달음 같은 것은 없습니다. 생각을 막아내는 것이 있을 뿐입니다. 실재가 **되십시오.** "나는 브라만이다"를 계속 소리 내어 수천 번 염하느라고 시간을 낭비하지 마십시오. 에고가 그 **자신의** 실체의 근원을 보려고 노력하는 과정에서 사라져야 합니다.

문: 어떻게 하면 마음이 사라지게 할 수 있습니까?

답: 그것을 소멸하려는 어떤 시도도 하지 마십시오. (그것을) 생각하거나

바라는 것 자체가 하나의 생각입니다. 그 생각하는 자를 찾아보면 생각들은 사라질 것입니다.

문: 생각들이 저절로 사라질까요? 그것이 너무 어려워 보입니다.

마: 사라질 것입니다. 왜냐하면 그것들이 실재하지 않기 때문입니다. 어렵다는 생각 자체가 깨달음에 한 장애물입니다. 그것을 극복해야 합니다. **자기로서** 머무르는 것은 어렵지 않습니다. 그 어렵다는 생각이 주된 장애물입니다. '나'의 근원을 발견하려는 수행을 조금만 해 보면 생각이 달라질 것입니다. 생각에서 절대적으로 벗어나 있는 상태가 진아에 대한 그런 인식(깨달음)을 얻기 쉬운 상태입니다. [대담 244]

마음은 생각들의 한 집결체에 불과합니다.

어떤 진인들은 몸이 보이지 않게 하거나 몸에 접촉할 수 없게 하는 능력을 가질 수도 있습니다. 그들은 **시바**와 대등하며, 심지어 은택(신이 하사하는 혜택)을 줄 수도 있습니다. 그러나 어떤 능력도 진아 깨달음에는 필적할 수 없습니다. 사람들은 진지眞知(jnana)에 대한 자신들의 관념에 만족하지 못하고, 그와 함께 싯디를 원합니다. 그들은 몸에만 신경을 씁니다. 그들은 진지의 위없는 행복을 등한시하고, 왕도王道로 가지 않고 샛길로 가다가 도중에 길을 잃기 쉽습니다. 진지는 모든 것을 포함하며, 진인은 한 생각도 신비적 능력(싯디)에 허비하지 않을 것입니다. [대담 57]

언어는 자신의 생각을 다른 사람에게 전달하는 하나의 매개체일 뿐입니다. 생각들이 일어난 뒤에 그것을 불러들이게 되는데, 생각들은 '나'라는 생각이 일어난 뒤에 일어납니다. '나'라는 생각이 모든 대화의 뿌리입니다. 우리가 생각함이 없이 머무를 때는 보편적 언어(침묵)로써 남을 이해합니다. 침묵은 늘 말을 하고 있습니다. 그것은 영속적인데, 말에 의해 중단됩니다. 이런 말들이 그 무언의 언어를 방해합니다.

전선에 전기가 흐르고 있습니다. 그 흐름에 저항이 발생하면 그것이 전등으로 빛나거나 선풍기로 돌아갑니다. 전선 안에는 전기 에너지가 가득 남아 있습니다. 그와 마찬가지로, 침묵은 언어의 영원한 흐름인데 말에 의해 방해받습니다. 대화에 의해서는 몇 년이 가도 알지 못하는 것을, 침묵 속에서나 침묵 앞에서는 일순간에 알 수 있습니다. 예컨대 다끄쉬나무르띠와 그의 네 제자의 경우가 그랬습니다. 그것이 최고의, 가장 효과적인 언어입니다. [대담 246]

신비한 능력들은 마음의 영역 안에 있을 뿐입니다. 텔레파시에 대해 보자면, 멀리서 듣는 것이나 가까이서 듣는 것이나 무슨 차이가 있습니까? 텔레파시는 '받는 자' 없이 있을 수 없고, 천리안은 '보는 자' 없이 있을 수 없습니다. 중요한 것은 그들뿐입니다. 듣는 자 없이는 들음이 있을 수 없고, 보는 자 없이는 봄이 있을 수 없습니다.

텔레파시와 라디오는 우리가 멀리서 보거나 들을 수 있게 해줍니다. 듣고 보는 것은 매한가지입니다. 기능 면에서 아무 차이가 없습니다. 근본적 요소는 듣는 자, 즉 주체입니다. 그가 없으면 어떤 들음도, 어떤 봄도 있을 수 없습니다. 듣고 보는 것은 마음의 기능입니다.

그런 능력들은 마음 안에 있을 뿐입니다. 그것은 진아에게 자연스럽지 않습니다. 자연스럽지 않고 습득된 것은 영원할 수 없습니다. 그런 것은 노력하여 얻을 만한 가치가 없습니다. 어떤 사람이 한정된 능력을 가지고 있어서 비참할 때, 그는 능력을 확장하여 행복해지고 싶어 합니다! 그러나 그것이 그렇게 되겠는지 생각해 보십시오. 한정된 지각을 가지고 있어 그가 비참하다면, 확장된 지각을 가지면 그에 비례하여 불행도 늘어날 수밖에 없습니다. 신비한 능력들은 행복을 가져다주지 않을 것입니다. 더욱이 그런 것들을 무엇에 씁니까? 남들이 그의 에고를 칭찬하게 하기 위해서지요! 신, **진아**가 최고의 능력이고, 가장 추구할 만한 가치가 있는 것입니다. **평안**을 가져오는 것이 최고의 신비한 능력입니다. [대담 18, 20]

문: 어떻게 해서 진아가 자신의 참된 성품을 잃어버렸습니까?

답: 망각과 기억 둘 다 생각의 형상들일 뿐입니다. 생각이 있는 한 그 것들이 번갈아들겠지요. 기억과 망각은 '나'에 의존해 있는데, 그 '나'를 찾아보면 발견되지 않습니다. 왜냐하면 그것이 실재하지 않기 때문입니다.

이런 진리들을 깨닫지 못하는 것은 상습(samskaras)이 소멸되지 않았기 때문입니다. 의심과 혼동의 뿌리는 상습인데, 그것을 잘라버려야 합니다. 그것은 스승이 제시한 수행법을 따름으로써 이루어집니다. 스승은 구도자에게 이 부분을 하도록 내버려두어서 그가 스스로 그 진리를 발견하게 합니다. 수행은 원습의 씨앗들을 무력하게 만듭니다. [대담 289]

『비밀의 길(The Secret Path)』에서, 지성은 나중에 진아에 덧붙여진 것이라고 한 그대(폴 브런튼)의 설명은, 최고의 관점에서 보자면 엄밀히 말해 옳은 것이 아닙니다. 그것이 나타났다면 그것은 늘 진아 안에 있었음이 분명합니다. 따라서 **잠재적으로** 그것은 진아와 함께 공히 영원했고, 나중에 온 것이 아닙니다. 나무는 씨앗 안에 들어 있었음이 분명합니다. 그렇지 않고는 씨앗에서 나올 수 없었을 것입니다. 지성이 처음부터 진아 안에 들어 있었던 것도 그와 마찬가지입니다.

문: 왜 마하르쉬께서는 대중들에게 강연을 하여 그들을 돕지 않으십니까?

답: 신이 일하고 있지 않습니까? 그가 연설을 하고 있습니까? 연설을 통해서만 일을 할 수 있습니까? 아무 연설 없이도 말없이 할 수 있는 일이 얼마나 많은지 압니까?

마음을 보십시오. 그대는 그것과 초연하게 있습니다. 그대는 마음이 아니며, (마음 활동이 끝난 뒤에는) 진아가 뒤에 남게 될 것입니다.

단다빠니 스와미[39]가 생생한 천리안적 꿈에 마하르쉬님이 나타나 자신을 위해 어떤 질문에 답변해 주셨다는 이야기를 하고 나자, 마하르쉬님이 그에게 말씀하셨다. "당신이 그런 답변들을 몹시 알고 싶어 했기 때문에 당신 자신의 진아가 당신에게 그런 답변을 내놓은 것입니다. 저는 당신을 찾아간 것에 대해 전혀 알지 못합니다."

---

39) (역주) 무루가나르의 장인. 출가한 스와미로, 한때 라마나스라맘의 도감을 지냈고 바가반보다 나이가 많았다.

19. 실재로서의 궁극자

이 길(*atma vichara*)[자기탐구]이 직접적인 길이고, 다른 모든 길은 간접적인 방법입니다. 이 길은 진아에 이르지만, 다른 길들은 다른 데로 이르게 합니다. 그리고 설사 다른 길들이 진아에 도달한다 하더라도, 그것은 그 길들이 결국에는 이 길에 이르고, 이 길이 궁극적으로 그 길들을 목표로 데려다주기 때문입니다. 그러니 결국 구도자들이 이 길을 택해야 한다면, 왜 지금 그렇게 하지 않습니까? 왜 시간을 낭비합니까?

문: 그러니까 결국 이런 말씀이군요. 제가 늘 내면을 바라봐야 한다는.
답: 그렇지요.
문: 세계는 전혀 보아서는 안 됩니까?
답: 세계에 대해 눈을 감으라는 것은 아닙니다. 만일 그대 자신을 몸으로 여기면 세계는 외부적인 것으로서 나타납니다. 만일 그대가 진아이면 세계는 **브라만**으로서 나타납니다. [대담 272]

문: 『기타』에서는 세계들이 줄에 꿰인 염주들과 같다고 합니다. 어째서 입니까?

답: 크리슈나가 한 말은, 그 세계들이 '나'(크리슈나)와 별개가 아니라는 뜻입니다. 물리적으로는 차별상이 있는 것처럼 보이고, 그래서 『기타』에서는 단일성을 강조합니다.

문: 그러나 그 단일성은 주님(크리슈나)에게 합일한 뒤에만 있는데요?

답: 우리는 지금 어디 있습니까? 그 환幻과 우리는 모두 그의 안에 있습니다. [대담 290]

마야(*maya*)에 대해서 보자면, 현상들이 모든 의미에서 실재하지 않는다고 하는 관념은 논박되어야 합니다. 그러나 영구적이고 변치 않는 것만이 실재라는 이름에 값할 수 있습니다. 세계는 드러나지 않은 실재와 별개로는 실재하지 않습니다. 그래서 실은 다른 방식으로는(실재의 일부로서는) 그것이 영적인 실재 그 자체입니다.

아난다(*ananda*)는 모든 존재 안에 살고 있습니다.

문: 어려움은 거기에 도달하는 데 있군요?

답: 거기에 도달한다는 것은 없습니다. 왜냐하면 그것은 영원하기 때문입니다. 만일 진아가 새롭게 얻을 수 있는 것이라면 그것은 영원하지 않겠지요.

문: 어떻게 하면 제가 진아에 도달하겠습니까?

답: 진아에 도달한다는 것은 없습니다. 만일 진아에 도달할 수 있다고 하면, 그것은 진아가 지금 여기에 없고, 그것을 새로 얻어야 한다는 의미가 되겠지요. 새롭게 얻어지는 것은 또한 잃어버려질 것이고, 그래서 그것은 영구적이지 않을 것입니다. 영구적이지 않는 것은 노력하여 얻을 가치

가 없습니다. 그래서 제가 진아는 도달되지 않는다고 말하는 것입니다. 그대가 진아입니다. 그대가 이미 그것입니다. 실은 그대는 자신의 지복스러운 상태를 모르고 있습니다. 무지가 잇따라 일어나서 순수한 **지복** 위에 베일을 드리웁니다. 노력은 그 무지를 제거하는 데로만 향해집니다. 이 무지는 잘못된 지知일 뿐입니다. 그 잘못은 **자기**를 몸·마음 등과 그릇되게 동일시하는 것입니다. 이 그릇된 동일성이 진아에 대한 탐구에 의해 사라져야 하며, 그러면 진아가 있습니다. [대담 251]

그것은 이원성을 넘어서 있습니다. 만일 하나가 있으면 둘도 있겠지요. 하나가 없으면 다른 수들은 없습니다. 진실은 하나도 없고 둘도 없다는 것입니다. 그것은 있는 그대로입니다.

늘 **진정한 존재**(Real Being)를 성찰하고 느끼십시오. **그것**이 되십시오. 그것을 꽉 붙드십시오. 그대의 탐구가 부단하고 지속적인 것이 되게 하십시오. 그러면 결국 진아를 붙잡게 되고, 그렇게 해서 영원한 행복을 발견합니다.

문: 마야를 어떻게 없앱니까?

답: 마야를 정복하려고 애쓰지 마십시오. 그대의 진정한 상태에 있으십시오. 그러면 마야는 저절로 사라질 것입니다. 만일 그것을 정복하려고 들면 많은 어려움을 겪게 될 것입니다.

존재하십시오(BE)! 다른 어떤 외부의 생각들이 일어나면 그 생각을 가진 것이 누구인지 알아내십시오. 그러나 그대가 자신을 진정한 **자아**로 생각하든 않든, 그대는 늘 **그것**입니다. 진아 깨달음과 같이 단순 명백한 것에 대해 수많은 걱정, 수많은 요가가 있습니다! 왜입니까? 그대가 진정한 **자아**입니다. 어떻게 그대가 **그것**과 다를 수 있습니까?

문: 저희는 무지합니다. 환幻의 바다를 건널 방도를 말씀해 주십시오.

마하르쉬님은 답변하지 않았다. 30분 뒤 질문자가 자신의 질문을 반복했다. 마하르쉬님이 말씀하셨다. "그대는 자신이 무지하다고 말합니다. 실로 그대는 모든 것을 아는 자입니다! 그런데도 자신이 모른다고 말하는군요."

하나를 깨달음으로써 우리는 많은 신들 모두를 압니다.

진아의 의식은 정상적인 상태이고, 우리의 현재 뒤얽힘은 비정상적인 상태입니다. 우리는 우리가 완전한 상태를 향해 발전해야 한다고 상상합니다. 우리는 지금 그 상태에 있지만, 외부의 사물과 생각이라는 증식물들로 그것을 덮고 있습니다. 사람들은 초의식의 성취를 이야기합니다. 그것은 잘못입니다. 이 진아는 우리의 정상적인 의식입니다. 우리는 발전하여 그것을 성취해야 한다고 상상하지만, 우리는 항시 그 상태에 있습니다. 다만 우리의 주의가 거기서 벗어나 지성과 대상들에게로 가 있을 뿐입니다.

성취해야 하는 것이라면 그것은 **실재**가 아니고, **진리**가 아닙니다. 우리는 이미 **실재**이고 **진리**입니다.

저는 이유도 모른 채 여기 왔습니다. 저는 말 그대로 이곳에 '매혹'되었습니다. 그러나 우리가 **보는 자**를 깨달으면 보아야 할 것이 달리 아무것도 없고, 가보고 싶은 다른 어떤 곳도 없습니다. 보는 자, 보이는 대상, 보는 행위, 이 모두가 이제는 만물의 바탕인 **하나** 속으로 합일됩니다.

깨달음의 상태는 곧게 뻗은 큰길과 같고, 지성과 감각기관은 밀림입니다. 우리는 모두 그 밀림 속에서 헤매고 있습니다. 큰길을 만나기가 어렵지만, 일단 큰길로 나오면 그 길은 곧게 뻗어 있고 가기가 쉽습니다. 그래서 제가 이 진아 깨달음은 쉽다고 말하는 것입니다.

문: 그러나 침묵 속에서 좌정하여 진아에 대해 명상하는 것이 남들에게 너무나 감화력이 크다는 점에 대해 보자면, 당신께서는 이 **힘**이 대다수 사람들의 정념과 들뜬 생각들을 극복할 수 있다고 말씀하시겠습니까?

답: 예, 그것은 최고의 힘이고 다른 모든 것을 극복합니다.

참된 영적 발전에서는 어떤 시간 순서도 없습니다. 그대는 지금 여기서 영적입니다. 차원이니, 성장의 정도니, 존재의 상태들이니 하는 심적인 우리 안에 스스로를 가두지 마십시오. 그런 거짓된 한계들을 끌어안지 마십시오. 그대는 영적인 **진아**입니다. 그것이 되십시오.

그대가 그대 자신을 **발견**해야 한다는 그런 관념은 어리석은 것입니다. 발견할 것이 뭐가 있습니까? 그 관념에 따르면 두 사람이 있습니다. 즉, 한 사람이 다른 사람을 찾고 있습니다. 그래서 그대는 참된 **자아**이지만, 자신을 그릇되게 에고(ahankara)와 동일시하고 몸과 동일시합니다.

우리는 시간이 걸려 진아를 성취하고, **신**에 도달하는 것에 대해 이야기합니다. 성취할 것은 아무것도 없습니다. 우리는 이미 **스스로 존재**합니다. 우리가 지금보다 **신**에게 더 가까워질 때도 결코 없을 것입니다. 우리는 지금 늘 지복스럽고 **스스로 존재하는 무한자**입니다. 우리의 의식은 끊어짐이 없고 지속적이며 영원합니다. 지금 우리가 그렇지 않다고 생각하는 것은 모두 마야(maya)이고 자기최면입니다. <u>스스로</u> 최면에서 깨어나십시오. 두 개의 자아가 있어서 하나는 우리가 지금 의식하는 것[그 사람]이고, 다른 하나는 더 높은 것, 즉 **신**으로서 우리가 언젠가는 의식하게 될 것이라고 하면서 자신을 미혹시키는 것이 에고입니다. 이것은 거짓입니다. 단 하나의 **진아**가 있고, 그것은 지금 그리고 늘 완전히 의식하고 있습니다. 그것에게는 과거도 현재도 미래도 없습니다. 왜냐하면 그것은 시간을 벗어나 있기 때문입니다.

그 무한한 힘·신·참된 자아 없이는 이 향이 타지 않을 것이고, 이 세계가 존재하지 않을 것입니다. 이 진아는 모든 형상들 속에 있습니다. 그것만이 그들에게 실재성을 부여합니다. 그래서 깨달은 자는 다른 모든 것 안에서 그 자신을 발견합니다. 왜냐하면 그는 단일성을 발견했고, 더 이상 다수성을 인식하지 않기 때문입니다.

우주는 진아 안에서 존재합니다. 따라서 그것은 실재하지만, 이는 그것이 진아에서 실재성을 얻기 때문일 뿐입니다. 그러나 우리가 우주를 실재하지 않는다고 하는 것은 그 변화하는 겉모습과 일시적 형상들을 지적하기 위해서입니다. 반면에 우리가 진아를 실재한다고 하는 것은 그것이 불변이기 때문입니다.

깨닫고 나면 몸과 그 밖의 모든 것이 진아와 다른 것으로 보이지 않을 것입니다.

지知는 우리의 의식에 새겨진 인상들의 어떤 결과를 전제로 합니다.

이스와라·신·창조주·인격신은 사라져야 할 최후의 비실재적 형상들입니다. 절대적 존재만이 실재합니다. 따라서 세계와 에고뿐만 아니라 인격신도 비실재입니다. 우리는 절대자를 찾아야지, 그 이하의 어떤 것도 찾을 것이 없습니다.

사람들은 자신을 몸이라고 여기고, 형상 없는 영靈으로서의 자신의 참된 성품을 등한시하면서, 자연히 지고의 신이 형상을 가지고 있다고 여기는 오류에 빠집니다. 깨달음이 그 둘 다의 치유책입니다.

문: 절대자는 그 자신을 압니까?

답: 그것은 지知와 무지를 넘어서서 항상 의식하고 있습니다. 그대의 질문은 주체와 대상을 전제하지만, 절대자는 그 둘을 넘어서 있습니다. 그것은 지知 그 자체입니다.

마하르쉬님은 청소년 때 당신이 영적인 진아 깨달음을 얻은 실제적 과정은 20분이 채 걸리지 않았으며, 그 이후 몇 년은 단지 이 깨달음을 자리 잡게 하고 점차 조정하면서 보냈을 뿐이라고 말씀하셨다.

실제로는 얻을 것이 아무것도 없습니다. 그것은 지금 여기 있습니다.

문: 제가 주장하는 것은, 진아에 대한 끊임없는 내관의 결과로 삼매에 몰입해 있는 사람의 육신은 그 때문에 움직임이 없어야 할 필요는 없다는 것입니다. 그것은 활동할 수도 있고 활동하지 않을 수도 있습니다. 다른 사람은 몸이 움직이게 되면 무상삼매가 안 되는 것이 확실하다고 주장합니다. 당신의 견해는 어떻습니까?

답: 둘 다 맞습니다. 그대는 본연무상삼매(*sahaja nirvikalpa*)를 말하고 있고, 그 사람은 합일무상삼매(*kevala nirvikalpa*)를 말하고 있습니다. 후자의 경우, 마음은 진아의 빛 안에 잠겨 있습니다. 주체는 이것과 저것을—즉, 삼매, 삼매에서 깨어나기, 그리고 그 이후의 활동을 구분합니다. 몸·시각·생기·마음의 동요, 대상들에 대한 인식, 그리고 활동은 그에게 방해요인입니다.

그러나 본연삼매(*sahaja*)에서는 마음이 진아 안에서 해소되어 상실되었습니다. 따라서 여기서는 앞에서 말하는 차별상과 방해요인들이 존재하지 않습니다. 그러한 존재의 활동들은 마치 잠이 든 아이에게 음식을 먹일 때 제3자는 그것을 인식하지만 그 주체(아이)는 그것을 인식하지 못하는 것과 비슷합니다. 움직이는 달구지 안에서 잠이 든 달구지꾼은 달구지의 움직임을 의식하지 못합니다. 이는 그의 마음이 어둠 속에 잠겨 있기 때문입니다. 그와 마찬가지로, 본연적 진인(*sahaja jnani*)은 자신의 신체적 활동을 의식하지 못하는 상태로 있습니다. 왜냐하면 그의 마음이 죽어서 찌다난다(*chidananda*)[영원한 지복]의 황홀경 속에 녹아들어 있기 때문입니다.

(질문에서는 내관과 삼매라는 두 단어가 느슨하게 사용되었다. 내관은 하나의 강제적인 심적 과정인 반면 삼매는 노력을 넘어서 있다.)

잠	합일무상삼매	본연무상삼매
1. 마음이 살아 있음	1. 마음이 살아 있음	1. 마음이 죽었음
2. 망각에 빠져 있음	2. 빛 속에 잠겨 있음	2. 진아 속에 녹아들었음
	3. 끈 달린 두레박이 우물 안에 잠겨 있는 것과 같음	3. 바다로 들어간 강과 같이 개체성이 상실됨
	4. 끈을 잡고 다시 꺼낼 수 있음	4. 강은 다시 바다에서 되돌릴 수 없음

[대담 187]

평안은 인간의 내적인 성품입니다. 그것이 그대 자신 안에 있다는 것을 발견하면, 그것이 도처에 있다는 것을 알게 될 것입니다.

그대가 일시적 영적 체험들 속에서 발견한 그 평안은 그대의 진아 안에서 발견된 것이지, (밖에서) 그대에게 부과된 것이 아닙니다. 깨달으려고 하는 우리의 노력에 대해 우리가 웃어버려야 할 때가 올 것입니다. 왜냐하면 우리가 전이나 후나 똑같았다는 것을 발견할 테니 말입니다.

평정심의 상태가 지복의 상태입니다.

깨달음은 이미 여기 있습니다. 생각에서 벗어난 상태가 단 하나의 실재하는 상태입니다. 깨달음이라고 하는 그런 행위는 없습니다. **자기를 깨닫지 못하고 있는 사람이 누가 있습니까?** 어느 누가 자신의 존재를 부인합니까? 어떻게 우리가 우리의 진아를 모른다는 것입니까? 중간에서 우리의 행복을 가로막는 것은 생각들입니다. 우리는 우리가 존재한다는 것을 어떻게 압니까? 만일 그대가 우리 주위의 세계 때문이라고 말한다면, 잠 속에서 그대가 존재했다는 것은 어떻게 압니까? [대담 146]

문: 해탈이 무엇입니까?

답: 그것은 그대가 태어나지 않았다는 것을 아는 것입니다. "고요히 있으라. 그리고 내가 신임을 알라." '고요히 있으라'는 것은 '생각하지 말라'는 것입니다. 그대는 그대 자신을 놓쳐 버렸습니다. 내면으로 향하십시오. 마음의 근원을 찾아보면 마음은 사라지고 진아가 뒤에 남을 것입니다. [대담 131]

그대는 그것(그대의 성품이 명상인 것)을 나중에 의식하게 되지만, 그렇다고 해서 지금 그대의 성품이 명상할 때와 다르다는 것은 아닙니다. [대담 268]

고요함 또는 평안이 깨달음입니다. 진아가 없는 순간은 없습니다. 깨닫지 못했다는 의심이나 느낌이 있는 한 그런 생각을 없애기 위해 노력해야 합니다. 그 생각들은 **자기**(진아)를 비아非我와 동일시하는 데서 비롯됩니다. 비아가 사라지면 **진아**만이 남습니다.

공간을 만들려면 꽉 차 있는 것들[즉, 물리적 대상과 심적인 대상들]을 제거하기만 하면 됩니다. 공간을 새로 들여오는 것이 아닙니다. 뿐만 아니라 꽉 차 있는 것 안에도 공간이 있습니다.

생각이 없는 것이 공백 상태를 뜻하지는 않습니다. (공백 상태가 있으려면) 그 공백 상태를 아는 자가 있어야 합니다. 지知와 무지는 마음에 속합니다. 그것들은 이원성에서 태어납니다. 그러나 진아는 지知와 무지를 넘어서 있습니다. 그것은 스스로 빛납니다. 다른 **자기**(진아)를 가지고 **자기**를 볼 필요는 없습니다. 두 개의 자아란 없습니다. **진아**가 아닌 것은 비아非我입니다. 비아는 **진아**를 볼 수 없습니다. 보거나 듣는다는 것이 있을 수 없습니다. **진아**는 그 너머에, 순수한 **의식**으로서 오로지 홀로 있습니다.

한 여자가 자기 목에 걸려 있는 목걸이를 잃어버렸다고 생각하고 계속 찾다가, 결국 한 친구가 일러주어서 그것을 발견합니다. (있는 목걸이를 두고) 그녀가 그것을 잃어버렸다는 걱정과 나중에 그것을 잃어버리지 않았다는 즐거움을 스스로 만들어냈듯이, 진아도 그대가 그것을 찾든 않든 (늘) 있습니다.

또한 그 여자가 마치 잃어버렸던 목걸이를 되찾은 것처럼 뿌듯하게 느끼듯이, 무지가 제거되고 그릇된 동일시가 그치면, 영원히 존재하는 진아가 (마치 새로 얻은 것처럼) 드러납니다. 이것을 깨달음이라고 합니다. 그러나 깨달음은 새로운 것이 아닙니다. 그것은 무지를 제거한 것에 해당하며 그 이상 아무것도 아닙니다.

마음을 지워버려서 사라지게 해야 합니다. 그 생각하는 자가 누구인지, 찾는 자가 누구인지를 보십시오. 생각하는 자, 찾는 자로서 머무르십시오. 그러면 모든 생각이 사라질 것입니다.

그 에고는 생각들이 추방된 순수한 에고입니다. 그것은 진아와 같은 것입니다. 그릇된 동일시가 지속되는 한 의심도 지속될 것이고 질문들도 일어날 것이며, 그런 것이 끝이 없을 것입니다. 비아가 종식되어야 의심이 사라질 것입니다. 그 결과로 깨달음이 일어날 것입니다. 의심하거나 질문할 자가 아무도 없을 것입니다. 그런 모든 의심은 내면에서 해결되어야 합니다. (그렇지 않으면) 아무리 말을 많이 해 주어도 만족스럽지 않을 것입니다. 그 생각하는 자를 붙드십시오. 생각하는 자를 붙들지 않을 때는 대상들이 나타나거나 의심들이 일어납니다. [대담 245]

문: 어떻게 하면 신을 볼 수 있습니까?

답: 안에서입니다. 마음이 내면으로 향해지면 신이 내적인 의식으로서 나타납니다.

문: 그러나 신은 우리가 우리 주위에서 보는 모든 대상들 안에 있지 않습니까?

답: 신은 모든 것 안에 있고 보는 자 안에도 있습니다. 어디서 신을 볼 수 있습니까? 밖에서는 그를 발견할 수 없습니다. 안에서 그를 느껴야 합니다. 대상들을 보려면 마음이 필요하고, 대상들 안의 신을 생각하는 것은 마음의 한 작용일 뿐입니다. 그러나 그것은 실재하지 않습니다. 마음이 제거된 내면의 의식이 신으로서 느껴집니다. [대담 244]

문: 만일 제가 무한하다면, 어떻게 해서 유한해졌습니까?

답: 그대의 말들을 분석해 보십시오. 그대는 '나'라는 말로 시작합니다. 먼저 그 '나'를 아십시오. 그 뒤에도 그 질문이 계속된다면 그것을 고려해 볼 수도 있겠지만, 그 전에는 아닙니다.

진아는 지금 여기 있고 홀로입니다. 그것은 새로운 것이 아니고 얻을 수 있는 것이 아닙니다. 그것은 자연적이고 영구적입니다.

진아라는 용어는 한정됨이 없고 무한한 **자아**를 가리킵니다. 그 의미를 한정하지 마십시오.

문: 우주 안에는 왜 슬픔과 악이 있습니까?

답: 신의 뜻이지요!

문: 왜입니까?

답: 그것은 불가해합니다. 저 힘에는 어떤 동기도 귀속시킬 수 없습니다. 저 전지전능한 존재에게는 어떤 욕망도, 어떤 목표도 있다고 말할 수 없습니다. 신은 태양과 같이, 자신의 면전에서 일어나는 활동들에 의해 영향을 받지 않습니다. 만일 사건들로 인해 마음이 불만족스럽거나 들뜬다면, 신의 의지를 그 해법으로 받아들이는 것이 좋은 해결책입니다. 그래서 자신에게 책임과 자유의지가 있다는 느낌을 놓아버리고, 우리 자신을 신의 도구로 여기면서, 그가 원하는 대로 행위하고 고통 받는 것이 현명합니다. [대담 28]

시바, 가나빠띠 기타 브라마와 같은 신들은 인간의 관점에서 존재합니다. 즉, 그대가 자신의 개인적 자아를 실제로 존재한다고 여기면 그들도 존재합니다. 정부에는 그 정무를 수행하기 위한 고위 행정관리들이 있듯이, **창조주**에게도 신들이 있습니다. 그러나 **지고의 절대적 진아**의 관점에서 보면 그런 모든 신들은 환幻이며, 그들 자신도 **하나인 실재** 안에 합일되어야 합니다.

빠라마뜨마(*Paramatma*)와 **아뜨마**(*atma*)는 똑같은 하나, 곧 **진아**입니다. 진아는 영원히 깨달아져 있습니다. 만일 그것이 영원하지 않다면 그것은 어떤 시작이 있어야 합니다. 시작이 있는 것은 끝이 있을 수밖에 없고, 그것은 일시적일 뿐입니다. 일시적인 상태를 추구해 봐야 아무 소용 없습니다. 실은 그것은 애씀 없는 **평안**의 상태입니다. 자각하고 있으면서도 애씀이 없는 것이 지복의 상태입니다. [대담 295]

문: 당신께서는 최고의 신조차도 하나의 관념일 뿐이라고 말씀하십니다. 그것은 어떤 신도 없다는 것을 뜻합니까?

답: 아니지요. 이스와라는 있습니다.

깨달음의 자리는 안에 있는데, 왜냐하면 구도자가 자신의 밖에서 그것을 하나의 대상으로 발견할 수 없기 때문입니다. 그 자리가 곧 **지복**이며, 모든 것의 핵심입니다. 그래서 그것을 **심장**이라고 합니다. 이번 생의 단 하나 유용한 목적은 내면을 향하고 (진아를) 깨닫는 것입니다. 달리 할 일은 아무것도 없습니다. [대담 219]

문: 왜 크리슈나는 진화에 대해서 이야기합니까? 바가반께서는 진화를 믿으십니까?

답: 진화는 한 상태에서 다른 상태로 되는 것일 수밖에 없습니다. 어떤 차별상도 인정되지 않는데, 어떻게 진화가 일어날 수 있습니까? 『기타』는 어떻게 시작합니까? ("그것은 태어나지도 않았고 죽지도 않는다"고 말합니다.) 그래서 어떤 탄생도, 죽음도, 그대가 바라보는 어떤 현재도 없습니다. **실재**는 있었고, (지금도) 있고, (앞으로도) 있을 것입니다. 그것은 불변입니다. 나중에 아르주나는 크리슈나에게 어떻게 당신이 아디띠야(Aditya) 이전에 살아 있을 수 있었느냐고 물었습니다. 그러자 크리슈나는 아르주나가 자신을 거친 몸과 혼동한 것을 보고, 그에 따라 그에게 이야기했습니다. 그때의 가르침은 다양성을 보는 자를 위한 것입니다.

그러나 진인의 관점에서 보자면, 그 자신에게나 남들에게나 속박도 없고 해탈도 없습니다. 어떤 해탈도 없습니다. 속박이 있어야 해탈이 있을 수 있겠지요. 실제로 어떤 속박도 없었고, 그래서 어떤 해탈도 없다는 결론이 나옵니다. 다년간이라는 문제는 없습니다. 지금 이 순간 그 생각을 막으십시오. 요가를 닦든 닦지 않든, 그대는 자신의 자연적 상태에 있을 뿐입니다.

문: 그렇다면 왜 모두가 깨닫지는 못합니까?

답: 그것은 또 다른 형태의 같은 질문입니다. 왜 그런 질문을 합니까? 요가에서의 노력에 대한 그런 질문을 하는 한, 그것은 그대에게 그것이 필요하다는 것을 말해줍니다. 그것을 하십시오. 그러나 아무 질문과 의심 없이 있으십시오. 그것이 자연적 상태입니다. 진아는 성취할 수 있는 것이 아닙니다. 왜냐하면 그대가 진아이기 때문입니다. [대담 264]

평안은 그대의 성품입니다. 망각은 결코 진아를 따라잡지 못합니다. 진아가 지금 비아와 혼동되고 있고, 그래서 그대가 망각을 이야기하게 됩니다. [대담 290]

마음이 과연 존재하는지를 탐구해 보면 그것이 존재하지 않는다는 것을 발견할 것입니다. 그것이 마음의 제어입니다. 그러지 않고 마음을 존재한다고 보고 그것을 제어하려고 든다면, 그것은 마음이 마음을 제어하는 격이 될 것입니다. 그렇게 해서는 마음이 지속될 뿐이고, 스스로 빠져나갑니다. [대담 43]

문: 완전성 안에 왜 불완전성이 있습니까?

답: 누구에게 상대성이 있습니까? 누구에게 불완전성이 있습니까? 절대자는 불완전하지 않습니다. 절대자가 그대에게 자신이 은폐되어 있다고 말합니까? 뭔가가 절대자를 가리고 있다고 말하는 것은 그 개인적 영혼입니다. [대담 132]

문: 성스러운 책(경전)들에서는 **아뜨만 · 빠라마뜨만 · 빠라**(para) 등 몇 가지 용어가 사용됩니다. 그 용어들 간의 차이는 무엇입니까?

답: 그 단어들을 사용하는 사람에게는 똑같은 것을 의미합니다. 그러나 사람마다 발전 정도에 따라 그것을 다르게 이해합니다.

문: 그런데 같은 것을 의미하는 단어들을 왜 그렇게 많이 사용합니까?

답: 그것은 상황 나름입니다. 그 단어들은 모두 진아를 뜻합니다. **빠라**는 '상대적이지 않은' 것, 즉 **절대자**를 의미합니다. [대담 273]

문: 헌신은 이원성을 내포하지 않습니까?

답: 헌신과 진아 깨달음은 같은 것입니다. 비이원론자들의 진아가 헌신가들의 신입니다. 개인의 몸이 영혼 · 에고 · 거친 몸을 포함하듯이, 신은 **빠라마뜨마**, 세계 그리고 개인들을 포함합니다. [대담 274]

우리는 진아이면서 왜 계속 행복을 갈망합니까? 그 갈망을 없애는 것 자체가 구원입니다. 경전에서는 "그대가 **그것이다**"라고 합니다. 그 지_知를 전해주는 것이 경전들의 목적입니다. 깨달음이란 그대가 누구인지를 알아내어 그 '나'로서 안주하는 것일 수밖에 없습니다. "나는 저것이지 이것이 아니다"라고 말하는 것은 시간 낭비일 뿐입니다. 상근기 제자라면 그 작업이 밖에서가 아니라 그 자신의 안에서 이루어집니다. [대담 227]

띠루반나말라이에 있으면서 거기로 가는 길을 묻는다면 우스운 일입니다. 마찬가지로, 자신이 진아이면서 어떻게 하면 그것을 깨달을 수 있느냐고 묻는다면 말이 되지 않습니다. 진아 안에 머무르십시오. 그뿐입니다. [대담 354]

그 '나'가 근본 토대이며, 그것을 알면 다른 모든 것을 알게 됩니다. [대담 362]

문: 왜 수많은 신들이 거론됩니까?

답: 몸은 하나뿐입니다. 하지만 그것이 얼마나 많은 기능을 수행합니까? 그 모든 기능들의 원천은 단 하나입니다. 신들의 경우도 마찬가지입니다. [대담 371]

문: 제가 저의 진정한 자아를 어떻게 기억할 수 있습니까? 당신께서 말씀하시는 것은 마하르쉬님 정도의 위치에 있는 분들에게 해당됩니다.

답: 그대가 어떻게 그것을 잊어버릴 수 있습니까? 마하르쉬가 어떻게 그대와 다릅니까? 그는 뿔이 두 개 난 사람이 아닙니다. 그대의 몸에 어떤 일이 일어나든 진아는 내내 지속됩니다.

문: 이 진아란 무엇입니까?

답: 진아를 알면 신을 알게 됩니다. 신에 대한 모든 정의 중에서 **"나는 내가 있다는 것이다"**라는 성경 「출애굽기」 3장의 말씀만큼 잘 표현된 것은 없습니다. **여호와**(Jehovah), 즉 "내가 있다" 만큼 직접적인 이름은 아무 것도 없습니다. 절대자는 있습니다. 그것이 진아, 곧 신입니다. [대담 106]

문: 저에게 신의 존재를 납득시켜 주십시오.

답: 진아 깨달음이 그런 확신과 같은 것입니다. [대담 295]

도움을 구하는 사람에게: '**나**'는 **아뜨마**입니다. 아뜨마가 스승이고, 아뜨마가 은총이기도 합니다. 누구도 **아뜨마** 없이 존재하지 않습니다. 그와는 늘

접촉됩니다. 그보다 더 친밀한 것은 아무것도 없습니다. [대담 104]

몸은 '나'가 아닙니다. 몸은 우리 자신의 존재 없이는 존재할 수 없습니다. 왜 우리가 몸을 진아와 다른 것으로 보아야 합니까? 진아는 태어나지도 않고 죽지도 않습니다. 새로운 것은 아무것도 없습니다. 진인들은 일체가 진아 안에 있고 진아의 것이라고 봅니다. 어떤 다양성도 없습니다. 따라서 탄생도 없고 죽음도 없습니다. [대담 244]

은총을 베푸는 것은 신의 특별한 기능이 아닙니다. 그가 자애로운 어떤 특별한 때나 경우도 없고, 그가 자애롭지 않은 어떤 경우도 없습니다.

문: 신은 인격적인 존재입니까?
답: 예, 신은 늘 1인칭으로서 그대 앞에 서 있습니다. 우리는 일체를 포기하고 신만이 우리 앞에 서 있게(*munnilai*) 해야 합니다.

문: 내면 탐색에 대해 아무 답이 나오지 않습니다.
답: 그 탐구자가 답이고, 달리 어떤 답도 나올 수 없습니다. 나오는 것은 참될 수 없습니다. '존재하는 것'(실재)이 참됩니다. [대담 44]

인간은 그 자신의 성품 안에 있지 않을 수 없습니다. 그것을 알기만 하면 됩니다.

문: '나-나' 의식은 어떻게 느껴집니까?
답: '나'에 대한 끊임없는 자각으로서입니다. 그것은 그냥 의식입니다. 바로 지금도 그대는 그것입니다. (그것이) 순수할 때는 그것을 잘못 보는 일

이 없을 것입니다. [대담 205]

문: 의식이 어떤 쾌락을 줄 수 있습니까?

답: 그것의 성품이 쾌락입니다. 쾌락만이 있습니다. 쾌락을 즐기는 어떤 향유자도 없습니다. 향유자와 쾌락 둘 다 그 안에 합일됩니다. 쾌락은 마음을 안으로 돌려서 붙들어두는 데 있습니다. 고통은 마음을 밖으로 내보내는 데 있습니다. 쾌락이 없는 것을 고통이라고 합니다. 우리의 성품은 쾌락, 곧 지복입니다. [대담 244]

깨달음을 열망하는 것은 그 영혼이 아닙니다. 왜냐하면 깨달음은 늘 있기 때문입니다. 그대는 자신을 부인합니까? 아니지요, 그렇다면 진아가 존재합니다. (깨달음을) 추구하는 것은 에고일 뿐입니다.

『요가 바쉬슈타』에서는 "실재하는 것은 우리에게 숨겨져 있고, 거짓된 것이 참인 양 드러나 있다"고 합니다. 실은 우리는 **실재만**을 경험하고 있습니다. 하지만 우리가 그것을 모릅니다. 정말 경이로운 일 아닙니까? [대담 146]

문: 두려움을 어떻게 없앱니까?

답: 두려움이 무엇입니까? 그것은 하나의 생각에 지나지 않습니다. 자기 외에 아무것도 없으면 두려워할 이유가 없습니다. 두 번째 것(다른 어떤 것)을 누가 봅니까? 먼저 에고가 일어나서 대상을 봅니다. 만일 에고가 없으면 진아만이 존재하며, 두 번째 것은 없습니다. 우리 자신에게 외부적인 그 어떤 것도 그 근원은 내면에 있습니다. 그것을 추구하면 어떤 의문도, 어떤 두려움도 없을 것이고, 에고를 중심으로 모여 있는 다른 모든 생각도 에고와 함께 사라질 것입니다. [대담 146]

약함이나 강함은 마음 속에 있습니다. 진아는 마음을 넘어서 있습니다.

문: 세간적 욕망을 포기하는 것이 필요합니까?

답: 우리가 왜 욕망합니까? 탐구해 보십시오. 만일 거기서 어떤 진정한 행복도 발견하지 못하면 그대의 마음이 거기로 가지 않겠지요. 잠재의식적인 습에 따라 거기로 유혹당할 수는 있겠지만 거기서 돌아 나올 것입니다. 그대는 왜 자유의 삶을 원합니까? 그대가 그것을 갈망한다는 사실은 그대가 속박 속에 있다는 것을 말해줍니다. 그러나 실은 그대는 항상 자유롭습니다. 진아를 아십시오. 그러면 욕망들은 저절로 떨어져 나갑니다. 모든 욕망과 생각들을 내면의 한 점으로 가져가십시오. 그것이 깨달음입니다. 마음이 고요해져야 합니다. 벌이 꿀을 찾아 꽃 주위에서 시끄럽게 붕붕거립니다. 꿀을 찾으면 벌이 조용해져서 **고요합니다**. 욕망을 가지고 단 하나의 참된 꿀을 찾는 인간의 영혼도 마찬가지입니다.

문: 목표에 빨리 이르고 싶으면 어떻게 해야 합니까?

답: 시간은 그대의 마음 속에 있는 하나의 개념입니다. 그 목표는 늘 존재합니다. 그것은 새롭게 찾아내야 하는 어떤 것이 아닙니다. **절대자는** 우리의 성품입니다. 문제가 생기는 것은 그대가 자신을 한정하기 때문입니다.

문: 우리의 시도는 반드시 성공하겠습니까?

답: 깨달음은 우리의 성품입니다. 그것은 새롭게 얻는 것이 아닙니다. 새로운 것은 영원할 수 없습니다. 따라서 진아를 잃을지 얻을지를 의심할 필요는 없습니다. [대담 401]

문: 우리가 소원성취석(*chintamani*)[그것을 가진 사람의 모든 소원을 들어주는 천상의 보석]을 얻는 데는 얼마나 오랜 시간이 걸리겠습니까?

답: 소원성취석의 예는 『요가 바쉬슈타』에 나옵니다. 소원성취석이란 진아의 진정한 성품을 의미합니다. 그 이야기는 다음과 같습니다.

한 사내가 소원성취석을 얻기 위해 따빠스(고행)를 하고 있었는데, 신기하게도 보석 하나가 그의 손 안에 떨어졌습니다. 그는 그것이 소원성취석일 리가 없다고 생각했습니다. 그 보석을 얻기에는 자기가 한 노력이 너무 짧았고 너무 적었기 때문입니다. 그래서 그것을 내버리고 따빠스를 계속했습니다. 나중에 한 사두(sadhu)가 그의 앞에 보석처럼 깎은 찬란한 조약돌 하나를 놓아주었습니다. 사내는 그 겉모습에 속아 그것이 소원성취석일 거라고 생각했지만, 그것은 이루어준다고 한 소원들을 이루어주지 않았습니다. 그와 마찬가지로, 우리에게 내재해 있는 진아를 다른 데서 찾아서는 안 됩니다. [대담 404]

문: 뿌르나 브라만(Purna Brahman)에 어떻게 도달합니까? 재가자에게 가장 잘 맞는 수행법은 무엇입니까?

답: 그대는 이미 뿌르나(Purna)[완전함]라고 말했습니다. 그대가 뿌르나와 별개입니까? 만일 그것과 별개라면 그것이 뿌르나이겠습니까? 별개가 아니라면 그런 질문이 어떻게 일어납니까? 브라만이 뿌르나이고, 그대가 그것과 별개가 아니라는 것을 아는 것이 종착지입니다. 그것을 보십시오. 그러면 그대는 재가자도 아니고, 어떤 한정된 존재도 아니라는 것을 알게 될 것입니다. 그것에 대한 앎이 다른 문제들도 자동적으로 밝혀줄 것입니다. [대담 395]

저는 청년기에 '죽음'의 체험을 할 때 진아 속으로 들어갔고,40) 그 이후

---

40) (역주) 바가반이 1896년 마두라이의 숙부 댁에서 처음 죽음의 체험을 하면서 진아를 깨달은 사건을 말한다.

로 일점도 '진보'하거나 변화되지 않았습니다. 그 뒤로 그것은 내내 같은 상태로 남아 있고, 어떤 발전도 없습니다.

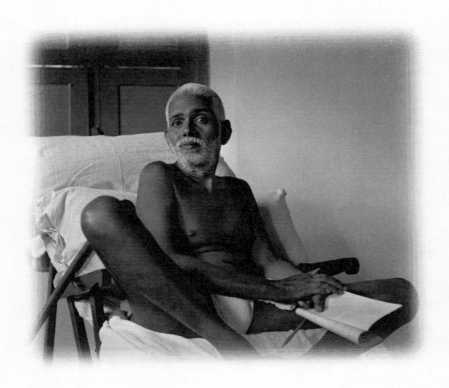

20. 초신비주의의 필요성

우리가 **자기**(진아)의 내면에서 참된 **실재**를 추구하도록 이끌지 않는 모든 형이상학적 논의는 무익합니다.

우리는 많은 책을 훑어볼 수 있고 또 종종 그렇게 합니다. 어쩌면 도서관 하나를 통째로 훑어볼 수도 있지만, 자신이 무엇인지에 대한 어렴풋한 깨달음도 얻지 못하고 끝납니다. 학식은 그것을 통해 우리의 에고성과 자부심이 공부와 함께 발달할 때, 손해를 끼치는 경우가 많습니다.

과학은 외적인 우주를 탐색하고 있지만 진아를 탐색하지는 않았습니다. 발명들이 부단히 이루어지고 있는데, 그것은 결코 그치지 않을 것입니다. 왜냐하면 우리가 이런저런 새로운 것을 계속 발명할 수 있기 때문입니다. 그 이익이 무엇입니까? 이 모든 것은 환幻입니다. 내면으로 돌아서서 먼저 그대의 진아를 아십시오.

제가 하는 말 등에 대해 그대가 하고 있는 그 모든 필기는 초심자들, 친구들에게, 그리고 다른 사람들의 질문에 답변하는 데는 유용하겠지요. 그러나 그대 자신을 위해서는 그것이 한갓 종이쪽지들일 뿐이라는 것을 그대가 압니다. 그대 자신이 진아 속으로 뛰어들어, 거기서 그대가 알고 싶은 모든 것을 발견하십시오.

창조, 우주의 본질, 진화, 신의 목적에 대한 모든 논란은 아무 쓸데없습니다. 그런 것들은 우리의 참된 행복에 도움이 되지 않습니다. 사람들은 자신의 바깥에 있는 것들에 대해 알고 난 뒤에 "나는 누구인가?"를 알려고 합니다. "나는 누구인가?"의 탐구에 의해서만 행복을 얻을 수 있지, 전 우주를 이해하는 것으로는 행복을 얻지 못합니다. 왜냐하면 진아가 곧 행복이기 때문입니다.

아난다(Ananda)는 마음의 어떤 활동이나 특징에 의해서도 방해받지 않는 지복입니다. 일시적 지복이 있고 영구적 지복이 있습니다. 전자의 상태를 합일삼매(kevala samadhi)라고 합니다. 후자는 본연무상삼매(sahaja nirvikalpa samadhi), 즉 자연스러워진 무상삼매의 상태라고 합니다.

합일삼매의 상태에 있는 진인은 마음 활동이 그치고 외부 대상들이 사라진 데서 일어나는 삼매의 지복을 즐깁니다. 그러나 얼마 후에는 마음 활동이 시작되면서 그의 지복이 그치고, 한동안 삼매가 없습니다. 그러나 본연무상삼매의 상태는 마음 활동 등으로 되돌아가는 일이 없고, 그에 따른 지복의 상실이 없다는 것을 의미합니다. 그의 행복은 끊임이 없고 늘 지속됩니다. 다만 그의 몸·감각기관·마음이 활동할 수는 있지만, 그 사람은 자신의 몸이 하는 행위들을 거의 의식하지 못합니다.

생명 기운은 **심장**에서 비롯됩니다. 이 **심장**은 그 이름의 생리 기관이 **아니라** 그것에 가까이 있는 하나의 영적인 중심입니다. 그래서 모든 종교, 모든 인종의 모든 사람이, 심지어 아이까지도 가장 깊은 감정을 의미하는 하나의 비유로서 '심장'을 가리킬 때는 자기 손으로 가슴을 만질 것입니다. 그러나 진아 깨달음 안에서는 (그 심장이) 몸 안에 있느냐 밖에 있느냐 하는 논의가 일어날 수 없습니다. 그 중심을 발견했을 때는 그것이 전 세계의 주변까지 퍼져 있다는 것을 알 것입니다. 만일 그대가 원하면 그 반경은 그대의 몸까지만 미칠 수도 있고 세계에까지 미칠 수도 있습니다. 우리는 그 범위가 인간 형상에게만 국한되어 있다는 그릇된 가정을 가지고 시작합니다. 먼저 그 중심을 포착하십시오. 그대는 그것에게로 늘 돌아가고, 그것 안에 늘 머무르고 있습니다. 사람들이 깨달으면, 그것이 모든 인류의 공통된 중심입니다.

문: 한동안 명상을 하고 나면 생각이 사라지고 고요함이 지배합니다. 그 고요함 안에서 저는 제 가슴 혹은 심장 속에 있는 작은 씨앗 또는 점을 자각하는데, 그 위에 저의 모든 주의가 집중됩니다. 이것이 당신께서 말씀하시는 진아입니까?

답: 예. 그것이 **진아**입니다. 다만 더 깊이 들어가서 그대의 깨달음을 완성해야 합니다. 그것을 꼭 붙드십시오. 그 흐름을 놓치지 마십시오. "나는 진아에 대해 명상하고 있다," "나는 다른 뭔가에 대해 명상하고 있다"는 그릇된 관념을 갖다가 그것을 놓치지 마십시오. 그럴 때에는 그대가 곧 **진아**라는 것, 이 고요함이 그대의 본래적 상태라는 것을 깨달으십시오. 그러니 거기서 미끄러지지 않도록 정신을 바짝 차리고 지켜보십시오.

여러 학파의 복잡한 미로 같은 철학이 문제들을 해명해 주고 진리를 드러낸다고 합니다. 그러나 사실 그 철학들은 혼란이 존재할 필요가 없는 곳에서 혼란을 야기합니다. 무엇을 이해하려면 **진아**(자기)가 있어야 합니다. **진아**는 명백합니다. 왜 **진아**로 머무르지 않습니까? 비아를 설명할 필요가 뭐가 있습니까?

베단타를 예로 들어 봅시다. 그들은 15가지 생기(prana)가 있다고 말합니다. 학인學人에게는 그 이름은 물론이고 기능들까지 암기하게 합니다. 생기가 위로 올라가면 쁘라나(prana)라 하고, 밑으로 내려가면 아빠나(apana)라고 합니다. 기관들(indriyas)을 작동시키면 다른 무엇이라고 합니다. 왜 이런 걸 다 합니까? 왜 분류하고, 이름을 붙이고, 기능을 열거하는 식으로 합니까? 하나의 생기가 모든 일을 한다고 알면 충분하지 않습니까? 내적기관(antahkarana)[마음·지성·에고·의식을 포괄하는 내적인 도구]은 생각하고, 욕망하고, 의지하고, 추리하는 등의 일을 하며, 각 기능은 마음·지성 등의 한 가지 이름에 귀속됩니다. 생기나 내적기관을 본 사람이 있습니까? 그것들이 어떤 실제적 존재성을 갖습니까? 그런 것들은 개념에 불과합니다. 그런 개념들이 언제 어디서 끝이 나겠습니까?

다음과 같은 경우를 생각해 보십시오. 어떤 사람이 잠을 잡니다. 깨어나면 자신이 잠을 잤다고 말합니다. 그러면 이런 질문을 해봅시다. "왜 그 잠 속에서는 자신이 자고 있다고 말하지 않는가?" 그 답은, 그가 진아 안에 잠겨 있어서 말을 할 수 없다는 것입니다. 마치 물밑에서 뭔가를 건져내려고 물속으로 잠수한 사람처럼 말입니다. 그 잠수부는 말을 하지 못합니다. 그 물건을 실제로 건져내어 물 밖으로 나왔을 때 말을 합니다. 자, 그에 대한 설명은 무엇입니까? 물속에 있을 때 말을 하려고 입을 벌리면 물이 입으로 들어갈 거라는 것입니다. 간단하지 않습니까? 그러나 철학자는 이런 간단한 사실에 만족하지 않습니다. 그의 설명인즉, 불은 말을 관장하는 신인데 그것은 물과 상극이고, 그래서 그것이 기능을 못한다는 것입니다. 이것을 철학이라 하고, 배우는 이들은 그것을 다 알려고 기를 쓰고 있습니다. 그것은 순전히 시간 낭비 아닙니까?

또 신들이 개인의 사지와 감각기관들을 관장하고 있다고 합니다. 그렇게 그들은 계속 히라냐가르바(*Hiranyagarbha*)[문자적으로는 '황금알'. 진아의 우주적 형상] 등을 설명해 나갑니다. 왜 혼란을 야기하고 나서 그것을 설명해야 합니까? 이런 미로에 말려들지 않는 사람은 복이 있습니다. 저는 실로 다행스럽게 그런 것에 결코 끌리지 않았지요. 거기에 끌렸다면 늘 혼란에 빠져 아마 아무것도 얻지 못했을 것입니다. 다행히도 저의 원습은 저를 곧장 "나는 누구인가?" 하는 탐구로 이끌었습니다. [대담 392]

문: 과학적 지식은 어떻습니까?

답: 모든 상대적 지식은 마음에 속하지 진아에 속하지 않습니다. 따라서 그것은 환幻이고, 영구적이지 않습니다. 예를 들어 지구가 둥글다는 이론을 구성하는 과학자는 논쟁의 여지 없이 그것을 증명할지 모릅니다. 그러나 그가 잠이 들면 그 전체 관념이 사라지고, 그의 마음은 공백 상태로 남습니다. 그가 잠들어 있을 때 지구가 둥글든 평평하든 무슨 상관 있습니까? 그래서 그런 모든 상대적 지식은 덧없다는 것을 알 수 있습니다. 진정한 지知는 그런 모든 상대적 지식을 넘어선다는 것을 알고, 진아에 안주하십시오. 진아는 지성을 초월한다는 것을 깨달으십시오. 진아에 도달하면 지성 그 자체가 사라질 수밖에 없습니다. [대담 285]

문: 명상을 닦는 것과 우파니샤드 같은 영적인 책들을 공부하는 것 중 어느 쪽이 더 낫습니까?

답: 그것은 전적으로 기질의 문제입니다. 명상이 그대에게 맞고 진보를 이루는 데 도움이 된다고 생각하면 명상을 하십시오. 다른 어떤 사람들은 명상보다는 책 공부가 자신에게 더 맞다고 생각합니다. 사람들마다 길이 서로 다를 수밖에 없으므로, 그것은 개인적 취향과 기질의 문제입니다.

문: 삼매 속에서는 생각이 있습니까, 없습니까?

답: "내가 있다"는 느낌만 있고, 다른 어떤 생각도 없을 것입니다.

문: "내가 있다"는 하나의 생각 아닙니까?

답: 에고가 없는 "내가 있다"는 생각이 아닙니다. 그것은 깨달음입니다.

[대담 226]

마음의 고요함은 이루기가 더 쉽고 더 빨리 오지만, 궁극의 목표는 마음의 소멸입니다. 대다수 길들은 전자로 이끌어주는 반면, 자기탐구는 거기에 빨리 이끈 다음 후자로 이끌어줍니다. 마음이 어디서 일어나는지, 혹은 누가 심적으로 고요한지를 발견하십시오. 그러면 성공합니다.

문: 어떤 특별한 단계들이 마음 제어에 도움이 되겠습니까?

답: 그것은 각자의 상황 나름입니다. 헌신·행위·지知·요가는 모두 하나입니다. 신을 알기 전에는 그를 사랑할 수 없고, 그를 사랑하지 않고는 그를 알 수 없습니다. 사랑은 그대가 하는 모든 일 속에서 나타나며, 그것이 행위(karma)입니다. 심적인 지각을 닦는 것[요가]은 신을 제대로 알거나 사랑할 수 있게 되기 전에 필요한 예비 단계입니다.[41]

지知 수행자들은, 요기들이 몸의 존재와 몸과 진아의 분리를 가정하고 있고, 그래서 재결합을 위한 요가 수행에 힘쓸 것을 권하는 것이라고 지적합니다. 몸은 마음 안에 있고 마음은 뇌를 자기 자리로 삼는데, 뇌는 다시—요기 자신들이 그들의 숨구멍 이론에서 시인하듯이—다른 근원에서 빌려온 빛에 의해 작동합니다.

---

41) (역주) R. Swarnagiri, *Crumbs from His Table*(Ninth edition), p.28. 또한 대담 433 참조.

지知 수행자는 나아가 만약 그 빛이 빌려온 것이라면 그것은 본래의 근원에서 와야 한다고 주장합니다. 그 근원으로 바로 가라, 빌려온 자원에 의존하지 말라는 것입니다. 쇳덩어리를 불 속에서 달구어 분리시키면 쇠공이 생겨나고 나중에 불기운을 내놓으며 식지만, 원래의 덩어리와 재결합시키려면 다시 달구어야 하듯이, 분리의 원인은 재결합의 요인도 될 수밖에 없습니다.

또 어떤 반사된 상像이 있다면, 해와 같은 근원(원물)과 반사가 일어날 수 있는 한 단지의 물과 같은 부수적 요소들이 있을 수밖에 없습니다. 반사를 없애려면 수면을 덮거나—이것은 요기들이 말하는 숨구멍(사하스라라)에 도달하는 것에 상응하고—물을 빼 버리면 되는데, 이것을 따빠스라고 합니다. 즉, 생각 혹은 두뇌 활동이 그쳐야 합니다. 이것이 지知의 길입니다. 그러나 이 모든 것은 개아가 진아, 곧 브라만과 별개라는 가정에 기초해 있습니다. 그러나 우리가 별개입니까? "아니다"라고 지知 수행자는 말합니다. 에고란 진아를 비아와 그릇되게 동일시하는 것일 뿐입니다. 마치 무색의 수정과 그 배경의 경우처럼 말입니다. 수정은 무색이지만 그 배경 때문에 붉게 보입니다. 배경을 치워버리면 수정은 원래의 순수함으로 빛납니다. 진아와 내적기관들도 그와 마찬가지입니다. [대담 398]

문: 저는 살아오는 동안 서너 번 큰 영적 황홀경이 왔다가 갔습니다. 저는 그것이 영구적이었으면 합니다.

답: 그것들은 왔다가 갔지만 그대는 가지 않았습니다. 그대의 진정한 **자아**는 여전히 있지요!

실제로는 단일성이 있지만 지성이 차별상을 만듭니다. 하지만 지성은 진아의 한 힘[기능]입니다. 그러나 지성 이면에 있는 원리는 지성으로 알 수 없습니다.

그대가 아무리 많이 배워도 앎에는 한계가 없을 것입니다. 그대는 의심하는 자를 젖혀두고 의심들을 풀려고 애씁니다. 오히려 그 의심하는 자를 꼭 붙드십시오. 그러면 의심들이 사라질 것입니다.

요가와 명상은 보통 사람들을 위한 것이고, 탐구(vichara)는 지혜로운 이들을 위한 것입니다. 탐구는 깨달음을 얻기 위한 수단입니다. [대담 238]

대단한 지성을 가지고 있고 많은 것들에 대한 지식을 발견하기 위해 평생을 보내는 사람들이 있지만, 그 모든 지성은 바깥으로 향하고 있습니다. 그대 자신을 아직 모르는데, 일체에 대해 아는 것이 무슨 소용 있습니까? 그런 사람들에게 자신이 누구인지 아느냐고 물어보십시오. 그러면 그들은 부끄러워서 고개를 숙일 것입니다.

문: 명상과 탐구의 차이는 무엇입니까?

답: 명상은 어떤 외부의 대상이나 다른 대상에 대해서 할 수 있습니다. 그래서 주체와 대상이 다릅니다. 탐구에서는 주체와 대상이 동일한데, 바로 **자기**(진아)입니다. [대담 174]

저는 이런 철학적 난제와 논란과 문제들에 대해 전혀 알지 못했고, 띠루반나말라이에 온 뒤에야 사람들이 저를 귀찮게 하거나 저를 찾아오기 시작했습니다. 그때까지는 그런 것들에 전혀 상관하지 않았습니다. 어떤 철학 체계도 전혀 몰랐습니다. 이런 모든 체계들은 깨달음이라는 하나의 **단순한** 사실에서 전개되어 나왔습니다. 그러니 깨달음을 추구하고 탐구를 닦으십시오. 철학과 체계와 문제들에 대해서는 걱정하지 마십시오.

그러나 명상 시간 등에 관한 이런 모든 규칙들은 초심자들을 위한 것일 뿐입니다. "나는 명상을 그만두었다"고 말할 때가 올 것입니다. 왜냐하면 그때는 (명상이라는) 그 관념이 명상하는 사람과 명상의 대상이라는 이원성을 함축한다는 것을 깨달았을 것이고, 명상할 필요가 없는 참된 **자아**의 관점을 지각할 것이기 때문입니다.

아뜨만에 대해 지성을 발휘하여 이 **아뜨만**의 자기광명(self-effulgence)이 어떤 것인지, 그것이 이런 것인지 저런 것인지 알려고 하지 맙시다. 그런 산만한 생각이 우리의 속박을 구성합니다.

그대의 명상(*dhyanam*)에 단 하나의 마음 활동도 침투하지 못하게 하십시오. 에고 혹은 소유의 느낌이 완전히 죽지 않은 한 그 수행을 계속해야 합니다. 즉, 그대가 마음대로 그리고 애씀 없이 마음을 개념이나 활동에서 벗어나 있게 할 수 있을 때는 괜찮지만, 그렇지 않다면 수행을 계속해 나가야 합니다.

문: 당신께서는 무상삼매에 들어가십니까?

답: 눈을 감고 있으면 무상삼매(*nirvikalpa*)이고, 뜨고 있으면 유상삼매(*savikalpa*)입니다. 항상 존재하는 그 상태가 자연적인 삼매, 즉 본연삼매(*sahaja*)입니다. [대담 17]

황홀경의 체험은 아주 미세한 마음과 연관이 있음을 의미합니다. 잠 속에서 그대의 상태는 어떤 것입니까?

황홀경도 없고 고통도 없고, 그 둘을 넘어서 있습니다. 자연적 상태는 그냥 그것에다 존재에 대한 의식이 더해진 것입니다.

명상의 마지막 장애가 황홀경입니다. 이때는 큰 지복과 행복을 느끼고, 그 황홀경에 머무릅니다. 거기에 굴복하지 말고 큰 고요함인 여섯 번째 단계로 나아가십시오. 그 고요함은 황홀경보다 높고, 삼매 속으로 합일됩니다.

성공적인 삼매는 어떤 깨어 있는 잠(waking sleep)의 상태를 가져오는데, 이때 그대는 늘 의식입니다. 왜냐하면 의식은 그대의 성품이기 때문입니다. 따라서 사람은 늘 삼매 속에 있습니다. 다만 그것을 모를 뿐입니다. 그가 해야 할 일은 앞에서 말한 장애들을 없애는 것이 전부입니다.

예, 지성은 어느 단계까지는 깨달음으로 나아가는 데 도움이 될 수 있습니다. 그러나 진아에 도달하기 위해서는 지성이 사라져야 합니다.

문: 책 지식은 어떻게 도움이 됩니까?

답: 사람이 영적인 열망을 갖게 하는 한에서만 도움이 됩니다.

문: 지성은 어떻게 도움이 됩니까?

답: 그 사람이 지성을 에고 안에, 에고를 진아 안에 가라앉히게 해주는 한에서만 도움이 됩니다. 깨닫고 나면 모든 지적인 짐들을 투하물로서 배 밖으로 던져집니다. 그 지성은 누구의 것입니까? 인간의 것입니다. 지성은 하나의 도구일 뿐입니다. [대담 23, 28, 206]

경전 공부로는 진리를 드러내는 데 충분하지 않을 것입니다. [대담 226]

마음 속에 원습이 잠재해 있는 한 깨달음을 성취할 수 없습니다. 경전 학습 그 자체가 하나의 원습입니다. 깨달음은 삼매 속에만 있습니다. [대담 230]

삼매만이 진리를 드러낼 수 있습니다. 생각들이 실재 위에 하나의 베일

을 드리우고 있기 때문에, 삼매가 아닌 상태에서는 그것이 명료하게 드러날 수 없습니다. [대담 226]

문: 요가는 결합을 뜻합니다. 그러나 무엇이 무엇과 결합하는 것입니까?

답: 바로 그겁니다. 요가는 분리가 있고, 하나가 다른 하나와 결합한다는 의미를 내포합니다. 누가 누구와 결합해야 합니까? 그대는 추구하는 자이며, 어떤 것과의 결합을 추구하고 있습니다. 그대의 진아는 그대에게 친근합니다. 그대는 **진아**(자기)를 자각하고 있습니다. 그것을 추구하여 그것이 되십시오. 그것이 무한으로 확장될 것입니다. 결합 따위의 문제는 없을 것입니다. 분리(viyoga)가 누구의 것입니까? 그것을 발견하십시오. [대담 211]

'마음 활동의 정지'는 모든 요가 체계에 다 해당됩니다. 방법들은 서로 다르지만, 그 목표를 향한 노력이 있는 한 그것은 요가로 불립니다. 그 노력이 곧 요가입니다. 그 지멸止滅은 수많은 방식으로 일어날 수 있습니다.

1) 마음 자체를 탐색하면 됩니다. 마음을 찾아보면 그것의 활동이 자동적으로 그칩니다. 이것이 지知(jnana)의 방법입니다. 그 순수한 마음이 진아입니다.

2) 마음의 근원을 찾는 것이 또 하나의 방법입니다. 그 근원을 신, 진아 혹은 의식이라고 할 수 있습니다.

3) 한 생각에 집중하면 다른 모든 생각이 사라집니다. 마지막에는 그 생각도 사라집니다. [대담 191]

문: 해의 길(ravi marga)이 무엇입니까? 달의 길(chandra marga)은 무엇입니까?[42] 어느 것이 더 쉽습니까?

---

42) (역주) 해의 길과 달의 길은 『바가바드 기타』, 제8장 24-26절 참조.

답: 해의 길은 지知입니다. 달의 길은 요가입니다. 요기들은 몸 안의 12,000개 영맥(*nadis*)을 정화하고 나면 수슘나(*sushumna*)로 들어가고, 마음이 사하스라라 차크라(*sahasrara chakra*)로 올라가며, 그곳에서는 감로甘露가 뚝뚝 떨어진다고 생각합니다. 그런 것들은 모두 마음의 개념입니다. 마음은 이미 개념들의 세계에 압도되어 있습니다. 이제 더 좋은 개념들이 이 요가라는 형태로 덧붙여집니다.

이 모든 것들의 목적은 인간에게서 개념들을 제거하여 그가 순수한 진아, 곧 생각이 소멸된 **절대적 의식**으로서 내재하게 하는 것이지요! 왜 곧장 거기로 나아가지 않습니까? 이미 존재하는 장애물에 왜 새로운 장애물들을 덧붙입니까? [대담 252]

21. 동서양의 사상가들

아디 샹까라(Adi Sankara)

문: 어떤 사람들은 말하기를, 샹까라는 지적인 사람일 뿐이었고 깨닫지는 못했다고 합니다.

답: 왜 샹까라에 대해 걱정합니까? 그대 자신을 깨달으십시오. 다른 사람들은 스스로 알아서 하겠지요.

샹까라의 책들은 토론과 지적인 논변에 좋지만, 실제적인 체험이 필요합니다.

문: 마하르쉬님의 가르침은 샹까라의 가르침과 같습니까?

답: 마하르쉬의 가르침은 그 자신의 체험과 깨달음의 한 표현일 뿐입니다. 다른 사람들은 그것이 샹까라의 가르침과 부합한다고 봅니다.

문: 그것은 같은 깨달음을 다른 방식으로 표현한 것일 수 있습니까?

답: 깨달은 사람은 그 자신의 언어를 사용하겠지요. 침묵이 최선의 언어입니다. [대담 189]

샹까라의 『분별정보(*Vivekachudamani*)』 제170연이 지知 요가(*jnana yoga*) 전체를 잘 요약해 줍니다.[43]

샹까라의 마야론:

스승님은 대화 도중에 이렇게 말씀하셨다. "실재와 환幻 둘 다 같은 것입니다." 한 제자가 어떻게 그럴 수 있느냐고 여쭈었다. 마하르쉬님이 말씀하셨다. "탄트라파(*tantrika*)와 여타 사람들은 스리 샹까라를 올바르게 이해하지 못하고 그의 철학을 마야론(*maya vada*), 즉 환幻의 철학으로 비난합니다. 그는 뭐라고 말합니까? 이렇게 말합니다. (1) 브라만은 실재한다. (2) 우주는 실재하지 않는 하나의 신화(myth-거짓된 통념)이다. (3) 브라만이 우주이다. 스리 샹까라가 두 번째 진술에서 멈추었다면 탄트라파가 옳을지 모르지만, 그는 세 번째 진술로써 앞의 두 진술을 확장합니다. 그것은 무엇을 의미합니까?

(우주를 브라만과 별개로 인식하면) 그 지각은 그릇되었고 환幻이라는 것을 의미합니다. 반대론자들은 '밧줄과 뱀'의 비유를 지적하면서, 자신들이 무조건적인 신화(덧씌움)를 설명했다고 생각합니다. 밧줄의 진상을 알고 나면 뱀이라는 환상은 단번에 아주 사라집니다. 이 비유는 자신의 입장을 완전히 밝혀주지 않기 때문에, 샹까라는 또 하나의 비유, 즉 신기루의 비유를 가져옵니다. 신기루의 신화적 성품은 조건적입니다.

신기루는 그것이 신기루임을 안 뒤에도 사라지지 않습니다. 그 겉모습은 지속되지만 이제는 그 사람이 물을 찾아서 신기루를 향해 달려가지 않습니다. 그와 마찬가지로, 우주는 실재하지 않는 것이 알려집니다.

---

43) (역주) 『분별정보』, 제170연: "꿈의 상태에서는 외부 세계와의 접촉이 없에도, 마음이 홀로 향유자 등의 전체 꿈 세계를 투사한다. 마찬가지로, 생시의 상태도 다르지 않다. 이 모든 것(현상계)은 마음의 투사물일 뿐이다."

반대론자들은 계속 다음과 같이 주장합니다. "두 비유를 모두 인정한다 해도, 세계가 실재하지 않는다는 것이 어떻게 증명되는가? 신기루의 물은 분명히 실재하지 않는다. 왜냐하면 그것은 어떤 유용한 목적에도 사용될 수 없기 때문이다. 그러나 세계의 현상들은 유용하기 때문에 그와는 다르다."

샹까라는 주장합니다. "어떤 현상이 단순히 어떤 목적에 사용된다고 해서 실재한다고 인정할 수는 없다."

그는 세 번째 예로서 꿈을 가져옵니다. 꿈속의 창조물들은 목적으로 충만해 있고, 꿈속의 목적에 사용됩니다. 예컨대 꿈속의 물은 꿈속의 갈증을 해소해 줍니다. 그러나 꿈속의 창조물은 생시의 상태와는 모순됩니다. 한 순간에 실재하는 것이 다음 순간에는 실재한다고 말할 수 없습니다. 만약 그것이 실재한다면 늘 그러해야 합니다. 마법적인 창조물들도 마찬가지입니다. 그것들은 실재하는 것처럼 보이지만 환幻입니다. 그럴 때 만약 진지한 탐구자가 왜 세계는 실재하는 것처럼 보이느냐고 물으면, 샹까라는 이런 반문으로 답변합니다. "그것이 누구에게 나타나는가?" 그대의 답변은 "자기에게"일 수밖에 없습니다. 그렇지 않으면 이런 질문이 일어나겠지요. "인식하는 **자기** 없이 그 세계가 나타나겠는가?" 따라서 진아가 **궁극자**이고 **유일한 실재**입니다.

그래서 그의 결론은 이런 것이 됩니다. 즉, 현상들은 그것을 진아로 볼 때는 실재하고, 진아와 별개로 볼 때는 신화라는 것입니다. 그런데 탄트라파는 뭐라고 말합니까? 그들은, 현상들이 실재하는 것은 그것이 실재의 일부이기 때문이고, 그 실재 안에서 그것들이 나타난다고 합니다. 이 두 가지 진술은 동일하지 않습니까? 제가 "실재와 환幻은 동일하다"고 말한 것은 그런 의미에서입니다. [대담 315]

가우다빠다(Gaudapada)

문: (가우다빠다는) 『만두꺄 주석송(*Mandukya Karika*)』에서, 절대적 실재의 관점에서는 (생시와 꿈의) 두 상태 간에 아무 차이가 없다고 합니다.

답: 물론이지요. 그 꿈은 자신이 깨어 있다고 말하는 사람에게 있습니다. 사실 **절대자**의 관점에서 보자면 생시와 꿈은 똑같이 실재하지 않습니다. [대담 399]

붓다

붓다는 무신론자라고 부당하게 비난 받았습니다. 왜냐하면 그는 어떤 바탕의 존재성을 부인했기 때문입니다. 진아가 일체이자 **무**無라는 것은 사실입니다. 물질로서는 그것이 모든 형상이지만 **추상적 진아**, 곧 물질이 거기서 솟아나는 **공**空으로서는 **무**無입니다. 물질은 상대적으로 실재합니다. 즉, 한정된 의미에서 실재합니다. 왜냐하면 그것의 기원은 **실재** 그 자체이기 때문입니다.

크리슈나

크리슈나가 아르주나에게 우주적 환영을 보여준 것은, 마치 최면술사처럼 아르주나에게 크리슈나의 눈을 통해서 볼 수 있게 해주기 위해서였을 뿐입니다. 그때 아르주나에게 주어진 것은 그의 눈이 아니라 크리슈나의 눈이었습니다. 아르주나가 본 별들과 세계들은 실재하지 않았습니다. 공간은 실재하지 않습니다. 시간도 실재하지 않습니다. [대담 364]

또 다른 때는 이렇게 말씀하셨다: 크리슈나는 아르주나에게 우주의 형상에 대한 환영을 보여주었지만, 그것은 **이스와라** 자신이 우주를 그와 같이 본다는 의미는 아닙니다. 그는 모든 개인들을 보지 않고 진아만을 봅니다.

크리슈나는 아르주나가 (우주를) 볼 수 있게 자신의 '눈'을 그에게 빌려준 것뿐입니다.

간디

인도국민의회 총재인 바부 라젠드라 쁘라사드가 마하르쉬님을 방문했다. 떠날 때 그는 자신이 간디에게 전달할 수 있는 메시지가 있느냐고 여쭈었다. 마하르쉬님이 말씀하셨다. "심장이 심장에게 이야기하는데, 말이 무슨 필요 있습니까?" [대담 505]

라마크리슈나

문: 라마크리슈나는 신 앞에서 울었습니다. 그것이 우리가 따를 만한 길 아닙니까?

답: 그에게는 그의 모든 체험을 통해 그를 끌어당기는 어떤 강한 힘이 있었지요. 그는 그 힘에게 자신을 목표에 데려다 주도록 믿고 맡길 수 있었습니다. 눈물은 흔히 약함의 징표로 간주되지만, 저 위대한 분은 약하지 않았습니다. 우는 이런 모습들은 우리를 실어가는 큰 흐름의 일과성 징표들일 뿐입니다. 우리는 (그들에 의해) 성취된 목적을 보아야 합니다. [대담 32]

예수

문: 진아지는 예수가 '하늘나라'라는 표현으로 말하고자 한 것입니까?

답: 그렇지요. 베단타 학도들은 그를 이해할 수 있습니다.

문: 예수는 싯다(*siddha*)[신비한 능력을 지난 달인]였습니까?

답: 그는 자신의 신비 능력(*siddhis*)을 의식했을 리가 없습니다. 그는 당시 자신이 사람들의 병을 고쳐주고 있다는 것을 자각하지 못했을 것입니다. [대담 20]

기독교에서 십자가는 몸이고 하느님은 **아버지**, 곧 절대적 존재입니다. 에고가 사멸할 때, 그 과정을 **부활**이라고 합니다. [대담 86]

예수가 십자가에서 "저의 하느님!"이라고 외친 것은 함께 십자가에 못 박힌 두 명의 도둑을 위해 탄원한 말이었을 수 있습니다. 어떤 진인은 고통 받는 것처럼 보일 수 있고, 어떤 진인은 황홀경에 들어 있을 수도 있으며, 또 어떤 진인은 죽기 전에 시야에서 사라져 버릴 수도 있습니다. 그가 몸을 어떻게 떠나든 그것은 중요하지 않고, 그의 상태에도 아무 차이가 없습니다. 진인이 고통 받는 것처럼 보이는 것은 그것을 바라보는 사람이 보기에만 그러할 뿐 그 자신에게는 그렇지 않습니다. 왜냐하면 그는 자기와 몸의 그릇된 동일시를 이미 초월했기 때문입니다. [대담 87]

성 바울

바울은 진아를 의식하게 된 뒤에 그 깨침을 그리스도 의식과 동일시했습니다. 깨침은 절대적입니다. 그리스도 의식, 라바나(Ravana)[44], 진아는 모두 똑같은 하나입니다.

J. 크리슈나무르티

마하르쉬님은 크리슈나무르티가 한 어떤 이야기에 대해 "그는 이 모든 깨달음을 어떻게 얻었습니까?"라고 말씀하셨다. 그것은 크리슈나무르티가 신상神像, 초상肖像, 스승들, 요가 등을 이용하여 다생에 걸쳐 진보해야 했고, 이제 사람들의 한계를 알게 되어 견딜 수 없게 된 그가 자신이 올라온 그 사다리를 걷어찬다는 뜻이었다.

---

44) (역주) 『라마야나』에 나오는 나찰왕. 라마를 미워한 나머지 그를 끊임없이 생각하다가 마침내 진아를 깨달았다고 한다.

버크(Bucke)

문: 버크의 『우주 의식(*Cosmic Consciousness*)』에서 말하는 서양인들의 지복스러운 깨침은 어떤 성격의 것입니까?

답: 그것은 하나의 섬광처럼 왔다가 섬광처럼 사라졌습니다. 시작이 있는 것은 끝도 있을 수밖에 없습니다. 늘 존재하는 의식을 인식할 때만 그것이 영구적일 것입니다. [대담 96]

마이소르의 마하라자

타계한 마이소르의 마하라자는 마하르쉬님과 15분간 접견을 가졌다. 그리고 이렇게 말했다. "저는 자유로운 사람이 아닙니다. 당신의 제자들처럼 여기 와서 머무를 수 없습니다. 그래서 당신의 은총을 간구합니다." 그는 5분간 침묵하고 있다가 오체투지를 한 뒤 떠나면서, 아쉬람에게 자신의 방문을 비밀로 해달라고 부탁했다. 나중에 마하르쉬님은 마하라자가 더없이 진보된 영혼이며, 그들 사이에서는 말이 필요 없었다고 말씀하셨다. [대담 373]

스리 오로빈도(Sri Aurobindo)

문: 스리 오로빈도는 머릿속에 거주하는 **진아의 빛**이 심장으로 내려와야 한다고 말합니다.

답: 진아는 이미 심장 안에 있지 않습니까? 어떻게 진아를 한 곳에서 다른 곳으로 가져갈 수 있습니까? [대담 159]

문: 그는 신의 하강이 일어나게 하는 이상理想을 가르치고 있습니다.

답: 진아를 알 때, 그것이 어떻게 상승하거나 하강할 수 있습니까? 그것은 늘 한 곳에 있습니다.

문: 오로빈도의 요가와, 자신이 베다의 리쉬들이 한 체험들을 넘어선 곳까지 탐색했다고 하는 그의 주장에 대한 바가반의 견해는 무엇입니까?

답: 오로빈도는 완전한 순복을 하라고 조언합니다. 먼저 그것을 하고 그 결과를 기다려본 다음, 만약 필요하다면 지금이 아니라 나중에 더 논의해 봅시다. 부가물(*upadhis*)이 벗겨지지 않는 사람들의 초월적 체험들을 논의해 봐야 아무 소용없습니다. 순복이 무엇인지를 배우십시오. 그것은 진아에 합일되는 것입니다. 진아로 말하면, 우리가 에고들을 그것에 내맡겨 **지고의 힘**, 즉 진아가 자기 좋을 대로 하게 하는 것입니다. 그 에고는 이미 진아의 것입니다. 우리는 지금 이대로의 에고에 대해서도 아무 권리가 없습니다. 우리는 우리에게 그 권리가 있다고 생각하면서, 그것을 내맡깁니다.

신적인 의식을 위에서 끌어내린다는 오로빈도의 이야기는 그것이 이미 심장 속에 있다는 것을 간과하고 있습니다. 성경에서는 "하늘나라는 내면에 있다"고 말합니다. 무엇을 끌어내립니까? 어디에서 말입니까? 누가, 무엇을, 왜 가져옵니까? 깨달음이란, 장애물들을 제거하고 영원한 내재적 실재를 인식하는 것일 뿐입니다. **실재**는 있습니다. 그것을 여기서 저기로 가져갈 필요가 없습니다.

문: 진아 깨달음에서 시작하여 더 발전해 나간다고 하는 오로빈도의 주장은 어떻습니까?

답: 먼저 깨닫고 나서 살펴봅시다. 한정비이원론자들(*Visishta-advaitins*)은 먼저 진아를 깨달은 뒤 그 깨달은 '개인아(*jivatma*)'가 '**지고아**(*Paramatma*)'에 내맡겨진다고 말합니다. 그럴 때만 그 깨달음이 완전하다는 것입니다. 부분(*anga*)[개별적 부분]이 전체(*angi*)에게 넘겨집니다. 그것이 해탈(*moksha*)이고 합일(*sayujya*)입니다. 단순한 진아 깨달음은 독존獨存(*kaivalya*)[해탈의 상태]에 그친다고 한정비이원론자는 말합니다.

싯다들(요기들)은 자기 몸을 시신으로 남기는 사람은 해탈을 성취할 수 없다고 말합니다. 다시 태어난다는 것입니다. 몸이 허공에서 빛으로 화하거나 시야에서 사라지는 사람들만이 구원을 성취한다는 것입니다. 그들은 샹까라파의 비이원론자들은 진아 깨달음에 미치지 못한다고 (잘못) 말합니다. 마치 그것이 끝이기라도 한 양 말입니다. 자신들이 애용하는 이론을 최고라고 찬양하는 사람들도 있습니다. [대담 201]

폴 브런튼

방문객들이 몇 번이나 마하르쉬님께 폴 브런튼은 어떻게 해서 『비밀 인도에서의 탐색』에서 묘사된 그 깨침을 얻었으며, 왜 자신들은 여러 해가 지났어도 그런 것을 얻지 못하느냐고 여쭈었다. 마하르쉬님은 폴 브런튼이 전생에 수행을 하여 고도로 진보된 상태까지 갔고, 그래서 더 온전한 깨침을 얻을 만큼 성숙되어 있기 때문이라고 말씀하셨다.

어떤 사람은 또한 폴 브런튼의 저작이 단순히 저널리스트적인 것인지 아니면 진정한 영성의 결과물인지를 여쭈었다. 마하르쉬님은 "어떤 의심의 여지가 있을 수 있습니까?"라고 답변하셨다.

하루는 마하르쉬님이 폴 브런튼에게 말씀하셨다. "그대는 책에서 제가 말한 것과 같은 이야기를 하는데, 단지 그것을 현대적으로 이야기하지요."

스리 라마나 마하르쉬님이 (영국으로 보낸 우편물로) 폴 브런튼에게 준 개인적 메시지는 이러했다. "두려워하지 마십시오! 그대는 진아입니다! 그것이 되십시오! '멀다'와 '가깝다'는 심적인 허구입니다. 참된 **자아** 안에는 어떤 의심의 여지도 없으니, 이 길이 옳은지 그른지에 대해 걱정할 필요가 없습니다. 두려움과 의심은 알려지지 않은 길에만 있습니다. 이 길 자체가 그대를 올바르게 가르쳐 줄 것입니다."

마이소르의 재무장관이 찾아와서 "폴 브런튼의 『비밀의 길』은 인도인들에게도 유용합니까?"라고 물었을 때 마하르쉬님은 "예, 모두에게 그렇지요"라고 답변하셨다.

　　그러자 질문자가 말했다. "몸·감각기관 등은 '나'가 아니라는 원리는 우리들 사이에 공통되지만, 그것을 깨달으려면 어떻게 수행해야 합니까?"

　　마하르쉬님이 답변하셨다. "브런튼의 책에 나오는 세 가지 방법에 의해서입니다." 장관이 말했다. "그 책에 따르면 어떤 공백 상태가 끼어든다고 합니다." 마하르쉬님이 답변하셨다. "그렇지요. 거기서 멈추지 마십시오. 그 공백 상태가 누구에게 나타나는지를 보십시오. 라야(laya)가 있습니다. 제자들조차도 라야 안에서 무의식이 되었다가 얼마 후에 깨어납니다." [대담 138]

무솔리니

　　이탈리아-아비시니아 전쟁이 진행 중일 때 마하르쉬님이 말씀하셨다. "평범한 사람이 아니고 그런 비범한 재능을 타고난 무솔리니 같은 사람이, 그것을 더 높은 목적에 쓰지 않고 그것을 남용하여 동시대 사람들을 죽이는 데 쓴다는 것은 딱한 일입니다."

용어 해설

abhyasa	수행.
Advaita Vedanta	비이원적 베단타. 우파니샤드에 기초한 비이원론적 형이상학.
aham Brahmasmi	"나는 브라만이다". 베다의 네 가지 '큰 말씀' 중 하나.
ahamkara	에고.
anahata	일곱 개의 차크라 중 심장에 위치한 에너지 센터.
antahkarana	내적기관. 생각과 감정의 자리인 마음.
apana	밑으로 내려가는 기운.
aparoksha	직접적인(즉, 감각기관의 매개를 거치지 않는).
ashramas	인생단계. 힌두교 전통에서 나누는 삶의 네 단계.
asura	아수라. 악마.
Atma, Atman	아뜨만. 진아.
atmakara	진아형상. 마음이 진아를 자각하는 상태.
atma vichara	진아탐구. 자기탐구.
avarana	무지의 은폐력. 현상계가 우리의 참된 성품을 가리는 힘.
avidya	무지. 자신의 참된 성품을 모르는 것.
bhakta	헌신자. 또는 헌신가(헌신의 길을 따르는 사람).
bhakti	헌신.
brahmachari	브라마짜리의 삶을 사는 사람.
brahmacharya	독신의 삶. 혹은 경전 등을 배우는 청소년기. 힌두 전통에서 인생의 네 단계 중 첫 번째 단계이다.

Brahman	브라만. 지고의 존재. 힌두교의 비인격적 절대자.
buddhi	지성. 마음·기억·에고와 함께 내적기관을 구성한다.
chakra	차크라. 몸 안의 특정 장소에 있는 에너지 중심.
chidananda	찌다난다. 의식-지복. 영원한 지복.
chintamani	소원성취석石. 소원을 이루어준다는 보석.
chit	찌뜨. 순수 의식. 진정한 자아의 성품.
Dakshinamurti	침묵의 힘으로 현자들을 깨닫게 했다는 시바의 화현.
deva	신. 천신.
dharana	응념凝念. 집중. 라자 요가의 한 단계.
dhyana	명상. 정려靜慮. 라자 요가의 한 단계이기도 하다.
diksha	입문(식).
grihasta	재가자. 힌두 전통에서 두 번째 인생 단계.
hiranyagarba	히라냐가르바. 우주적 알.
indriya	감각기관.
Iswara	이스와라. 힌두교의 최고 인격신.
jada	지각력이 없는. 혹은 지각력이 없는 몸.
jagrat	생시의 상태.
japa	염송念誦. 신의 이름이나 진언을 계속 외는 것.
jiva	개아個我. 개인적 영혼 또는 자아.
jivatma	개인아. 개아와 같은 뜻이다.
jnana	지知. 진지眞知. 진아에 대한 지知.
jnana yoga	지知 요가. 지知의 길을 따르는 수행.
jnani	진인眞人. 진아를 깨달은 사람. 혹은 지知 수행자.
Kailas	카일라스. 시바가 거주한다는 히말라야의 성산.
kaivalya	독존獨存.
karma	까르마. 업. 여기에는 세 가지 주된 의미가 있다.
	1) 행위의 결과로서 나타나는 운명.
	2) 행위의 결과. 인과 법칙.
	3) 행위. 그래서 '까르마 요가'는 행위 요가이다.
kevala	단일성(하나인 상태).
kevala nirvikalpa samadhi	합일무상삼매合一無相三昧.

khumbaka	지식止息. 숨멈춤. 숨을 완전히 내뱉은 뒤나 완전히 들이쉰 뒤 잠시 숨을 멈추는 것. 또는 그 시간.
kosha	영혼을 감싸고 있는 다섯 가지 껍질 중 하나.
kundalini	꾼달리니. 신성한 우주적 에너지. 척추 기저부에 잠재해 있는, 똬리를 튼 뱀의 모양으로 상징된다.
laya	라야. 심잠心潛. 마음이 일시적으로 정지된 상태.
lokavichara	세간탐구. 세간적인 일들을 열심히 탐구하는 것.
Maharshi	마하르쉬. 대진인(*maha rishi*).
mahat tattva	대大지성. 절대적 의식에서 일어나서 에고·몸·우주로 발전하는 것.
mahatma	위대한 영혼.
mantra	만트라. 진언.
marga	길. 영적인 탐구에 관한 접근 방법.
maya	마야. 환幻. 브라만에 내재한, 세계를 나투는 힘.
moksha	해탈. 영적인 자유.
mouna	침묵. 묵언.
mouni	묵언자.
mukti	해탈(*moksha*).
mumukshu	해탈열망자. 구도자.
nada	신성한 소리.
nadi	영맥靈脈. 미세신 안의 에너지가 흐르는 통로.
namaskar	인사. 존경의 절.
Nandi	시바가 타는 성스러운 소.
nirvikalpa	무상無相. 차별상이 없음.
Paramatma	지고아至高我.
prakriti	쁘라끄리띠. 사뜨와·라자스·따마스의 세 가지 성질로 이루어진, 물질세계의 원래 근원.
pralaya	우주의 해체. 괴壞.
prana	생기. 쁘라나. 또한, 위로 올라가는 에너지의 흐름.
pranayama	조식調息. 호흡 제어.
prarabdha	발현업發現業. 과거업 중에서 현생에 발현되는 것.

prasad	쁘라사드. 은사물. 헌신자가 스승이나 신 앞에 올린 공양물을 다시 나누어 주는 것.
pratyahara	제감制感. 라자 요가의 한 단계.
puraka	들이쉼. 흡식吸息.
rajas	라자스. 활동성. 들뜸. 세 가지 성질 중의 하나.
rechaka	내쉼. 호식呼息.
rishi	현자. 진인.
sadhaka	수행자.
sadhana	수행.
sadhu	사두. 고행자. 출가수행자.
sahaja	자연적인. 본연의.
sahaja nirvikalpa samadhi	본연무상상매本然無相三昧. 진인에게서 구현되는 자연스럽고 영구적인 진아몰입 상태.
sahasrara	머리 정수리에 있는 천 개의 연꽃잎 모양의 차크라.
samadhi	삼매三昧. 진아몰입.
samsara	1) 윤회. 생사의 끝없는 연쇄. 2) 세간연世間緣. 구도자를 속박하는 가족·재산 등.
samskaras	상습常習. 과거로부터 이어지는 마음의 습習.
Sankara	8세기 종교개혁가, 철학자. 비이원적 베단타를 처음 대중화시킨 스승. 상까라짜리야라고도 한다.
sannyasa	출가수행. 힌두 전통에서 네 번째 인생 단계.
sannyasi	출가(수행)자. 고행자. 영적인 추구를 위해 집, 재산 및 모든 인간적 집착을 포기한 사람.
Sastras	경전(베다를 제외한 힌두교의 종교적 경전).
sat	사뜨. 존재. 순수한 존재.
satsanga	사뜨-상가. 현자 혹은 존재(즉, 진아)와의 교류.
sattva	사뜨와. 순수성. 조화. 세 가지 성질의 하나.
savikalpa	유상有相. 문자적으로, '차별이 있는'.
savikalpa samadhi	유상삼매有相三昧.
shakti	힘. 신의 에너지. 흔히 여신으로 대표된다.
siddha	싯다. 신통력을 얻은 사람. 완성된 현자.

siddhi	싯디. 신비 능력. 수행을 통해서 얻는 초능력.
Siva	시바. 힌두교 3신의 하나. 파괴와 연관된다.
sloka	산스크리트 경전에 나오는 하나의 시구.
sphurana	스푸라나. 마음 위에서의 번뜩임. (심장의) 뜀.
sruti	베다. 천계서天啓書.
sukshma-sarira	미세신微細身. 마음, 생기 등으로 이루어지는 미세한 몸.
sushumna	수슘나. 꾼달리니가 오르내리는 척주 안의 중심영맥.
sushupti	꿈 없는 깊은 잠.
swapna	꿈의 상태.
tamas	따마스. 비활동성. 굼뜸. 세 가지 성질 중 하나.
tanmatras	미세원소. 형상·맛·냄새·소리·촉감의 다섯 가지 요소의 미세한 기본적 성질.
tapas; tapasya	따빠스. 종교적 고행. 마하르쉬는 이것이 지고의 자각 안에 마음이 합일되는 것을 의미한다고 했다.
trataka	눈을 깜박이지 않고 고정된 대상을 응시하는 요가적 수련.
turiya	생시·꿈·잠에 이은 네 번째 상태. 여기서 에고는 브라만, 곧 의식과 하나가 된다.
Upadesa Saram	「가르침의 핵심」. 마하르쉬가 지은 30연으로 된 산스크리트 시.
upadesa	가르침.
upadhi	부가물. 몸·감각기관·마음과 같이 진아에 덧붙여져 진아를 한정하는 것.
Upanishads	베다에서 철학을 다루는 뒷부분. 여기서 모든 베단타 철학이 나온다.
vairagya	무욕. 세간적 욕망이 없는 것.
vasanas	원습原習. 조건화로 인한 내재적 성향.
Vedanta	우파니샤드에 기초한 형이상학적 철학.
vedantin	베단타파. 베단타 철학을 따르는 사람.
vichara	탐구. 자기탐구를 뜻한다.

vijnana kosha	지성의 껍질. 영혼을 에워싸는 다섯 껍질 중 미세신을 포함하는 껍질의 하나.
Vishnu	힌두교 3신의 하나. 보존(유지)과 연관된다.
Visishta-advaitin	한정비이원론자.
viveka	분별.
Vivekachudamani	『분별정보分別頂寶』. 샹까라가 산스크리트로 지은 베단타 철학의 한 교본. 마하르쉬는 이를 타밀어 산문으로 옮기고 거기에 서문을 붙였다.
viyoga	분리.
Yoga Vasishta	발미끼(Valmiki)가 지었다는 비이원론의 한 교본. 진인 바쉬슈타가 라마에게 영적인 가르침을 주는 내용으로 되어 있다.

옮긴이의 말

이 책은 주제별로 엮은 라마나 마하르쉬의 어록집이다. 대부분의 내용은 『라마나 마하르쉬와의 대담』에 나오는 것이지만, 다른 어떤 자료에도 나오지 않는 내용이 상당수 포함되어 있어 그 중요성을 낮게 볼 수 없다. 폴 브런튼이 공책에 이 가르침을 기록한 것은 1차적으로 자신이 읽고 공부하기 위해서였을 것이다. 왜냐하면 1930년대 후반이던 당시에는 바가반의 가르침을 집성한 어록이 별로 없었기 때문이다. 저자가 『대담』의 원본 자료에서 많은 내용을 가져왔다는 점에서, 이 기록은 『대담』과 연계하여 읽을 필요가 있다. 『대담』과 비교하면, 같은 내용이 단어와 구두점의 차이에 따라 의미가 달라지는 것들이 있다. 『대담』도 나중에 약간 편집되어 간행되었지만(1955년), 텍스트의 전반적인 정확도에서 본서가 『대담』을 넘어설 수 없다는 것은 분명하다. 예컨대 제6장의 둘째 문단을 '대담 253'의 해당 문단과 비교해 보면 『대담』의 문장이 더 설득력이 있다. 문장의 이러한 차이는 저자가 벤까라마이아의 "대담" 기록을 옮겨 적을 때 나름대로 편집했기 때문이겠지만, 어차피 『대담』 자체가 영어로 통역되어 기록된 자료여서 세부 내용에서 영어 표현을 달리할 수 있는 여지가 있었다.

한국어판 『대담』은 2017년에 개정판이 나올 예정이며, 우리는 '일치'와 '차이'의 양면에서 본서와 『대담』(개정판)을 정확히 대응시키려고 노력했다. 『대담』과 문장이 조금 다른 곳이 있다면 그것은 본서에서 달리 표현한 부분이라고 할 수 있다. 본서는 같은 날짜의 "대담"들을 주제에 따라 여러 곳에 나누어 배치하고 있는데, 같은 내용이 표현만 조금 달리하여 중복되어 나오는 곳들도 있었다. 그런 경우에는 표현이 더 낫거나 『대담』과 더 많이 일치하는 쪽을 선택하고, 중복되는 인용문은 생략했다. 저자가 복수의 "대담"들에서 필요한 문단이나 문장을 가져와 한데 이어 편집한 경우에는 해당되는 "대담" 번호들을 함께 나열해 주었다. "대담" 번호가 없는 인용문들 중에는 다른 저작들, 특히 소책자 *Crumbs from His Table*에서 가져온 것들도 있었다. 인용 출처가 확인되지 않는 글들은 일단 폴 브런튼의 독자적인 기록으로 보아야 할 것이다. 단어를 잘못 적었거나 빠트렸다고 생각되는 곳은 적절히 교정하여 옮겼다. 그리고 권말의 '용어 해설'은 원서의 구판인 제3판에 있던 것을 토대로 새로 작성한 것이다.

바가반 스리 라마나 마하르쉬의 말씀들은 이제 불후의 가르침으로 영성의 세계에 드높이 솟아 있다. 바가반 당시 성행하던 신지학 등 신비주의 유파나, 고행과 초능력을 추구하던 요가적 행법들은 바가반 이후 영향력이 감소했고, 바가반의 가르침을 통해 **실재·신·진리**에 대한 올바른 개념이 새롭게 정립되는 한편 '진아 깨달음'이 우리 모두의 타고난 권리이자 삶의 궁극적 목적임이 재확인되었다. 아울러 자기탐구와 헌신으로 대표되는 순수한 깨달음의 길이 수행의 큰 정도正道로 자리 잡았다. 바가반에 따르면 바로 지금도 우리는 진아를 깨닫고 있고, 그 진아는 "'나'에 대한 끊임없는 자각", 곧 의식으로서 우리에게 내재한다. 그것이 바로 불생不生인 우리의 성품, 곧 "의식하는 불멸"이다. 요컨대 우리는 불생불멸의 존재인 것이다. 바가반의 이런 가르침은 인류에게 큰 축복이며, 우리의 내면을 끊임없이 비추는 진아의 빛으로서 계속 우리를 인도해 갈 것임이 분명하다.

2016년 8월 옮긴이 씀